C·H·Beck
PAPERBACK

Iran hat 1979 als erstes Land der islamischen Welt das Experiment des Islamismus unternommen. Heute trägt das Land, in mancher Hinsicht stellvertretend für viele Länder des Nahen und Mittleren Ostens, das für lange Zeit vielleicht letzte große Gefecht aus, um den Irrtum des 20. Jahrhunderts zu korrigieren: den Glauben an das Heil, das aus der politischen Heilslehre erwächst. – Navid Kermani beschreibt höchst anschaulich den dramatischen Umbruch in der iranischen Gesellschaft seit den 1990er Jahren. Künstler, Intellektuelle und auch reformwillige Geistliche tragen zur Formierung einer kritischen Öffentlichkeit und zum fundamentalen Wandel religiöser und moralischer Vorstellungen bei. Kermani stellt die Kontrahenten und Fraktionen vor, die die politische Bühne beherrschen, und erklärt gleichzeitig, warum die Hoffnung auf grundlegende Veränderungen sich weniger auf einzelne Reformpolitiker, als auf die gesamtgesellschaftliche Entwicklung richten sollte. Eindringlich beschreibt er aber auch, mit welcher Brutalität sich die beharrenden Kräfte gegen den Wandel wehren und wie sie die Anwendung von Gewalt religiös rechtfertigen.

„Für alle, die wissen wollen, was im Land des schwarzen Tschadors tatsächlich passiert und wohin es treibt, ist die Lektüre ein Muss – und ein Genuss."
Elisabeth Kinderlein, Badische Zeitung

Navid Kermani ist habilitierter Orientalist und lebt als freier Schriftsteller in Köln. Für seine Romane, Reportagen und wissenschaftlichen Werke wurde er vielfach ausgezeichnet, unter anderem mit dem Hannah-Arendt-Preis für politisches Denken, dem Heinrich-von-Kleist-Preis sowie dem Joseph-Breitbach-Preis. Bei C.H.Beck erschienen von ihm zuletzt „Ungläubiges Staunen. Über das Christentum" (2015), „Ausnahmezustand. Reisen in eine beunruhigte Welt" (Paperback 2015), „Wer ist Wir? Deutschland und seine Muslime" (Paperback 2015) sowie „Zwischen Koran und Kafka" (3. Auflage 2015).

Navid Kermani

Iran
Die Revolution der Kinder

Verlag C.H. Beck

Dieses Buch erschien zuerst 2001 in gebundener Form im Verlag C.H.Beck. Die 1., durchgesehene und um ein Vorwort erweiterte Auflage in der Beck'schen Reihe erschien 2002. Für die 2. Auflage in der Beck'schen Reihe wurde 2005 der Band aktualisiert und um einen Epilog erweitert.

Mit 13 Abbildungen

3. Auflage in C.H.Beck Paperback. 2015
Unveränderter Nachdruck

Satz: Freiburger Graphische Betriebe, Freiburg
Druck und Bindung: Druckerei C.H.Beck, Nördlingen
Umschlaggestaltung: malsyteufel, Willich
nach einem Entwurf von Uwe Göbel, München
Umschlagbild: Studenten flüchten mit einer verletzten Demonstrantin vor den Sicherheitskräften, Teheran, 12. Juli 1999. Photo AP
Printed in Germany
ISBN 978 3 406 68242 1

www.beck.de

Pájaro por las alas
Hombre por la tristeza.

Octavio Paz

Inhalt

Vorwort zur Taschenbuchausgabe

Ich wünschte, ich hätte das vorliegende Manuskript für die Taschenbuchausgabe erheblich aktualisieren müssen. Leider hat sich an den grundlegenden Konstellationen, die das politische und gesellschaftliche Leben in Iran bestimmen, kaum etwas geändert, seit das Buch vor knapp einem Jahr erschienen ist. Geschrieben habe ich es in einer Phase, in welcher der politische Reformprozeß zum Stillstand gekommen zu sein schien. Obwohl Mohammad Chatami, der die Islamische Republik zu demokratisieren versprochen hat, am 8. Juni 2001 erneut mit großer Mehrheit zum Präsidenten gewählt wurde, setzte sich die Repressionswelle den Sommer über fort, kaum bemerkt von der westlichen Öffentlichkeit. Vor allem die Mitglieder der liberal-islamischen Freiheitsbewegung (*Nehzat-e âzâd*) bekamen den Zorn der konservativen Führer zu spüren. Zu Dutzenden wurden sie, darunter zahlreiche alte Herren, ja Greise wie der achtzigjährige Sejjed Ahmad Sadr Hadsch Sejjed Dschawadi, in den Kerker geworfen, manche von ihnen gefoltert. Getroffen hat es auch Saíd Montazeri, den Sohn des Großajatollahs Hossein Ali Montazeri. Unter dem Vorwurf, Informationen über die politischen Morde des Geheimdienstes in Umlauf gebracht zu haben, ist er seit mehreren Monaten in Haft. Den Besuch bei den Montazeris schildere ich im zehnten Kapitel.

Inzwischen hat sich die Lage ein wenig beruhigt. Zeitungen werden zwar immer noch geschlossen, aber dafür entstehen auch beinah wöchentlich neue. Die Zahl der freigelassenen politischen Häftlinge übertrifft derzeit deutlich diejenige der Verhaftungen – so sehen heutzutage die guten Nachrichten aus. Der Enthusiasmus, der die Reformbewegung beflügelt hat, ist nicht zurückgekehrt. Die verschiedenen Kontrahenten auf der politischen Bühne haben sich immer noch auf eben jene Weise ineinander verkeilt, die ich im vierten Kapitel darstelle. Natürlich setzt sich der gesellschaftliche und geistige Umbruch, den das Buch zum eigentlichen Thema hat, ungeachtet der tagespolitischen Scharmützel fort. Und nach wie vor bin ich davon überzeugt, daß dieser Umbruch langfristig auch tiefgreifende Auswirkungen auf das politische System haben wird. Doch gleichzeitig verstärkt sich die Befürchtung, daß die notwendigen politischen Reformen zu lange blockiert werden, um noch sinnvoll auf die verhängnisvolle Dynamik der ökonomischen und sozialen Verwerfungen reagieren zu können.

Mehr als zwanzig Jahre nach der Islamischen Revolution steht Iran vor Problemen, gegen die die politische Repression vergleichsweise leicht zu überwinden wäre. Vor einigen Tagen las ich in einer iranischen Zeitung, daß allein in Teheran innerhalb von zwei Wochen zweihundertfünfzig Leichen von Drogensüchtigen gefunden worden sind. Zweihundertfünfzig! Und daß die Anzahl allein der offiziell registrierten (!) Prostituierten in der Hauptstadt zweitausend betrage. In der Hauptstadt der Islamischen Republik! Es sind zufällig herausgegriffene Meldungen, und obwohl ich sie in diesem Fall nicht mehr nachprüfen konnte, mögen sie als Hinweis darauf durchgehen, daß das soziale und moralische Gefüge der iranischen Gesellschaft im Begriffe ist zu kollabieren.

Ich habe das Manuskript für die Taschenbuchausgabe überprüft, aber nur an wenigen Stellen geändert. Die meisten dieser Verbesserungen gehen auf Asghar Schirazi in Berlin zurück, dem ich für seine ebenso kritischen wie freundlichen Anmerkungen danke.

Köln, im März 2002 *Navid Kermani*

Vorbemerkung zur Transkription und Zitierweise

Entsprechend dem Charakter des Buches habe ich auf einen wissenschaftlichen Apparat und eine philologisch korrekte Transkription verzichtet. Nur drei Besonderheiten sind zu beachten:

(1)½Der Buchstabe „z“ ist in persischen Namen immer als ein stimmhaftes „s“ zu lesen (wie in „Sonne“); der Buchstabe „s“ in persischen Namen zeigt dagegen ein stimmloses „s“ an (wie in „Bus“).

(2)½Ein accent aigu auf einem Vokal zeigt an, daß vor diesem Vokal ein fester Stimmeinsatz wie in „be-arbeiten“ erfolgt (also „Chameneí“ wie „Chamene-i“).

(3)½In persischen Begriffen und Titeln habe ich die beiden unterschiedlichen Aussprachen des Buchstabens „a“ gekennzeichnet, die das Persische kennt: „a“ ist wie im Deutschen hell zu sprechen, hingegen ist „â“ ein dunkler Ton, ähnlich dem schwedischen å.

Zeitschriftentitel habe ich bei erstmaliger Nennung übersetzt, sofern sie nicht einen Orts- oder Monatsnamen zum Titel haben.

Einleitung

Gestern besuchte ich Parastou Foruhar in Offenbach. Sie ist Künstlerin und lebt seit vielen Jahren in Deutschland. Ich wollte mit ihr die Passagen dieses Buches durchgehen, in denen ich die Ermordung ihrer Eltern Dariusch Foruhar und Parwaneh Eskandari schildere, zweier berühmter Oppositioneller. Mitarbeiter des iranischen Geheimdienstes haben sie am 22. November 1998 in Teheran umgebracht. Seither führt Parastou einen kafkaesken Kampf gegen die iranische Justiz, die an der Aufklärung der Verbrechen nicht interessiert ist. Immer wieder fliegt sie nach Iran, läuft Gerichtskorridore auf und ab, wartet vor Amtszimmern, wird abgewiesen und verschafft sich nach Stunden dennoch Zutritt, um in ein anderes Büro, ein anderes Gebäude, ein anderes Viertel geschickt zu werden, wo sie wieder durch Korridore irrt und vor Amtszimmern wartet. Ich weiß nicht, woher sie die Kraft nimmt. Sie hat zwei jugendliche Söhne, sie hat ihre Arbeit und ihre Ausstellungen, sie hat ihr Leben in Deutschland, und doch reist sie mehrmals im Jahr nach Teheran, wo sie im Haus ihrer Eltern wohnt, in dem Haus, in dem sie großgeworden ist. Sie sitzt an dem Schreibtisch, an dem ihr Vater ermordet worden ist, und verschickt Offene Briefe, wendet sich an die verschiedenen Behörden und Zeitungen, sie trifft Unterstützer und pilgert jeden Morgen in ein anderes Justizgebäude, obwohl sie die Hoffnung aufgegeben hat, dort je die Wahrheit zu erfahren.

Parastou ist eine selbstbewußte und liebevolle Frau, man spürt das sofort, wenn man sie trifft. Ihre Trauer verbirgt sie lieber hinter einem Scherz, als mit ihr hausieren zu gehen. Das zähe Drängen auf Aufklärung erklärt sie nicht als Akt des politischen Widerstands, sondern als einzige Möglichkeit, an den Morden nicht zu zerbrechen. Sie sagt das ganz schlicht: Wenn ich aufhöre nachzufragen, tragen die Mörder einen weiteren Sieg davon. Wenn ich resigniere, sterben meine Eltern noch einmal. Ihr Leben verpflichtet mich zur Beharrlichkeit. Sie hat Milchkaffee bereitet, aber auf die persische Art einer teetrinkenden Nation, Nescafé in heißer

Milch, und sie hat Croissants auf den Küchentisch gestellt. Im Detail vergegenwärtigen wir jene Nacht, die Uhrzeit, zu der es bei ihren Eltern geklingelt hat, wieviel Männer ihre schon älteren, zerbrechlichen Eltern an welchen Stellen festhielten, wo das Messer in sie eindrang und wieviel Stiche es waren. Sie kennt die Einzelheiten aus den Protokollen der Täter und dem Gutachten des Gerichtsmediziners. Ja, die Täter sind gefaßt worden, aber deren Auftraggeber üben weiter ihre Staatsämter aus. Parastou durfte die Akten für kurze Zeit einsehen. Das Szenario, das sie vorstellen, ist widersprüchlich und blendet den politischen und religiösen Hintergrund aus, aber der eigentliche Tathergang wird doch erkennbar. Tathergang. Das Wort kenne ich aus dem *Tatort* und aus Pressekonferenzen deutscher Polizeisprecher. Es ist völlig unangemessen für das, was Parastou schildert. Aber weil sie versucht, möglichst sachlich zu sprechen, will auch ich das Wort nicht ersetzen. Ich will jede Einzelheit wissen und frage oft nach, dabei schäme ich mich meiner Fragen. Man will doch von der Tochter einer Ermordeten nicht wissen, worauf die Würgemale am Mund schließen lassen. Aber sie sagt jedesmal, wenn sie meine Scham bemerkt: Nein, nein, Sie sollen das alles hören, es ist gut, daß Sie nachfragen, man soll alles erfahren. Immer wieder kämpft sie mit den Tränen, aber nur ein einziges Mal verliert sie den Kampf, nämlich als sie berichtet, wie ihre Großmutter von den Morden erfuhr: aus den Nachrichten im Fernsehen, da sie gerade zu Abend aß. Ich habe vergessen zu fragen, wie alt die Großmutter und ob sie die Mutter des Vaters oder der Mutter ist. Sie muß schon über neunzig sein, vermute ich. Wieder und wieder stelle ich mir seit gestern die Szene vor, wie die Großmutter vor dem Fernseher zu Abend ißt, und dann teilt dieser verfluchte iranische Staatsrundfunk als eine der letzten Nachrichten ungerührt den Mord mit, den sein Staat selbst begangen hat. Ich weiß nicht, warum Parastou ausgerechnet hier die Tränen kamen und auch mir dieses Bild nicht aus dem Kopf geht, wahrscheinlich weil ich es mir im Unterschied zur eigentlichen Tat vorstellen kann, weil ich selbst iranische Großmütter kenne und wie sich ihr Leben vollständig auf ihre Kinder und Enkel richtet – und sie hatte dieses Kind nun schon sechzig oder siebzig Jahre zu behüten versucht und wegen seiner politischen Aktivitäten viele Stunden der Panik durchlitten –, weil ich weiß, was iranische Großmütter zu Abend essen, wie sie sich vor den Tisch im Wohnzimmer knien, um den Spielfilm nicht zu verpassen.

Später finde ich mich in der S-Bahn nach Frankfurt wieder und dann im Zug nach Berlin. Ich habe einen Stapel Bücher zur iranischen Geschichte mitgenommen, die ich noch einmal querlesen möchte. Aber es ist wie verhext: Gleich welches Buch, welche Seite ich aufschlage, treffe ich nur auf hingerichtete Politiker, verhaftete Schriftsteller, gefolterte Geistliche, ermordete Intellektuelle. Und alle haben sie nichts anderes getan, als ein Leben lang, vier, fünf, sechs Jahrzehnte für ihre Freiheit zu streiten. Es gelingt mir nicht mehr, über Nebensätze hinwegzulesen: war jahrelang schwerer Folter ausgesetzt, hat acht oder zwölf oder zwanzig Jahre im Gefängnis verbracht, verbrachte den Rest seines Lebens unter Hausarrest, wurde hinterrücks erdolcht. Jede dieser Angaben erzählt mir eine Geschichte, erzählt von Ehefrauen, Großmüttern, Kindern, von bestialischen Folterern und nicht zu ertragenden Schmerzen, von Einsamkeit, Verzweiflung, Unsicherheit, Angst. Einige dieser traurigen, gequälten, niemals zurückweichenden Helden, den Politiker Mehdi Bazargan, den Theologen Hossein Ali Montazeri, den Schriftsteller Huschang Golschiri durfte ich kennenlernen, die Begegnungen schildere ich in diesem Buch. Parastou Foruhar habe ich soeben getroffen. Vierzehn Jahre war ihr Vater im Gefängnis, bevor die Revolution siegte und er zum Arbeitsminister ernannt wurde, nur um zwei Jahre später wieder im Untergrund zu verschwinden, acht Monate lang, nur um schließlich aufgespürt und für ein weiteres Jahr verhaftet zu werden. Alle glaubten, er würde zusammen mit Sadegh Ghotbzadeh, dem ehemaligen Außenminister, hingerichtet, bis die Mutter einen Anruf von Ahmad Chomeini erhielt. Alles sei überstanden, sagte der Sohn des Revolutionsführers. Eine Woche später kam Foruhar frei. Wahrscheinlich hatte Chomeini sich nicht durchringen können, seine Unterschrift unter das Todesurteil zu setzen, da sein

1977 gestorbener, vielleicht ermordeter Sohn Mostafa im Gefängnis Freundschaft mit Foruhar geschlossen hatte. Kaum aus der Haft entlassen, setzte Foruhar als Führer der liberalen „Iranischen Volkspartei" seinen friedlichen Einsatz gegen die Diktatur fort, sechzehn Jahre lang, bis zum Tod. Selbst seine Ehe mit Parwaneh Eskandari hatte ihren Ursprung im Widerstand, sie war eine junge Aktivistin, druckte Flugblätter gegen den Schah und sorgte für deren Verteilung im ganzen Land. Bis zum Ende war das gemeinsame Leben von der Politik geprägt, ihr Haus diente als Parteizentrale, Tagungsbüro und Anlaufstelle von Journalisten aus aller Welt. Es ist schwer, sich so ein Leben vorzustellen. Parastou hatte ich gefragt, wovon die Eltern sich und die Kinder ernährten. Die Mutter habe am Anfang noch als Lehrerin gearbeitet, der Vater dagegen seinen Anwaltsberuf insgesamt nur vier Jahre ausüben dürfen, vier von vierzig oder fünfundvierzig Jahren. Ihre Eltern hätten von ihrem Erbe gezehrt, aber am Ende kaum mehr als das Haus besessen.

Ich saß im Zug und fand in allen Büchern nurmehr den gleichen Plot. Die gesamte neuere iranische Geschichte schien sich mir auf ein vergebliches Aufbegehren zu reduzieren, und wann immer für kurze Zeit freudige Erregung das Land erfüllte, weil ein Diktator aufgegeben oder nachgegeben hatte, sollte die Enttäuschung umso unbarmherziger auf dem Fuße folgen. Man liest das so, in ein, zwei Sätzen: Am 12. Juli 1906 schossen die Truppen Mozaffer ed-din Schahs in die Menge der Trauernden, zweiundzwanzig Menschen wurden getötet. Als sich die Demonstranten Mitte Juli 1935 nicht zerstreuten, stellten Reza Schahs Truppen auf den Dächern der umliegenden Gebäude Maschinengewehre auf und eröffneten das Feuer. Über hundert Menschen wurden getötet, drei Soldaten, die den Schießbefehl verweigerten, hingerichtet. Am 8. September 1978 weigerten sich die Demonstranten auf einem großen Platz in der Nähe des Parlamentsgebäudes, sich zu zerstreuen, vermutlich in Unkenntnis des Kriegsrechts. Die Truppen feuerten direkt in die Menge, auch aus Kampfhubschraubern wurde geschossen, Hunderte starben. Allein in den Monaten September und Oktober 1988 wurden mindestens dreitausend, vermutlich deutlich mehr Menschen hingerichtet. Jeder einzelne von ihnen hat eine Biographie. Hinter jedem einzelnen der Sätze verbergen sich Jahre des Widerstands, des schließlichen Triumphes, des geraubten oder verspielten Sieges. Es ist das wiederkehrende Muster der neueren iranischen Geschichte.

Bereits gegen Ende des 19. Jahrhunderts formierte sich in Iran ein Kreis aus Intellektuellen, die rechtsstaatliche Reformen und die Einsetzung eines Parlaments verlangten. Als sich ihnen zahlreiche Geistliche und schließlich auch große Teile der Bevölkerung anschlossen, gelang den Konstitutionalisten nach Monaten des Streiks und gewaltsam niedergeschlagener Demonstrationen am 5. August 1906 die erste demokratische Revolution des Nahen und Mittleren Ostens. Bereits im Oktober trat die neugewählte Nationalversammlung zusammen, im Dezember wurde die Verfassung niedergeschrieben und in aller Eile dem todkranken Kadscharenkönig Mozaffer ed-din vorgelegt. Am 30. Dezember, wenige Tage vor seinem Tod, unterzeichnete der Schah die Verfassung. Formell war Iran nun eine konstitutionelle Monarchie mit einem Parlament, einem Ministerpräsidenten und einer unabhängigen Justiz, doch bald schon versank der neue Rechtsstaat in einem Chaos aus inneren Zerwürfnissen, regionalen Konflikten und den Einwirkungen Großbritanniens und Rußlands, die Iran 1907 in zwei Interessenzonen und eine neutrale Zone aufgeteilt hatten. In den folgenden Jahren lösten sich 64 Kabinette ab, Provinzen erklärten sich für unabhängig und bekundeten wieder ihre Treue, Attentate erschütterten die Hauptstadt. Einmal ließ der neue Schah Mohammad Ali das Parlament bombardieren. Der einflußreiche Theologe Scheich Fazlollah Nuri erklärte alle Anhänger des Parlaments zu Ketzern, woraufhin der ranghöchste Ajatollah jener Zeit, Mohammad Kazem Chorasani, bekanntgab, Nuri selbst sei ein Ketzer. Der reaktionäre Schah wurde gestürzt und Scheich Fazlollah am 31. Juli 1908 öffentlich gehängt. Mit atemberaubender Würde trat er an den Galgen. Unmittelbar vor seiner Hinrichtung sprach er freimütig aus, worum es auch den Rest des Jahrhunderts immer wieder gehen sollte: Weder sei er ein Reaktionär, noch seien die Ajatollahs, die sich für die Verfassung einsetzten, wahre Konstitutionalisten. „Es war einfach so: Sie wollten mich ausstechen und ich sie."

Am 21. Februar 1921 putschte die Armee unter Führung von Reza Pahlawi gegen die Zivilregierung. Vier Jahre später ließ er sich zum neuen Schah proklamieren. Reza Schah war ein entschlossener Modernist und entschiedener Diktator. Weil er sich während des Weltkriegs auf die Seite der Achsenmächte stellte, zwangen ihn die Alliierten 1941, zugunsten seines Sohnes Mohammad Reza abzudanken. Der neue Monarch war noch zu jung und unerfahren, um sich als Alleinherrscher durchzusetzen, die rivalisierenden Großmächte schwächten sich gegenseitig, und so gewannen die demokratischen Kräfte allmählich wieder die Oberhand. Der 1951 gewählte Ministerpräsident Mohammad Mossadegh zwang den Schah, das Land zu verlassen, und wandte sich gegen den ruinösen Einfluß der ausländischen Staaten. In den folgenden zwei Jahren kam das Land seiner Freiheit näher, als es jemals in seiner Geschichte kommen sollte. Mossadegh, ein Jurist aus aristokratischer Familie, war ein Charismatiker, ein durch und durch republikanischer Volkstribun, er war „der Löwe", wie er bis heute genannt wird. Hochgewachsen, kahlköpfig, mit scharf geschnittenen Gesichtszügen und immer leicht nach vorne gebeugt, hat er den verhaßten Kolonialmächten die Stirn geboten. Durch sein Photo in den Wochenschauen und auf den Titelseiten der Zeitungen wurde er in seiner Zeit zum bekanntesten Führer der Dritten Welt. Dabei klagte er unaufhörlich über seine schlechte Gesundheit und empfing Gäste, auch ausländische Minister, vorzugsweise im grauwollenen Pyjama neben seinem schlichten eisernen Bett. Sein politisches Wirken stellte er als einen ständigen Sieg seiner Willenskraft und Vaterlandsliebe über seine Krankheiten dar. Mossadegh weinte in der Öffentlichkeit, wenn er tief bewegt war, er hatte Ohnmachtsanfälle; doch fehlte es ihm niemals an Kraft, seine Gegner im Parlament in Grund und Boden zu reden und notfalls von seinem Stuhl die Armlehne abzureißen, um damit drohend in ihre Richtung zu fuchteln. Indem er das iranische Öl, das bis dahin die Briten kontrolliert hatten, verstaatlichte, gewann Iran als eines der ersten Länder der Dritten Welt, noch vor dem Ägypten Abdelnassers, seinen natürlichen Reichtum zurück. Aber Mossadegh konnte sich nicht halten. Am 18. August 1953 putschte ihn der CIA aus dem Amt und setzte den geflüchteten Schah wieder auf den Pfauenthron. Die Aufnahmen des Schauprozesses, die den gestürzten Ministerpräsidenten zeigen, wie er sich – alt geworden und noch gebeugter – erhebt und auf ein Holzgeländer gestützt flammende Reden auf die Unabhängigkeit und gegen den Despotismus hält, gehören zu den bewegendsten, bestürzendsten Bildern, die Iran im 20. Jahrhundert hervorgebracht hat. Mossadegh kam ins Gefängnis und wurde später auf seinem Landgut in Ahmadabad unter Arrest gestellt, wo er 1967 im Alter von fünfundachtzig Jahren starb.

Am 16. Januar 1979 floh Mohammad Reza Pahlawi zum zweiten Mal aus Iran. Zwei Wochen später kehrte Ruhollah Mussawi Chomeini nach vierzehn Jahren des Exils zurück. Die Islamische Revolution hatte gesiegt. Ich war gerade elf geworden. Alle in unserer Familie, in unserem iranischen Bekanntenkreis waren glücklich, die meisten euphorisch. Den Sommer verbrachten wir in Teheran und Isfahan. Es hatte Hinrichtungen gegeben, manche witterten schon das aufziehende Unheil, meine Tante sah es bereits vor Augen. Ihr Schwager Mehdi Nurbachsch, ein allseits geachteter Polizeichef in Choramabad, war hingerichtet worden, einen Tag, nachdem der Revolutionsführer persönlich ihn amnestiert hatte. Es stellte sich heraus, daß der Gefängnischef die Begnadigung wegen einer alten Privatfehde in seiner Jakkentasche hatte verschwinden lassen. Daß er deswegen entlassen und der Schwager im Radio nachträglich zum „Märtyrer“ erklärt wurde, beruhigte niemanden. Aber noch immer waren wir (auch ich, der Elfjährige) zuversichtlich und vertrauten auf Mehdi Bazargan, den liberalen Ministerpräsidenten. Überall auf den Straßen bildeten sich Menschentrauben, in denen diskutiert wurde, die Zensur war aufgehoben, alle Gruppierungen und Parteien, die die Revolution unterstützt hatten, beteiligten sich am politischen Geschehen. Außer meiner Tante konnte sich niemand in unserer Familie vorstellen, wie schnell die Freiheit zerrinnen sollte.

Nur die letzen Jahre des iranischen zwanzigsten Jahrhunderts habe ich bewußt und aus der Nähe verfolgt. 1993 reiste ich nach zwölf Jahren zum ersten Mal wieder nach Iran. 1994 begann ich, über das Land zu schreiben, zunächst für die *Frankfurter Rundschau*, von 1995 an für das Feuilleton der *Frankfurter Allgemeinen Zeitung*. Das Buch ist aus dieser Arbeit hervorgegangen. Die Jahre, die es beschreibt, sind die Jahre, die ich als Berichterstatter erlebt habe. Ich habe in dieser Zeit nicht nur über Iran geschrieben, und meine Artikel über Iran bezogen sich nicht nur auf den Reformprozeß. Aber dieses Buch behandelt ausschließlich den gesellschaftlichen und geistigen Umbruch des heutigen Irans, nicht die Schönheit Isfahans, nicht das lebendige Erbe der klassischen persischen Poesie oder einen der vielen anderen Aspekte des Landes, die es lohnen, vorgestellt zu werden. Der zeitliche Bogen spannt sich, um zwei Daten zu nennen, vom 15. Oktober 1994, als 134 iranische Schriftsteller in einer weltweit beachteten Erklärung das Recht auf freie Meinungsäußerung einforderten, bis zum 8. Juni 2000, als Huschang Golschiri, einer der Initiatoren der Erklärung, in Teheran begraben wurde. Kurze Zeit später beendete ich meine Tätigkeit für die *Frankfurter Allgemeine Zeitung*. Verfaßt habe ich das Buch im darauffolgenden Spätsommer und Herbst. In dieser Zeit hat sich die Entwicklung in Iran natürlich fortgesetzt, doch habe ich darauf verzichtet, sie im einzelnen nachzutragen. Zum einen habe ich gemerkt, daß ich mir beim Schreiben gedanklich einen Schlußpunkt setzen mußte, zum anderen ist seit Juli nichts geschehen, das meine grundlegenden Einschätzungen verändert hat. Auch wenn ich auf einzelne tagespolitische Ereignisse eingehe, so besteht doch mein Versuch ohnehin darin, über den Tag hinaus gültige Analysen und Beschreibungen zu geben. Dazu gehören auch die Beiträge jener Iraner, die als Gastautoren für das Feuilleton schrieben. In meiner Berichterstattung über Iran empfand ich es von Anfang an als notwendig, Originalstimmen zu Wort kommen zu lassen. Es ist etwas anderes, über die Intellektuellen, Studenten, Journalisten oder Geistlichen zu schreiben, oder sie in ihren eigenen Worten, Metaphern, Gedankenfolgen kennenzulernen, in ihrem eigenen sprachlichen Gestus. Weil diese Artikel und Essays ein Teil des Bildes waren, das meine Leser sich von Iran gemacht haben, füge ich Ausschnitte aus ihnen auch in dieses Buch ein.

Die Menschen, die ich näher vorstelle, sind jene, mit denen ich Bekanntschaft schließen durfte. Das bedeutet nicht, daß andere Protagonisten des Reformprozesses, auf die ich nur kurz oder gar nicht verweise, deswegen weniger wichtig wären. Nur habe ich sie eben nicht selbst aus der Nähe erlebt. Das gleiche gilt für einzelne Themen, etwa die wirtschaftliche Entwicklung, die Situation der Frauen oder der ethnischen und religiösen Minderheiten, die ich nur streife. Als ein Augenzeuge schreibe ich über Iran, nicht als ein Islamwissenschaftler oder Iranist, der alle Aspekte sorgsam abzuwägen und ein ausgewogenes Gesamtbild zu geben hat. Ein Augenzeuge sieht nicht alles, aber er sieht manches genauer. Ob das Buch diesen Anspruch einlöst, möge der Leser beurteilen.

Nach dieser Bemerkung mag es überraschen, daß der Text mit Ausnahme der Einleitung in weiten Strecken eher sachlich gehalten ist. Ich sehe darin keinen Widerspruch: Daß ich Ereignisse und Entwicklungen aus der Nähe verfolgt habe, schließt nicht aus, sie mir und meinen Lesern verstehbar zu machen und also sie zu analysieren. Die Empathie gehört zu meiner Ausgangsposition (deshalb stelle ich sie in der Einleitung heraus), aber sie muß nicht jede Zeile beherrschen. Die Zurückhaltung hat einen Grund auch im – womöglich übertriebenen – Grauen vor einem Typus des Reporters, der sich selbst wichtiger nimmt als das Land, über das er berichtet. Gleichwohl wird man wohl und soll man durchaus spüren, daß viele der Menschen, die ich vorstelle, Freunde sind.

So vielen habe ich zu danken. Leider kann ich, aus naheliegenden Gründen, nicht die Namen aller Iraner nennen, die mir im Laufe der sechs Jahre geholfen haben. Bei manchen Menschen weiß ich, daß sie nicht erwähnt werden wollen, bei anderen bin ich mir nicht sicher. Ich habe auch keine Vorstellung, wie dieses Buch in Iran aufgenommen wird, ob es womöglich jemanden in Gefahr bringen könnte, von dem ich es nicht ahne. Gleichzeitig wäre mir unwohl dabei, mich bei einzelnen Personen in Iran zu bedanken, die große und selbstlose Unterstützung zahlreicher anderer hingegen zu verschweigen. Ich bitte daher meine iranischen Freunde, Verwandten und Kollegen um Verzeihung, wenn ich mich bei keinem von ihnen namentlich bedanke. Wenn in diesem Buch etwas richtig und klug ist, entspringt es ihrem Scharfsinn, ihrem Mut.

Ohne Scheu bedanken kann und muß ich mich bei denen, die mir in Deutschland zur Seite gestanden haben. Das ist als erstes meine Frau Katajun Amirpur, die als gelernte Iranistin selbst viel über Iran gearbeitet hat, aber auch meine Eltern Dr. Djavad Kermani und Sakineh Schafizadeh-Kermani. Das sind die Redakteure, die meine Texte betreut haben, allen voran Dr. Paul Ingendaay, Hubert Spiegel und Dr. Lorenz Jäger vom Feuilleton der *Frankfurter Allgemeinen Zeitung* sowie der Leiter ihrer Redaktion, Dr. Ulrich Raulff, aber auch Thomas Assheuer, der 1994 noch für die *Frankfurter Rundschau* gearbeitet hat und inzwischen *Die Zeit* bereichert. Ich habe mich bei meinem Lektor, Dr. Ulrich Nolte, zu bedanken, der sich um dieses Buch wie um sein eigenes gekümmert hat, und auch beim *Wissenschaftskolleg zu Berlin*, das mir durch die Einladung die Muße verschafft hat, es zu verfassen. Unter denen, mit denen ich mich in all den Jahren immer wieder über die Situation in Iran ausgetauscht habe, möchte ich Mahmud Rafi und Dr. Johannes Reissner dankend hervorheben. Für Informationen zu einzelnen Themen danke ich Abbas Maroufi, Almut Sh. Bruckstein und Parastou Foruhar.

Der Blick, den das Buch am Ende in die Zukunft wagt, ist besorgt und dennoch voller Hoffnung. Die Nachrichten, die mich seit Monaten erreichen, rechtfertigen die Hoffnung nicht, wenige Statistiken erhärten, kaum ein Expertenwissen stützt sie. Es ist eher ein Instinkt, ein Gefühl, eine Ahnung. Ich würde ihnen nicht mehr vertrauen, wenn sie mir nicht in der Vergangenheit schon mehrfach zur gewagten, aber richtigen Prognosen verholfen hätten. Es sind die Menschen, die mich hoffen lassen, ihre Ausstrahlung, ihr

Bewußtsein, ihr Wille. Es sind vor allem die jungen Leute in Iran. Ich bin froh, daß ausgerechnet Parastou Foruhar mich gestern in meiner Zuversicht bestärkt hat, bevor das Manuskript nächste Woche in den Satz geht.

Parastou ist erst vor ein paar Tagen aus Teheran zurückgekehrt, wo sie an der Gedenkfeier für ihre Eltern teilgenommen hat. Zehntausende hatten sich vor der Moschee versammelt, die meisten von ihnen kaum älter als zwanzig, fünfundzwanzig Jahre. Parastou schilderte mir die Entschlossenheit, den Enthusiasmus dieser Menschen. Immer wieder ließen sie Mossadegh hochleben, den ihre Schulbücher und Vorlesungen doch als areligiösen Schwächling herabwürdigen. Sie hielten große Photos von Parastous Eltern in die Höhe, obwohl sie als öffentliche Personen in Iran Jahrzehnte verfemt waren, und riefen bissige, zum Teil aberwitzige Parolen gegen die Tyrannei. Ständig sei jemand zu ihr gekommen und habe Hilfe angeboten, habe ihr eine Telefonnummer zugesteckt und gesagt, sie solle anrufen, wenn sie etwas brauche, Handwerker, Buchhändler, alte Mütter, junge Mädchen, sie solle sich melden, egal zu welcher Uhrzeit, bitte bitte bitte. Sie sei nicht allein. Eine Schülerin habe sie zu Hause angerufen und um Erlaubnis gebeten, sie zu besuchen. Sie brachte ein großes Ölgemälde mit, das sie von Parastous Eltern gemalt hatte. Zum Glück habe ihr Vater diesen Kaiser-Wilhem-Bart getragen, sonst hätte sie ihn auf dem Bild nicht wiedererkannt, lachte sie. Ja, wir lachten und tranken heiße Milch mit Nescafé und erinnerten uns der Croissants auf dem Küchentisch. Es wurde uns etwas leichter ums Herz. Es sei doch schlicht undenkbar, sagte Parastou, daß dieser Schülerin, diesen jungen Menschen in Iran die Freiheit versagt bleibt. Dieser Generation werde gelingen, wofür ihre Eltern gestorben seien, schloß ich mich ihrer Hoffnung an.

Berlin, am 1. Dezember 2000 *Navid Kermani*

1

Herbst 1996

Der Staat zertritt den aufkeimenden Widerstand

Zwei Frauen in Täbris ziehen ihren Tschador noch etwas enger zusammen, um sich vor dem ersten Schnee zu schützen. Im Herbst 1996 spitzte sich die Situation der kritischen Intellektuellen dramatisch zu. Das Regime setzte auf nackte Gewalt, um seine Macht zu wahren. Gleichzeitig war es nur eine Frage der Zeit, bis der ökonomische und gesellschaftliche Druck sich entlädt – und es gab allen Grund, eine solche Explosion zu fürchten. (Photo: Thomas Kern / Lookat)

Als ich den Dichter Mohammad Ali Sepanlu Ende September 1996 besuchte, sagte er nichts. Er begrüßte mich, wir wechselten die üblichen Floskeln, er trug mir Tee auf, aber als er sich mir gegenüber in einen Sessel setzte und ich, wie ich es gewohnt war, wartete, damit er das Wort ergreife und von den Zuständen erzähle, den seinen und denen im Land, starrte er auf den Teppich und sagte nichts. Ich wartete, und er schwieg.

„Erzähl' du", seufzte er schließlich, ohne aufzuschauen.

„Ich bin gekommen, um von Ihnen zu hören", erwiderte ich.

„Ich habe nichts mehr zu erzählen. Ich kann nichts mehr erzählen. Erzähl' du."

Mohammad Ali Sepanlu ist ein schon älterer, immer noch gut aussehender Herr von heiterem Charme, leiser Ironie und unangestrengter Würde. Die feinen Gesichtszüge, die grauen, nach hinten gekämmten Haare und der sorgsam geschnittene Schnurrbart komplementieren die Weltläufigkeit seines Geistes. Für die Freiheit des Wortes und die Gründung eines unabhängigen Schriftstellerverbandes hatte er sich in erster Reihe engagiert und doch die Berichte, wonach der Geheimdienst speziell die Schriftsteller systematisch verfolge, als Verschwörungstheorien abgetan. Und dieser große und berühmte Dichter, der Übersetzer von Camus und Autor zahlreicher literaturkritischer Schriften, den ich für seine furchtlosen, aber immer nüchternen Einschätzungen bewunderte, saß mir nun in dem geschmackvoll eingerichteten Wohnzimmer eines frankophilen Intellektuellen gegenüber und schwieg mit gesenktem Kopf. Sein Schriftstellerkollege Mahmud Doulatabadi hat einmal gesagt, die iranische Dichtung „verkündet mit tausend Stimmen des Schweigens: Ich bin stumm". Das war ihre Kraft und ihre Tragödie. Aber im Herbst des Jahres 1996 schienen die Stimmen, eine nach der anderen, nicht einmal mehr von ihrer Stummheit künden zu können.

Ein paar Wochen zuvor, am Abend des 5. August 1996, hatte Sepanlu gemeinsam mit zwanzig anderen Schriftstellern einen Bus nach Eriwan bestiegen, um auf Einladung der armenischen Regierung an einem Kongreß teilzunehmen.

Der Bus war nicht ganz gefüllt. Die Gruppe Teheraner Journalisten, die ursprünglich die Schriftsteller begleiten wollte, hatte unmittelbar vor der Abreise ihre Teilnahme abgesagt, offenbar nicht ohne die Einwirkung staatlicher Kräfte, wie sich später herausstellte. Morgens gegen fünf Uhr, draußen war es noch dunkel, erreichte die Reisegruppe den Paß von Heiran in den Bergen nahe der Grenze zu Armenien. Plötzlich hielt der Fahrer geradewegs auf den Abhang am Straßenrand zu, öffnete die Fahrertür und wollte aus dem fahrenden Bus springen. Der Versuch mißlang, weil einer der Schriftsteller, zufällig wach, Alarm schlug, als er bemerkte, daß der Bus im Begriff war, von der Straße abzukommen. Der Fahrer gab vor, eingeschlafen zu sein, und entschuldigte sich bei den Passagieren.

Nach einigen Minuten der Diskussion auf seiten der Reisegruppe und der Beteuerungen auf seiten des Fahrers beschloß man, die Fahrt wieder aufzunehmen. Der Fahrer setzte zurück, aber anstatt den Bus auf die Straße und in Richtung Armenien zu lenken, beschleunigte er heftig und hielt erneut auf den Abhang zu. Dieses Mal gelang es ihm, aus dem Bus zu springen. Gerade noch rechtzeitig sprang einer der Fahrgäste nach vorne ans Lenkrad und brachte den Bus, unmittelbar vor dem Abgrund, zum Stehen. Die beiden Vorderreifen schwebten bereits in der Luft. Wenige Minuten später traf, angeblich zufällig auf der menschenleeren Straße, ein Fahrzeug mit uniformierten Sicherheitskräften ein. Die Schriftsteller wurden in die Wache des nahegelegenen Städtchens Astara gefahren, wo sich die Verhöre und Befragungen noch bis in die darauffolgende Nacht hinzogen. Einige erhielten die Auskunft, der Busfahrer habe aus eigener Initiative und in verbrecherischer Absicht gehandelt, um Schmuggelware über die Grenze zu bringen. Anderen Insassen wurde vorgeworfen, sie selbst hätten, als Teil einer Verschwörung gegen die Islamische Republik, das scheinbare Attentat ausgeheckt, um die Regierung in Mißkredit zu bringen. Allen Schriftstellern wurde unter Androhung schlimmster Konsequenzen eingeschärft, Stillschweigen über den Vorfall zu wahren. In den iranischen Medien blieb er unerwähnt.

Als ich auf meiner Reise im September 1996 unter meinen Bekannten und Verwandten in Iran von der abgebrochenen Reise der Schriftsteller nach Armenien berichtete, deren Einzelheiten mir mehrere der Teilnehmer unabhängig voneinander geschildert hatten, wollten mir selbst eingefleischte Regimegegner kaum glauben. Das Szenario schien zu konstruiert, um wahr zu sein. Mittlerweile weiß man – und konnte es ausführlich in der iranischen Presse nachlesen –, daß in Iran nichts so unglaublich wie die Wirklichkeit ist und der Geheimdienst tatsächlich versucht hat, auf einen Schlag einundzwanzig iranische Schriftsteller in eine Schlucht zu stürzen. Zu den Dingen, die man nicht für möglich hält, bis man sie nicht selbst erlebt hat, gehört aber auch dies: Die zwei Beamten des Geheimdienstes, die mich seinerzeit in einer Suite des Hotels *Kousar* in Isfahan verhört hatten, ließen mir drei Jahre später durch einen Mittelsmann etwas ausrichten: Sie baten mich, „sie vor Gott zu entschuldigen“, weil sie im Verhör meine Schilderung der abgebrochenen Reise nach Armenien und andere meiner Darstellungen zurückgewiesen hatten; sie hätten das Ausmaß der Verfolgung selbst nicht für möglich gehalten, ließen sie mich wissen.

Die Situation der kritischen iranischen Schriftsteller und Intellektuellen hatte sich in jenem Herbst dramatisch zugespitzt. Mit Verhören, Drohungen, Verurteilungen und Überfällen mußten sie ständig rechnen; fast wöchentlich folgten neue Katastrophenmeldungen. Mal wurde der Chefredakteur der Literaturzeitschrift *Ādineh* („Freitag“), Faradsch Sarkuhi, vom Geheimdient zu ominösen Lockvogeltätigkeiten gezwungen und anschließend drei Tage lang verhaftet, mal wurden zwölf Schriftsteller, die über die Wiederbelebung ihres Verbandes debattierten, von Sicherheitskräften aufgegriffen, bis zum nächsten Morgen verhört und vor jeglichen weiteren Treffen gewarnt – wenn sie sich nicht daran halten wollten, sollten sie doch gefälligst auswandern. Die zuvor noch beachtlich vielfältige Presselandschaft war dezimiert worden, die verbliebenen unabhängigen Redaktionen starkem Druck ausgesetzt. Die Zensur hatte ein Ausmaß angenommen, daß die literarische Produktion fast zum Stillstand gekommen war und nicht einmal die Klassiker der persischen Literatur wie Saadi und Hafis unversehrt blieben. Seit jeher achten die Zensoren der Islamischen Republik auf politisch brisante Inhalte weniger streng als auf alles, was ihren strengen Vorstellungen von Moral und Sitte widerspricht. Mitte der neunziger Jahre kam es dahin, daß sie einzelne Begriffe aus der iranischen Literatur vollständig verbannten: Wer etwa „Busen" schreiben wollte, wurde gezwungen, „Brustkorb" zu verwenden. In einem Beitrag für die *Frankfurter Allgemeine* äußerte sich der Schriftsteller Huschang Golschiri über die Politik des damaligen Kulturministers Ahmad Mir-Salim in drastischen Worten:

Immer wenn er wieder mal die zeitgenössische Kultur oder gar das klassische Kulturerbe in den Schlachthof seines Ministeriums gezerrt hat, ließen ihn *Keyhân* („Welt") und ähnliche Blätter hochleben. Er hat uns sagen lassen: Schreibt nicht, daß die Blätter tänzelnd auf den Boden hinabsanken. Vermeidet das Wort „tanzen"! Er hat uns sagen lassen: Macht es bei der Übersetzung der ausländischen Geschichten wie die Synchronsprecher der ausländischen Filme, die für Wein und Whisky und überhaupt alle Alkoholika das Wort „Getränk" verwenden, oder besser noch, benutzt den Ausdruck „Gleichgültigkeit und Zügellosigkeit". Wenn wir lasen: „Trinkt den Becher Wein!", dann wurde in der Übersetzung daraus: „Soundso hat dazu aufgefordert, einen Becher voller Zügellosigkeit und Gleichgültigkeit zu sich zu nehmen." Man möchte lachen, aber es ist nicht komisch. Es ist zum Heulen, dieses Unheil, das in den letzten Monaten über die reiche Kultur meines Landes hereingebrochen ist.

Die Unterdrückung, zu der die Herrschenden Zuflucht nahmen, entsprang ihrer Angst, nicht ihrer Stärke. Die wirtschaftliche Misere drohte außer Kontrolle zu geraten, immer wieder kam es zu spontanen Aufständen, die sich an lokalen Mißständen oder der existentiellen Notlage der einfachen Bevölkerung entzündeten. Zudem erschütterten Bombenexplosionen das Land; innerhalb von sechs Monaten kamen bei vierzig Anschlägen in zwanzig iranischen Städten mehr als hundert Menschen ums Leben, so daß der damalige Geheimdienstminister Ali Fallahian, kraft seines Amtes selbst ein Experte für die Ausübung politisch motivierter Gewalt, schon von einer „konzertierten Terrorkampagne" sprach. Vor allem aber hatte sich Mitte der neunziger Jahre eine breite, obwohl kaum konturierte und politisch noch nicht handlungsfähige Bewegung in der Gesellschaft, in den Schulen und Universitäten, in den Theologischen Hochschulen, unter den Frauen und Intellektuellen abgezeichnet, vielleicht nicht einmal eine Bewegung, eher eine Strömung, eine Tendenz, die Herrschaft der Ideologie über die Wirklichkeit zu einem Ende bringen zu wollen. In den Hochschulen und Theologischen Seminaren wurde zunehmend an den geistigen Grundfesten des Staates gerüttelt, in der Politik bildete sich um den damaligen Teheraner Bürgermeister Gholamreza Karbastschi und den späteren Kulturminister Ataóllah Mohadscherani ein Lager reformwilliger Technokraten, eine Reihe von Zeitungen und Zeitschriften wie *Bahâr* („Frühling"), *Bahman* oder *Payâm-e Dâneschdschu* („Die Botschaft des Studenten") gründete sich, die mit unverhohlener Kritik an den herrschenden Zuständen überraschten, und schließlich taten sich die Schriftsteller und Intellektuellen nach Jahren der erzwungenen Passivität zusammen, um sich für die Freiheit des Wortes einzusetzen. Im Frühjahr 1994 veröffentlichten sie erstmals wieder eine Protesterklärung. Sie betraf den verhafteten Literaten Saídi Sirdschani, der einige Monate später im Gefängnis starb, angeblich an Herzversagen. Im Oktober desselben Jahres gingen die Intellektuellen noch einen Schritt weiter und verfaßten den „Text der 134", der weltweit Aufsehen erregte. Darin forderten 134 iranische Schriftsteller, unter ihnen alle namhaften Autoren des Landes, die Abschaffung der Zensur und die Erlaubnis zur Gründung eines unabhängigen Schriftstellerverbandes.

Wir haben ein natürliches, gesellschaftliches und bürgerliches Recht, unsere Schriften – sowohl Gedichte wie Romane, Theaterstücke wie Drehbücher, recherchierte Fakten wie Kritiken und auch die Übersetzungen von Schriftstellern aus der ganzen Welt – frei und ohne jegliche Behinderung an unsere Adressaten bringen zu dürfen. Weder einem einzelnen noch einer Institution darf es gestattet sein, die Veröffentlichung dieser Werke – unter welchem

Vorwand auch immer – zu verhindern. Selbstverständlich steht es nach der Veröffentlichung jedem frei, diese Werke zu beurteilen und zu kritisieren. Da die Kraft des einzelnen nicht ausreicht, der derzeitigen Einschränkung des Denkens und des Schreibens wirksam zu begegnen, sehen wir uns gezwungen, diesem Druck gemeinsam entgegenzutreten. Wir wollen uns gemeinsam für die Verwirklichung der Gedanken- und Meinungsfreiheit, für das Recht auf Veröffentlichung und für die Aufhebung der Zensur einsetzen.

Aber schon kurz nach der Veröffentlichung setzte eine Welle der Repression ein, wie sie Iran seit den Säuberungen der achtziger Jahre nicht mehr erlebt hatte. Ihr erstes Opfer war Ahmad Miralaí. Der Übersetzer von Borges und Paz wurde am 24. Oktober 1995 gegen elf Uhr nachts in einer Seitenstraße von Isfahan tot aufgefunden, nahe der Haustür eines armenischen Freundes. Die Leiche lehnte sitzend an einer Wand, neben sich zwei Flaschen Wodka. Sein Hemd war mit Alkohol durchtränkt. Offenbar wollten die Mörder suggerieren, daß Miralaí sich bei seinem armenischen Freund zu Tode betrunken habe. Ein Arzt gab der Familie jedoch heimlich zu verstehen, daß die Leiche Nadelstiche aufgewiesen und man dem Übersetzer offenbar Alkohol in die Adern gespritzt hätte. Miralaí hatte ebenso wie der später ermordete Ghafar Hosseini den „Text der 134" unterzeichnet. Andere Unterzeichner wurden vom Geheimdienst gezwungen, ihre Unterschriften zurückzunehmen, oder emigrierten wie der Dichter Kamran Bozorgnia oder der Schriftsteller Abbas Maroufi, der als Herausgeber der einflußreichen Literaturzeitschrift *Gardun* („Himmelsgewölbe") zu einer sechsmonatigen Haftstrafe und zwanzig Peitschenhieben verurteilt wurde. Das iranische Fernsehen richtete eigens am Freitagabend eine wöchentliche Sendung namens *Howiyat* („Identität") ein, um unliebsame Schriftsteller, kritische Zeitschriften und liberale Oppositionelle zu verhöhnen und zu schmähen. Beispielsweise strahlte es ein 1989 im Gefängnis mit geheimer Kamera aufgenommenes Geständnis aus und mißbrauchte es zu satirischen Zwecken. Die Aufnahmen zeigten den von der Folter sichtlich gezeichneten Ezzatollah Sahabi, einen prominenten Sympathisanten der bürgerlich-islamischen „Iranischen Freiheitsbewegung" (*Nehzat-e âzadi-ye Irân*) und Herausgeber der Zeitschrift *Irân-e fardâ* („Das zukünftige Iran"), der sich halb lallend über alte Mitstreiter ausließ. Nicht einmal vor diplomatischen Verwicklungen schreckten die Sicherheitskräfte zurück, wenn es galt, mißliebigen Schriftstellern nachzustellen, wie ihr Eindringen in das Haus des deutschen Kulturattachés Jens Gust zeigte. Der engagierte Diplomat hatte sechs iranische Schriftsteller, unter anderem Sepanlu und Golschiri, zum Abendessen in sein Haus eingeladen, das noch nicht als Diplomatenwohnung angemeldet war. Der Geheimdienst nutzte diesen Umstand gezielt aus und sperrte Gust mitsamt seiner Frau in einem Nebenzimmer ein, während er die Schriftsteller zusammen mit eigens mitgeführten, auf dem Eßtisch ausgebreiteten Dokumenten filmte. Dann wurden sie abgeführt und in den sich anschließenden Verhören der Spionage für Deutschand beschuldigt. Rang sich das iranische Außenministerium gegenüber der deutschen Regierung zu einer Entschuldigung durch, um den politischen Schaden zu begrenzen, mußten die Schriftsteller fortan damit rechnen, jederzeit als Agenten der Bundesregierung angeklagt zu werden, sollten sie ihr Engagement für die Meinungsfreiheit und einen unabhängigen Verband fortsetzen. „Wir Schriftsteller könnten in einen Dialog treten mit den Verantwortlichen des Landes", sagte mir während meiner Reise im Herbst 1996 Huschang Golschiri, einer der wenigen Schriftsteller, die noch einwilligten, namentlich zitiert zu werden, und der gleichwohl darauf achtete, daß während unseres Gespräches die Musik laut genug aufgedreht war, um die Wanzen des Geheimdienstes zu stören. „Wir könnten mit Vertretern des Innen- oder des Kulturministeriums zusammenkommen, um mit ihnen über die kulturellen Belange des Landes zu reden. Aber der Dialog sieht im Augenblick so aus, daß wir nachts in einen Raum geführt werden und auf eine Wand blickend von hinten verhört und beschimpft werden." Ich habe Golschiri vor Augen, wie er ins Leere starrt, den fünften oder siebten Tee auf dem Tisch, die vierzehnte oder sechzehnte Zigarette in der Hand, ich habe die persische Schlagermusik aus den siebziger Jahren im Ohr, die in absurder Lautstärke verzerrt aus dem kleinen Radiorekorder erklang, und vielleicht darf ich jetzt sagen, was Berichterstatter gewöhnlich verschweigen: Ich bekam es mit der Angst zu tun.

Besonders empfindlich reagierte das Regime auf die religiös motivierte und argumentierende Opposition, die sich zu formieren begonnen hatte. „Die Diskussion um die Trennung von Staat und Religion", beklagte der oberste Richter des Landes, Ajatollah Mohammad Yazdi, „ist nichts als eine Verschwörung, welche die Feinde des Islams angezettelt haben." Zunächst richtete sich der Zorn auf den führenden islamischen Reformdenker, Abdolkarim Sorusch, dem westliche Journalisten das Etikett eines „Luther des Islams" angeheftet haben, ein irreführender und von seinen Gegnern weidlich ausgeschlachteter Vergleich. Nach einer Kampagne in der konservativen Presse wurde er im Herbst 1995 in Isfahan erstmals tätlich angegriffen. Wenig später in Teheran konnte Sorusch den Knüppeln der *Ansâr-e hezbollâh* („Anhänger der Partei Gottes"), einer radikal-islamistischen Miliz, nur knapp durch einen Hinterausgang entkommen, weil sich seine Studenten schützend vor ihn warfen. Die einzig ihm verbliebene Vorlesung mußte Sorusch absagen. „Ich schäme mich für eine Universität, in der eine einzelne Gruppe den Tod der Wissenschaft und die Geburt der Barbarei feiern kann", schimpfte Sorusch daraufhin in einem Offenen Brief an den damaligen Staatspräsidenten Ali Akbar Haschemi Rafsandschani. Und er wagte, zu benennen, wen er für die Übergriffe verantwortlich hielt: „Die Hochschulverwaltung hat sich sehr bemüht, mit dem Problem fertig zu werden, aber sie ist daran gescheitert, daß meine Angreifer die offene oder versteckte Unterstützung verschiedener Autoritäten genießen, darunter das Büro von Revolutionsführer Chameneí." Ebensowenig wie Sorusch ließen sich seine Anhänger einschüchtern. Allein in Teheran protestierten etwa siebentausend Studenten gegen die Randalierer.

Aber die Attacken richteten sich längst nicht mehr nur gegen Sorusch. Angeklagt, die Grundsätze der bestehenden Ordnung zu hinterfragen, waren einzelne Regierungsvertreter ebenso wie Oppositionspolitiker der „Iranischen Freiheitsbewegung", aufmüpfige Geistliche und Vertreter islamischer Studentenorganisationen. Aus der Provinz hörte man immer wieder von Verhaftungen, ohne eine Bestätigung zu erhalten. Eine „Islamisierungskampagne" an den Universitäten führte zu zahlreichen Entlassungen. Studentenvertreter, die gegen die Maßnahmen protestierten, wurden verhaftet. Auch im theologischen Lehrzentrum Irans, in Ghom, wo mit den Großajatollahs Hossein Ali Montazeri, Ahmad Azari-Ghomi und Mohammad Schirazi drei hochrangige Kleriker unter Arrest oder ständiger Überwachung standen, verschärfte sich die Situation. Waren die Schüler Montazeris ohnehin der Verfolgung ausgesetzt, wurden nun auch mindestens achtzehn Schüler Schirazis verhaftet. Dieser gehört zu den eigentlich unpolitischen, traditionalistischen Gelehrten, vermochte jedoch den Mißbrauch der Religion nicht länger mitanzusehen. Auch die Mystiker gerieten unter Druck und konnten sich, wenn überhaupt, nur noch im Geheimen treffen. In Hamadan wurden zwölf Mitglieder eines Derwisch-Ordens hingerichtet. Sie hätten „Zentren des Lasters" eingerichtet, hieß es offiziell und in Anspielung darauf, daß Frauen anders als in der Orthodoxie am religiösen Leben der Sufis weitgehend gleichberechtigt teilhaben und die Geschlechter weniger strikt getrennt werden. Einem ehrwürdigen Scheich, den ich kannte, wurden die traditionell langen Haare abgeschnitten; kahlgeschoren hat man den Greis durch die Straßen gezerrt und als Lustmolch vorgeführt.

Ich verließ das Land im Oktober 1996 und schickte von Beirut aus meinen Bericht an die Redaktion. Ich war mir sicher, daß es für lange Zeit meine letzte Reise nach Iran gewesen sein würde. Tatsächlich bestätigten sich die Ahnungen und brachten die folgenden Monate die Ermordung des Verlegers Ebrahim Zalzadeh, des Universitätsprofessors Ahmad Tafazzoli und des Schriftstellers Ghafar Hosseini mit sich. Der Literaturkritiker Faradsch Sarkuhi verschwand am 3. November 1996 auf dem Teheraner Flughafen, als er seine Familie in Deutschland besuchen wollte. Die iranischen Behörden behaupteten, er sei nach Deutschland ausgereist oder befinde sich in Turkmenistan, die deutschen

Behörden beteuerten, Sarkuhi sei niemals in Hamburg eingereist. Sein Schicksal lenkte die Aufmerksamkeit einer breiten internationalen Öffentlichkeit auf die Repressionswelle in Iran und löste insbesondere in Deutschland eine Kampagne von Islamwissenschaftlern, Journalisten und Schriftstellern zur Freilassung Sarkuhis aus. Am 20. Dezember tauchte Sarkuhi dann wieder am Teheraner Flughafen auf und verkündete in einer Pressekonferenz, daß er gar nicht verhaftet, sondern die ganze Zeit in Deutschland gewesen sei. Seine Freunde, die ihn anschließend mit nach Hause nahmen, fanden ihn verstört und schweigsam. In seinem bereits zitierten Artikel beschrieb Huschang Golschiri später das erste Wiedersehen mit Sarkuhi:

> Als wir, die ganze Familie, Faradsch Sarkuhi eine Stunde nach seiner Pressekonferenz am Teheraner Flughafen zu Hause besuchten, ließ meine Tochter nicht eine Sekunde die Augen von ihm, den sie ihren Onkel nennt. Faradsch wiederholte vor uns dieselben Worte, die er vor den Journalisten verkündet hatte. Auch als ich ihm in die Küche folgte, sagte er nichts anderes. Sogar als meine Frau, Farzaneh Taheri, mit ihm scherzte und ihn beiseite nahm und sagte, mein lieber Faradsch, der Brief, in dem Du schreibst, es tue dir leid um das Aufsehen, das deine Reise nach Deutschland erregt hat, war datiert auf den dritten Tag nach deiner Abreise; aber die Aufregung begann doch erst fünf oder sechs Tage nach deiner Abreise, selbst da wollte er nur die Worte vom Flughafen wiederholen. Doch meine Tochter rief dazwischen: „Mutter!"
> Zwischen den Zeilen dieses Gesprächs war zu hören: Verstehst Du etwa nicht! Und da haben wir beschlossen, wie sprechende Puppen aufzusagen, was Faradsch gesagt hatte, denn wichtig war nur, daß er wieder da war, daß er lebte.

Ende Januar verschwand Sarkuhi erneut. Kurz darauf veröffentlichte die Berliner *tageszeitung* einen langen Brief Sarkuhis, in dem dieser erklärt, vom iranischen Geheimdienst unter Anwendung von Folter zu zahlreichen Falschaussagen gezwungen worden zu sein und die gesamte Zeit seines ersten Verschwindens in einer Isolationszelle des Informationsministeriums verbracht zu haben. Der Brief trug das Datum des 3. Januar und war von Sarkuhi offenbar vor seiner erneuten Verschleppung ins Ausland übermittelt worden. In dem Brief bittet er seine in Deutschland lebende Frau, den Inhalt erst dann zu veröffentlichen, wenn sie drei Tage lang von ihm keine Nachricht habe. „Jede Sekunde warte ich auf meine erneute Festnahme oder einen Vorfall, bei dem ich ermordet werde und mein Tod als Selbstmord dargestellt wird", heißt es in dem Brief, der ein ergreifendes Dokument der Unterdrückung, aber auch des Widerstands ist:

Es ist möglich, daß jemand fragt, warum ich mich so demütigen und erniedrigen ließ, warum ich bereit war, alles zu tun, was sie mir sagten. Ich will mich nicht rechtfertigen oder von Schuld freisprechen, aber der körperliche Druck hat mich ruiniert und vernichtet. Ich wollte es schneller zu Ende bringen, erledigen, was zu erledigen war, damit sie mich töteten. Menschen, die im Gefängnis zu Interviews gezwungen werden, in denen sie lügen müssen, hoffen meist auf Gnade und Freilassung. Aber das war nicht mein Motiv. In meiner Situation, zum Tode verurteilt und bei lebendigem Leib begraben, existierte keine Hoffnung auf Gnade und Freiheit. Die Interviews waren ein Teil ihres Plans, der mit meiner Ermordung enden sollte.

Im Detail berichtete Sarkuhi über die Methoden des iranischen Geheimdienstes und dessen ausgefeilte Pläne, kritische Schriftsteller als Druckmittel auf die deutsche Regierung einzusetzen, damit sie Einfluß auf den sogenannten Mykonosprozeß nehmen. In diesem Prozeß hatte die Berliner Staatsanwaltschaft den iranischen Geheimdienst beschuldigt, vier kurdische Oppositionelle in einem griechischen Restaurant namens „Mykonos" erschossen zu haben. Sarkuhi sollte als reuiger Spion und damit als Kronzeuge der angeblichen Bonner Machenschaften auftreten. So wurde er gezwungen, vor der Kamera auszusagen, der deutsche Kulturattaché Gust gebe dem provisorischen Komitee des Schriftstellerverbandes Weisungen und habe Artikel für die Zeitschrift *Âdineh* vorbereitet; selbst über private Gewohnheiten und Vorlieben Gusts und anderer Diplomaten mußte er auswendig gelernte Texte so oft wiederholen, bis seine Peiniger sie für überzeugend hielten. Mit einem einzelnen Brief war es Sarkuhi gelungen, den iranischen Geheimdienst vor aller Welt zu entlarven. Nun war er wieder in den Fängen des Geheimdienstes, und man mochte sich dessen Rache nicht ausmalen.

Just zu dieser Zeit, im Januar 1997, als die Repressionen in Iran kulturrevolutionäre Ausmaße anzunehmen begannen, die kritischen Schriftsteller und liberalen Religionsgelehrten um ihr Leben fürchteten und sich die wenigen unabhängigen Redaktionen, die noch existierten, aller politischen Kommentare enthielten, brachte die in Teheran erscheinende Zeitschrift *Kiyân* („Dasein") ein Sonderheft zur „Meinungsfreiheit in Iran" heraus. *Kiyân* hat die wegweisenden Beiträge zur theologisch-politischen Reform Irans veröffentlicht. Aus ihrer Redaktion und ihrem Umkreis sind viele der wichtigsten Journalisten jener Zeitungen hervorgegangen, die nach der Wahl Mohammad Chatamis zum Staatspräsidenten die Presselandschaft in Aufruhr versetzten, darunter die Chefredakteure der beiden auflagenstärksten Zeitungen *Dschâmeé* ("Gesellschaft") und *Sobh-e emruz* („Heute morgen"). Die meisten Redakteure und Autoren von *Kiyân* haben eine islamistische Vergangenheit, sie sehen sich als Kinder der Islamischen Revolution. Vor diesem Hintergrund wird es verständlich, daß ihre Plädoyers für Demokratie und Menschenrechte insbesondere unter exilierten Iranern oft angezweifelt werden. Aber wenn man ihre Texte aus diesen Monaten und Jahren kennt – als sie den wiederholten Angriffen der *Ansâr-e hezbollâh* ausgesetzt waren, jederzeit mit ihrer Verhaftung rechnen mußten und die säkularen Magazine sich schon nicht mehr trauten, Kritik zu äußern –, wenn man verfolgt hat, unter welchen Umständen sie die Freiheit des Wortes eingefordert und sich gerade auch für die laizistischen Intellektuellen wie Faradsch Sarkuhi eingesetzt haben, dann weiß man um den Ernst ihrer Überzeugungen und respektiert ihren Wandel. Am erstaunlichsten unter all den Dokumenten des Widerstands, die aus der Zeit vor der Wahl Chatamis stammen, erscheint mir besagte *Kiyân*-Ausgabe vom Januar 1997, da Revolutionsführer Ali Chameneí gerade erst öffentlich dem Kampf gegen die „kulturelle Invasion" (*tahâdschom-e farhangi*) Priorität in allen Programmen der Regierung eingeräumt hatte. Diese Ausgabe war wie eine letzte Karte; wenn die Verhältnisse geblieben wären, wie sie waren – es wäre wohl die letzte gewesen. So aber führt das Heft beispielhaft vor Augen, daß sich die heutige Reformbewegung nicht dem überraschenden Wahlsieg eines einzelnen Politikers verdankt, sondern eine lange Vorgeschichte hat und ohne den – nicht nur intellektuellen – Wagemut vieler Intellektueller, Geistlicher und Journalisten undenkbar gewesen wäre.

Den bewegendsten Beitrag der *Kiyân*-Ausgabe verfaßte Nasser Irani: ein bitteres, äußerst selbstkritisches Resumée des für Iran nicht besonders guten Jahrhunderts. Den Autor beschäftigte vor allem das Scheitern aller Freiheitsbestrebungen der jüngeren iranischen Geschichte. Dabei begnügte er sich nicht damit, auf die Beteiligung des Westens bei den antidemokratischen Putschen der Pahlawis oder den ebenfalls vom Westen unterstützten Einfall der Iraker kurz nach der Revolution zu verweisen; vielmehr suchte Irani das eigene Versagen, das Versagen der Intellektuellen bei allen Freiheitsbewegungen zu beschreiben, namentlich während des politischen Frühlings unter Ministerpräsident Mohammad Mossadegh Anfang der fünfziger Jahre und in den ersten Monaten nach der Revolution, als der liberale Ministerpräsident Mehdi Bazargan die sich anbahnende Diktatur zu verhindern versuchte. Beide Politiker, gewiß die größten, die Iran im 20. Jahrhundert hervorgebracht hat, seien nicht nur von den so oft als freiheitsliebend beschworenen Massen im Stich gelassen worden, sondern auch und gerade von den Intellektuellen.

Das Thema der Meinungsfreiheit ist für Irani eng verbunden mit der notwendigen Modernisierung des Landes. Iran müsse die Moderne genauso übernehmen, wie es vor dreizehn Jahrhunderten den Islam übernommen habe.

In jener ruhmreichen Zeit haben wir nicht nur unsere nationale Identität bewahrt, haben wir nicht nur die besten Elemente und Werte unserer Nation mit den Werten des Islams auf eine schöpferische Weise zu etwas Neuem vereinigt und so eine der prachtvollsten Kulturen und Zivilisationen der Menschheit hervorgebracht; wir haben auch die vielleicht schönste Form des gelebten Islams erschaffen, deren höchste Manifestation die iranische Liebesmystik war und ist.

Noch immer seien die Gesellschaft und Kultur Irans lebendig, noch immer habe sie das Potential, ein weiteres Mal aus der geschichtlichen Prüfung gestärkt hervorzugehen, schrieb der Autor und setzte seine Hoffnung auf die jüngere Generation der Intellektuellen (zu denen auch die Redakteure von *Kiyân* gehörten). Allerdings fügte er im letzten Satz seines Essays hinzu:

> Wenn die Besten von uns erwürgt oder zur Ader gelassen werden, im Gefängnis vermodern oder vor Kummer sterben, bleibt kein Geist mehr übrig, um dessen Meinungsfreiheit man sich sorgen müßte; aber wenn jene Menschen am Leben bleiben, wird noch der Berg, der sich vor ihnen auftürmt, ihrer Stimme ein tausendfaches Echo geben.

Die Geister, die Irani im Sinne hatte, sie mochten zum Teil überleben, doch schien alles darauf hinauszulaufen, daß sie ihre Stimmen nicht gegen einen Berg erheben könnten, sondern nur auf einem weiten Feld, wo sie ungehört verhallt wären: im Exil. Abdolkarim Sorusch kam in der gleichen Ausgabe von *Kiyân* nicht nur mit einem kühnen Aufsatz zur Ideologie der religiösen Herrschaft, sondern auch in einem Interview zu Wort, in dem er die Gründe seiner inzwischen mehr als halbjährigen Vortragsreise im Ausland erläuterte: Lehrverbot, physische Attacken durch Schlägertrupps, Morddrohungen. Sorusch war nicht der einzige. Auf der Nachrichtenseite von *Kiyân* waren die jüngsten Ehrungen und Berufungen iranischer Geisteswissenschaftler im Ausland aufgeführt. Bei jedem der fünf Gelehrten stand dieser oder ein ähnlicher Zusatz: „Es ist erwähnenswert, daß Herr X gegenwärtig an iranischen Universitäten nicht unterrichten darf." Weiter war zu lesen, daß neben den fünf Genannten noch weitere Professoren, die im Zuge der jüngsten Islamisierungskampagne entlassen worden waren, die Angebote ausländischer Universitäten prüften.

Als der Herbst des Jahres 1996 in den Winter mündete, schien Iran sich in einer ausweglosen Situation zu befinden. Jene Kräfte innerhalb des Regimes, die auf nackte Gewalt setzten, um den aufkeimenden Widerstand zu zertreten, waren im Begriffe, sich auf ganzer Linie durchzusetzen. Gleichzeitig wußte man, daß es nur eine Frage der Zeit war, bis der ökonomische und gesellschaftliche Druck sich entladen würde – und wieviel Grund es gab, eine solche Explosion zu fürchten, das hatte mich ausgerechnet Mehdi Bazargan, der führende Oppositionspolitiker Irans, gelehrt.

Wieso das Regime sich bislang halten konnte, ist angesichts seiner Arroganz und Selbstgerechtigkeit eine äußerst erstaunliche Angelegenheit. Vom Koran wissen wir, daß Pharao an seinem eigenen Unvermögen zugrunde gegangen ist. Weder hat ihm Moses etwas getan noch Gott. Er wurde immer selbstherrlicher – wie so viele Diktatoren. So war es auch mit Reza Schah. So wird es auch mit ihnen sein. Das scheint ein natürliches Gesetz zu sein: Sie müssen so weit gehen, so viele Schweinereien begehen, daß sie an sich selbst zugrunde gehen. Allerdings gibt es einen Unterschied zur Schah-Zeit. Als wir für die Revolution von 1979 eintraten, hatten wir Hoffnung auf eine bessere, auf eine große Zukunft. Wir wußten, daß unser Land reich an Bodenschätzen ist, daß es über großes geistiges und wirtschaftliches Potential verfügt. Wir wußten, daß es eine Nation gibt, die bestehen bleibt und die eine Konstante bildet. Aber jetzt, wenn sie abtreten – man mag sich gar nicht ausmalen, was wird. Überall im Land, an allen seinen Ecken, ist irgendwer, der sein Süppchen kocht. An der einen Ecke ist Kurdistan, an der anderen Aserbeidschan, im Süden Chuzistan. Es droht der völlige Zerfall.

Das Gespräch mit Bazargan, dem ersten Ministerpräsidenten und Führer der „Iranischen Freiheitsbewegung", führte ich Ende 1994 in Teheran. Obwohl er körperlich und geistig rege wie eh und jeh wirkte, sollte es sein letztes Interview sein. Wenige Wochen später, am 20. Januar 1995, starb Mehdi Bazargan im Alter von 88 Jahren. Unmittelbar vor seinem Tod hatte er noch nachfragen lassen, ob das Interview denn schon erschienen sei; offenkundig war er neugierig, wie das Echo auf seine ungewohnt emotionalen, ja verzweifelten Äußerungen ausfiele. Aber meine Nachricht und die Kopie der Zeitung erreichten ihn nicht mehr. Ich möchte Bazargans politischen Weg etwas ausführlicher schildern, weil er exemplarisch für das vergangene iranische Jahrhundert ist. Zugleich führt erst seine vom Widerstand und immer neuen Hoffnungen gezeichnete Biographie das

Unheilvolle der Resignation vor Augen, die Bazargan in den letzten Jahren seines Lebens ergriffen hat.

Bazargans Kampf für Irans Freiheit begann bereits in den dreißiger Jahren, nachdem er vom Studium aus Paris zurückgekehrt war. Damals hieß der Diktator Reza Schah, Gründer der Pahlewi-Dynastie und Vater des letzten Schahs. Mittlerweile als Professor für Thermodynamik an der Universität Teheran tätig, wurde er in den vierziger Jahren enger Mitarbeiter des linksliberalen Nationalisten Mossadegh. Nach Mossadeghs Wahl zum Ministerpräsidenten ernannte ihn dieser zum Staatssekretär und schickte ihn in den Süden des Landes, um den Übergang der Aufsichtsrechte aus britischen in iranische Hände zu leiten.

Als Mossadegh am 19. August 1953 durch einen CIA-Putsch gestürzt wurde und der junge Schah wieder Platz auf dem Pfauenthron nahm, verlor auch Bazargan alle Ämter. Zwischen 1955 und 1978 wurde er viermal verhaftet, verbrachte mehr als fünf Jahre im Gefängnis und überlebte einen Anschlag des Geheimdienstes *SAVAK*. 1961 gründete er gemeinsam mit anderen Intellektuellen und progressiven Geistlichen wie Ajatollah Mahmud Taleghani die „Iranische Freiheitsbewegung", die heute von Ebrahim Yazdi geführt wird. Mit Ajatollah Chomeini kam Bazargan erst 1978 in näheren Kontakt, als er den Revolutionsführer im Pariser Exil besuchte. Bei der Unterredung erwies er sich als so eigenwillig, daß Chomeini eine zweite Unterredung verweigerte. Bazargan selbst sagte zu einem Freund: „Ich habe einen Schah mit Turban gesehen."

Trotz der offenkundigen Differenzen ernannte ihn Chomeini am 5. Februar 1979 zum ersten Ministerpräsidenten der Revolutionsregierung. Mit der Ernennung Bazargans wollte der Revolutionsführer eine Brücke schlagen zu den nationalistischen und liberalen Kräften der revolutionären Bewegung. Es war aber auch eine Respektbekundung vor einem Widerstandskämpfer, der von ausländischen Korrespondenten aufgrund seiner entschlossenen Friedfertigkeit mit Mahatma Gandhi verglichen worden ist. Bazargan seinerseits nahm das Amt an, um die iranische Revolution in demokratische Bahnen zu lenken. Vergeblich. Seine vermittelnde, kompromißbereite Politik unmittelbar vor und nach der Revolution hat ihm von Linken wie Islamisten gleichermaßen Kritik eingebracht, und dennoch gibt es keinen anderen iranischen Politiker seit Mohammed Mossadegh, dessen persönliche Integrität so über alle Zweifel erhaben ist. Er selbst erzählte mir auf die Frage, ob er nicht auf der Straße gelegentlich von Anhängern der Islamischen Republik angepöbelt werde, ob er Probleme mit den Menschen habe:

Ja, ich habe Probleme mit den Menschen auf der Straße. Das Problem, das ich habe, ist es, sie davon abzuhalten, alles für mich zu tun. Wenn ich einkaufe, Taxi fahre oder meinen Rasierapparat zur Reparatur bringe, vermag ich kaum jemanden dazu zu bewegen, von mir Geld anzunehmen.
Wenn ich überhaupt einmal auf der Straße verbal angegriffen werde, dann von Mitgliedern der Oberschicht, deren Vermögen während der Revolution beschlagnahmt oder deren Bruder oder Ehemann getötet worden ist. Sie werfen mir vor, für alles Unheil verantwortlich zu sein, das über sie gekommen ist. Sie sagen: Du hast uns die Mullah-Herrschaft beschert; Euch haben wir vertraut, als wir uns für die Revolution eingesetzt haben – wieso habt Ihr Euch übertölpeln lassen von den Mullahs. So etwas höre ich sehr oft.
Aber auch diejenigen, die sich über uns beklagen, werfen uns nichts persönlich vor. Sie kritisieren unseren politischen Standpunkt während der Revolution, aber sie beschimpfen uns nicht persönlich. Der Grund dafür ist, daß wir niemanden angelogen haben. Ein Freund meinte: Wir essen das Brot ihrer Schlechtigkeit. Sie haben alle so viel gelogen, daß man uns allein schon für unsere Ehrlichkeit achtet.

Neun Monate blieb Bazargan im Amt. Zwei Tage nach der Besetzung der US-amerikanischen Botschaft in Teheran trat er aus Protest zurück. Als Vorsitzender der „Iranischen Freiheitsbewegung“ gehörte er noch bis 1984 dem Parlament an, wo er immer wieder den Mißbrauch der Religion und die Verletzung der Menschenrechte anprangerte. Vor allem über seine Dispute mit dem damaligen Parlamentspräsidenten Rafsandschani gibt es traurige und bezeichnende Anekdoten. Als Bazargan in einer Unterredung mit Rafsandschani wieder einmal das Fehlen von Freiheit beklagte, schnitt dieser ihm das Wort ab und sagte: „Als der Schah uns Freiheit gegeben hat, haben wir ihn aus dem Land vertrieben. Wir werden *diesen* Fehler nicht wiederholen." Ein anderes Mal war es Bazargan, der ein Gespräch mit Rafsandschani abbrach, indem er plötzlich sagte: „Ich muß jetzt für meine Frau Brot einkaufen gehen. Wenn Sie mutig sind, kommen Sie mit, und wir unterhalten uns auf der Straße weiter."

Nach den Wahlen von 1984 verzichtete Bazargan auf den bereits gewonnenen Parlamentssitz, ohne vom Kampf gegen das Regime abzulassen. Einige seiner engsten Mitarbeiter wurden ermordet, verhaftet und gefoltert. Ihm selbst etwas anzutun, das traute sich nicht einmal die Islamische Republik, aber seinem Sohn sagten die Gefängniswärter: „Wir quälen Dich solange, bis Dein Vater vor Kummer stirbt."

Mehdi Bazargan beeindruckte seine Gesprächspartner durch sein bescheidenes und extrem höfliches Auftreten. Große Worte vermied er. Statt dessen versuchte er sein Leben lang durch nüchterne Argumentation zu überzeugen. Sein Charisma entsprang nicht seinem überschäumenden Temperament, sondern einer Selbstlosigkeit, Mitmenschlichkeit und Ehrlichkeit, die so tief war, daß sie selbst seine Feinde nicht unberührt ließ. Über seine gewissenhafte Frömmigkeit erzählen sich seine Anhänger und Freunde zahlreiche, immer liebevolle Geschichten. Schon als Student brachte er seine iranischen Kommilitonen in Paris dadurch in Verlegenheit, daß er die Gebetszeiten auf das Genaueste beachtete. In seinen letzten Jahren quälte ihn, der bedeutende Werke zur religiösen Ethik vorgelegt hat, insbesondere die weitverbreitete Abkehr vom Islam bei breiten Schichten der iranischen Bevölkerung. Welche Demut, aber auch welche Verzweiflung kommt zum Ausdruck, wenn der meistgeachtete iranische Politiker seiner Zeit das eigene Ansehen am Ende seines Lebens mit dem Satz erklärt: Wir essen das Brot ihrer Schlechtigkeit. Zu Bazargans Begräbnis in Teheran strömten Zehntausende Iraner – es war die größte Demonstration für Freiheit, die Teheran seit der Revolution erlebt hatte.

Eine Antwort Bazargans ist mir besonders im Gedächtnis geblieben. Als ich ihn auf mögliche Wege aus der Krise ansprach, schüttelte er mit dem Kopf und schaute mich mit den Augen eines Vaters an, dessen Kind sich in Agonie befindet.

Wenn man mir sagen würde, ich solle das übernehmen, würde ich antworten: Ich kann das nicht. Denn wenn sie gehen, gibt es gegenwärtig keine realistische Option. Es gibt keine Alternative. Wer könnte das übernehmen? Das ist es, was einen so quält. Soll es ein zweites Afghanistan werden? Um ihr Fortbestehen zu sichern, haben sie von vornherein alles dafür getan, daß es keine Alternative zu ihnen gibt. Die Nationalisten mußten gehen, seien sie religiös motiviert oder nicht. Die Kommunisten mußten gehen, die Volksmudschahedin mußten gehen, alle anderen auch, damit am Ende die einzige Lösung darin besteht, daß diese Herrschaften an den Schalthebeln der Macht bleiben. Sie haben dem Volk ja nicht erlaubt zu atmen. Sie haben alle Freiheitsbestrebungen im Keim erstickt. Die Zukunftsaussichten sind äußerst beängstigend. Äußerst.

Weil er keine realistische Alternative zum herrschenden Regime mehr sah und gleichzeitig einen plötzlichen Sturz des Regimes wegen der Gefahr fürchtete, daß in dem darauffolgenden Machtvakuum die gesamte Nation auseinanderbrechen würde, hielt Bazargan das Streiten für innere Reformen für die einzige Chance, die Iran verblieben war. Aber er vermochte am Ende seines Lebens nicht einmal mehr an diese Chance zu glauben. Manche Kräfte innerhalb des Systems ahnten, daß ihr Land und damit ihre Herrschaft mit Vollgas auf eine Wand zusteuerte. Bazargan sah diese Menschen, die sich im Innern für Veränderungen einsetzten, und kannte viele von ihnen persönlich, weil sie ihn verstohlen besuchten oder ihm Botschaften schickten. „Selbst unter den Ministern, den Funktionären, den Direktoren, den Geistlichen gibt es Leute, die dagegen sind und das System nicht unterstützen“, sagte er mir. „Viele von ihnen entschuldigen sich bei uns, wenn sie uns treffen.“ Doch kannte er gleichzeitig den unbedingten Willen der führenden Politiker und Geistlichen, die bestehende Ordnung und ihre eigene Macht mit allen Mitteln zu verteidigen. Sosehr er, der vier Diktaturen erlebt und mehr als sechzig Jahre Widerstand geleistet hat – sosehr er sich anstrengte, vermochte er nicht zu erkennen, wie sich diese Islamische Republik reformieren könnte. Ob sie es kann, ist bis heute nicht klar.

2

Reform der Religion

Die schiitische Geistlichkeit beginnt umzudenken

Geistliche an einer Theologischen Hochschule in Schiraz. Immer mehr Theologen und religiöse Intellektuelle plädieren heute für eine Trennung von staatlicher und religiöser Autorität. Diese Kritik von innen ist für ein nach außen kompaktes System wie die Islamische Republik die gefährlichste, weil sie die geistigen Grundlagen der Islamischen Republik gezielt hinterfragt, anstatt sie bloß zu befürworten oder rundherum abzulehnen. (Photo: Samer Mohdad / Lookat)

Am 16. Februar 1996 meldete die Teheraner Zeitung *Salâm*, daß „Anhänger der Partei Gottes" (*Ansâr-e Hezbollâh*), der radikalsten unter den islamistischen Gruppierungen Irans, die „Theologische Hochschule Imam Chomeini" überfallen und die Studenten unter Beschimpfungen und Schlägen aus den Klassenzimmern und Schlafsälen vertrieben hätten. Anschließend zerstörten sie die Inneneinrichtung der Religionsschule und schweißten zum Abschluß ihrer Aktion die Eisentüren am Eingang zu. Auf die Frage der Seminaristen nach einer gesetzlichen Legitimation reagierte der Anführer der *Hezbollâhis* nach Angaben der Zeitung mit dem Hinweis, sie selbst seien das Gesetz. In einem Brief an die Redaktion fragte einer der vertriebenen Seminaristen: „Kommt denn Theologie-Studenten und Theologischen Hochschulen in diesem Land überhaupt keine Heiligkeit mehr zu?"

Daß Rollkommandos der *Hezbollâh*, die sich selbst als „der sprechende Koran in unserer Zeit" bezeichnen, gegen Satellitenschüsseln, Rapmusik und Alkohol zu Felde zogen, wußte man. Daß sie gegen allzu moderate Staatsvertreter demonstrierten, Kinobesucher verprügelten und Redaktionsräume kritischer Zeitschriften besetzten, gehörte zu ihren Insignien. Aber daß sie eine Theologische Hochschule stürmten, das war neu. „Die *Hezbollâh* tauscht mit niemandem Höflichkeiten aus und verschachert keine Werte", hatte der damalige Parlamentspräsident und spätere Präsidentschaftskandidat Ali Akbar Nateq Nuri kurz zuvor verkündet. „Sie erwartet, daß der Islam ohne ein Atom der Nachsicht und der Abweichung in seinen verschiedenen Dimensionen Beachtung findet." Was war geschehen, daß nicht einmal mehr schiitische Lehrzentren den Vorstellungen der „Partei Gottes" vom wahren und einzigen Islam entsprachen und als Hort des Liberalismus und des Säkularismus attackiert wurden?

In Meldungen wie dieser vom Überfall auf ein Theologisches Seminar kündigte sich bereits jenes politische und geistige Beben an, das sich schließlich am Freitag, dem 22. Mai 1997, ereignen sollte, als achtzig Prozent der wahlberechtigten Iraner an die Urnen gingen, um dem zuvor fast unbekannten Geistlichen Sejjed Mohammad Chatami zu einem Kantersieg über den Kandidaten der Staatsführung, Nateq Nuri, zu verhelfen. Die tiefgreifende und anhaltende Erschütterung im Innersten der Islamischen Republik war seismographisch längst aufzuzeichnen gewesen, bevor sie die politische Oberfläche erreichte und seitdem periodisch zu einer Häufung von Nachrichten führt. Mal wecken die Nachrichten Hoffnung, mal verwirren sie durch ihre Widersprüchlichkeit, nicht selten wirken sie bedrohlich oder fassen schlicht den Schrecken in dürre Agentursätze, aber immer scheint es um einen Machtkampf zwischen sogenannten Reformern und Konservativen zu gehen. Der Eindruck ist nicht falsch, und doch ist die Konfrontation zwischen den verschiedenen Fraktionen an der Staatsspitze nur das sichtbarste Zeichen eines gesellschaftlichen Konfliktes, bei dem auf der einen Seite eine stetig anwachsende Mehrheit steht, die der ideologisch legitimierten Gängelungen müde ist, und auf der anderen Seite eine Minderheit sich religiös verpflichtet fühlt, die bestehende Ordnung unter allen Umständen zu verteidigen. Der Riß, der sich schon lange aufgetan hatte, bevor der politische Reformprozeß 1997 begann, zieht sich beinahe durch alle Bereiche der iranischen Gesellschaft. Er ist in der Wirtschaft mit ihrer heranwachsenden wirtschaftlichen und technologischen Elite zu erkennen, die eine andere Weltsicht hat als die traditionellen Basarhändler, und teilt die Frauen in solche, die sich gehorsam ins Private zurückziehen, und jene vielen, die angesichts der verordneten Ungleichheit umso entschlossener sind, ihr Leben selbst zu bestimmen. Der Riß verläuft zwischen den Generationen und geht durch viele Familien, in denen die Kinder nicht verstehen, warum ihre Eltern einst für dieses System zu sterben bereit waren, und die Eltern sich darüber entsetzen, daß ihre Kinder so leichtfertig vertun, was sie unter Opfern erkämpft haben. Am schärfsten und sinnfälligsten ist der Konflikt jedoch, wo ein theokratischer Staat sein Zentrum hat innerhalb der Geistlichkeit. Entgegen der Beteuerung mancher westlicher Kommentatoren und vieler iranischer Politiker, wonach eine Säkularisierung der Islamischen Republik nicht anstehe, zielen die Diskussionen, die vor Jahren schon in den ambitionierten religiös-philosophischen Fachzeitschriften, Hochschulen und Theologischen Seminaren begonnen und seit der Wahl des neuen Präsidenten auch die öffentlichen Foren und die auflagenstärksten Tageszeitungen erreicht haben, eben auf dies: auf einen Wandel, der Politik und Religion wieder auseinander dividieren und die Autorität des Staatsoberhaupts allein durch das Volk, nicht durch Gott legitimieren will.

Das Herzstück der iranischen Verfassung ist die *welâyat-e faqih*, die „Herrschaft des Rechtsgelehrten", die einen einzelnen Theologen mit absoluten Machtbefugnissen ausstattet. Staatsgründer Ajatollah Ruhollah Chomeini hat zwar der Form nach die Institutionen einer parlamentarischen Demokratie akzeptiert, aber für sich ein Amt geschaffen, das über allen gewählten Organen steht und damit das republikanische Element der Verfassung neutralisiert: das Amt des „Obersten Rechtsgelehrten" (*wali-ye faqih*) oder „Revolutionsführers" (*rahbar-e enqelâb*). Dieser legt nicht nur die Richtlinien der Politik fest, sondern kontrolliert auch die Justiz, den Geheimdienst, die Streitkräfte, die staatlichen Medien, die religiösen Stiftungen, die einen Großteil der nationalen Wirtschaft verwalten, das zentrale „Büro der Freitagsprediger", dem sämtliche Freitagsprediger im Land unterstellt sind, sowie den „Wächterrat", der die Wahlen im Land beaufsichtigt und die Verfassungstreue der Kandidaten überprüft. Die Büros des Revolutionsführers verteilen sich über das ganze Land und ähneln einer Parallelregierung. Gewählt wird der Revolutionsführer von einem Gremium aus 86 Theologen, dem sogenannten „Expertenrat", der aus allgemeinen Wahlen hervorgeht und theoretisch auch das Recht hat, ihn – etwa im Falle einer schwerwiegenden Krankheit – abzusetzen. Die Kandidaten für den Expertenrat, der alle acht Jahre gewählt wird, unterliegen allerdings einer Vorauswahl durch den Wächterrat, der wiederum zur Hälfte vom Revolutionsführer ernannt wird; die übrigen „Wächter" wählt das Parlament, dessen Abgeordnete aber zuvor die Prüfung des Wächterrates bestanden haben müssen, um überhaupt für das Parlament kandidieren zu dürfen. Falls es bei Gesetzesvorhaben dennoch zu einem Konflikt

Die Verfassung der Islamischen Republik Iran

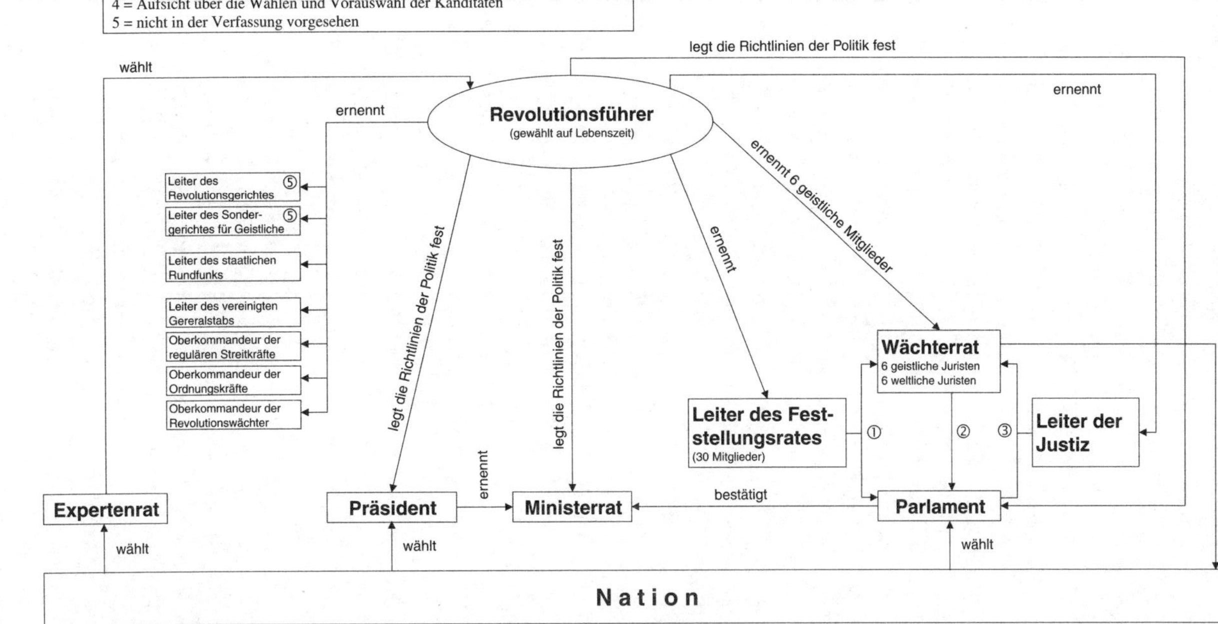

zwischen dem Wächterrat und dem Parlament kommt, schaltet sich der „Feststellungsrat“ ein, dessen Präsident – im Augenblick heißt er Ali Akbar Haschemi Rafsandschani und ist der Vorgänger Chatamis als Staatspräsident – vom Revolutionsführer berufen wird.

Dank dieser Verfassungsakrobatik mit ihren Kontrollinstanzen und Rückversicherungen entsteht ein Circulus vitiosus, in dem das Volk zwar wählen darf, sich dennoch an den Grundlagen und den wesentlichen personellen Konstellationen nichts ändert, weil am Ende doch der Revolutionsführer das Sagen hat. „Der Führer ernennt die Wächter, die wiederum die Experten bestimmen, die wiederum den Führer wählen – wenn das keine Farce ist, was ist es dann?“ spottete deshalb ein Teheraner Studentenführer im Oktober 1998 anläßlich der Wahlen zum letzten Expertenrat öffentlich, nachdem der Wächterrat 241 von 396 Bewerbern, darunter einige der namhaftesten Geistlichen des Landes, „wegen mangelnder theologischer Qualifikation“ von den Listen gestrichen hatte, um die Kandidatur auch nur eines einzigen reformorientierten Geistlichen zu verhindern (ein Hinweis auch darauf, wie umstritten die derzeit herrschende Auslegung der Religion selbst unter iranischen Theologen ist). Weil der „Oberste Rechtsgelehrte“ über den drei Gewalten im Staat steht, ist Iran trotz demokratischer Organe wie dem Parlament und einer gewählten Regierung schon der Verfassung nach keine Demokratie. Weil er seine Autorität, zumindest in der herrschenden Lesart, von Gott und nicht vom Volk herleitet, ist das Land zudem eine Theokratie; er wird nicht gewählt, sondern nach den Worten Nateq Nuris „von den Experten entdeckt aufgrund einer Botschaft, die Gott ihnen sendet“.

Innerhalb der schiitischen Geistlichkeit ist die *welâyat-e faqih*, die im 19. Jahrhundert erstmals umrissen und von Chomeini dann in den sechziger Jahren ausgearbeitet worden ist, seit jeher die Position einer Minderheit gewesen. Zwar plädierten in den vergangenen Jahrhunderten wiederholt einzelne Gelehrte dafür, den Klerus mit der Führung der Gemeinde zu betrauen, die meisten aber blieben in den Bahnen Scheich Tusis, der im elften Jahrhundert die Abstinenz der Theologen von der Politik theologisch begründete. Von den etwa zwölf iranischen Großajatollahs verficht nur ein einziger die Idee eines islamischen Staates, und dieser eine ist ausgerechnet Hossein Ali Montazeri, der sich als entschiedener Kritiker der herrschenden Theologen hervorgetan hat. Einst als Nachfolger Chomeineis designiert, wurde er 1989 entmachtet, nachdem er mit seiner Kritik an den Menschenrechtsverletzungen in Iran an die Öffentlichkeit getreten war.

Die Distanz, die sich die Mehrheit der schiitischen Gelehrten über die Jahrhunderte von der Staatsmacht bewahrt hat, resultiert aus zwei unterschiedlichen Erwägungen. Die meisten verwerfen, vergleichbar jenen ultra-orthodoxen Juden, die den Staat Israel ablehnen, alle menschlichen Versuche, die göttlich-gerechte Ordnung auf Erden zu schaffen, als frevlerische Anmaßung. Sie warten schlicht auf das Eintreffen des schiitischen Messias, des *Mahdi*, dem allein es zukomme, Gottes Reich auf Erden herbeizuführen. Bis dahin hängen sie einem konsequenten Quietismus an; da in Abwesenheit des *Mahdi* jegliche politische Herrschaft illegitim sei, sollten die Theologen sie den Laien überlassen, um sich nicht zu beschmutzen. Innerhalb dieses ultra-orthodoxen Islams hat sich unter dem Namen *Mahdaviat* in jüngster Zeit sogar eine Gruppierung gebildet, welche ihre apolitische Haltung aufgegeben hat und die Islamische Republik mit terroristischen Mitteln bekämpft. Andere Geistliche wiederum sehen in der finanziellen und organisatorischen Unabhängigkeit von der politischen Macht, die den schiitischen vom sunnitischen Klerus unterscheidet, gerade die Chance, auf irdische Angelegenheiten Einfluß zu nehmen. Der berühmteste Vertreter dieser Haltung ist Großajatollah Mirza Schirazi, der 1890 seine Landsleute aufrief, das Rauchen einzustellen, und dadurch den Schah zwang, den Briten das billig überlassene Monopol auf den persischen Tabak zu entziehen. Die Islamische Republik, die die Trennung von „Kirche" und Staat aufgehoben hat, ist dagegen innerhalb der schiitischen Geschichte eine Staatsform ohne Vorläufer, daher führt es in die Irre, sie als mittelalterlich zu charakterisieren. Was als spezifisch für die politische Struktur des Mittelalters gilt, hat es in Iran nie gegeben, und die heutige Verfassung – sowohl in ihren republikanischen, als auch in ihren theokratischen Aspekten – hat mehr mit alten wie neuen Modellen Europas gemein, als die Turbane der Staatsführer glauben machen wollen.

Als Iran sich in eine Islamische Republik verwandelte, existierten an den Theologischen Hochschulen zwei Strömungen nebeneinander. An die Seite des rückwärtsgewandten Quietismus, der allen Errungenschaften der Moderne skeptisch gegenüberstand und etwa in Bezug auf die Stellung der Frau teilweise reaktionäre Positionen vertrat, war der politische Islam getreten, wie ihn vor allem die Ajatollahs Ruhollah Mussawi Chomeini und Mahmud Taleghani gepredigt haben. Anders als jener war Taleghani, der 1961 gemeinsam mit Mehdi Bazargan die liberal-islamische „Freiheitsbewegung" gegründet hatte und nach Chomeini als zweiter Mann der Islamischen Revolution galt, ein überzeugter Demokrat. Seine nach Millionen zählende Anhängerschaft besonders im Mittelstand und an den Universitäten ließ ihn in den ersten Monaten nach dem Sturz des Schahs zum wichtigsten Kontrahenten des Revolutionsführers werden, bevor er am 9. September 1979 überraschend verstarb. Aber auch Chomeini selbst vertrat im Vergleich zu den „Quietisten" geradezu fortschrittliche Ansichten. Man vergißt heute oft, daß Chomeini von seinen Theologenkollegen vor der Revolution als furchtloser oder gefährlicher Erneuerer, als „Befreiungstheologe" wahrgenommen wurde, weil er die Theologie auf die Erde holte und bereit war, das religiöse Recht radikal zu reformieren – allerdings nicht, wie sich zeigte, um es mit den Menschenrechten zu versöhnen, sondern aus Gründen des staatlichen „Interesses" (*maslahat*), das zu definieren er sich vorbehielt.

Nach der Revolution von 1979 bildete sich zwischen den beiden genannten eine dritte Strömung, die das festgefügte, aber unpolitische Weltbild der Traditionalisten in die Wirklichkeit eines Staates übertrug, der von Theologen, von ihnen selbst also beherrscht wird. Viele Ajatollahs, die gegenwärtig zum politischen Lager der Konservativen gerechnet werden und als Bewahrer des Chomeinischen Erbes auftreten, sind ihrem geistigen Horizont nach Traditionalisten, wie Chomeini selbst nie einer gewesen ist. Vor den Mechanismen der Vereinnahmung, die Marcuse einst beschrieben hat, ist selbst der Staatsgründer der Islamischen Republik nicht gefeit.

Schließlich, und das ist die jüngste, immer noch andauernde Entwicklung, begannen muslimische Intellektuelle und Geistliche Ende der achtziger, Anfang der neunziger Jahre innerhalb der Universitäten und Theologischen Hochschulen sowie in philosophischen Fachzeitschriften wie *Kiyân* das Verhältnis von Staat und Religion neu zu bewerten. Spricht man mit den Wortführern dieser Debatte wie Abdolkarim Sorusch oder dem Hodschatoleslam Mohammad Modschtahed Schabestari, nennen sie fast durchweg den Niedergang der Religiosität seit der Islamischen Revolution als einen wesentlichen Impuls. Identifiziere man den Islam mit dem Staat, so werde jener für jedes Unrecht verantwortlich gemacht, das der Staat zu verantworten habe. In der Folge breite sich der Atheismus aus, verliere die Gesellschaft ihre moralischen Werte und seien religiöse Heuchelei und offene Bigotterie allgegenwärtig. Die Ideologisierung des Islams, an der sie selbst mitgewirkt haben, analysieren sie als ein Mißverständnis, das im Zuge der erzwungenen und oberflächlichen Modernisierung der Pahlawi-Dynastie aufgekommen sei. Das hat etwas von dem Marsch durch die Hölle, der notwendig ist, um durch die Hintertür wieder ins Paradies zu gelangen: Indem sie sich vom Islamismus ihrer eigenen geistigen Väter abwenden, kehren die „Religiösen Aufklärer" (*rouschanfekrân-e dini*), wie sie sich nennen, unter völlig veränderten Vorzeichen zurück zur apolitischen Religiosität ihrer Großeltern, ohne von ihnen unmittelbar beeinflußt gewesen zu sein. Wenigstens schemenhaft läßt sich auch hierfür eine interessante Parallele in der gegenwärtigen Debatte über den Zionismus beobachten. Ein kleiner Kreis von zum Teil dezidiert religiös geprägten jüdischen Intellektuellen wie Daniel Boyarin, Galit Hasan-Rokem oder Israel Yuval, von denen die meisten in der Diaspora leben, stellt inzwischen die Idee des Zionismus selbst grundsätzlich in Frage. Damit nähern sie sich auf verschlungenen und leidvollen Wegen ausgerechnet dem Standpunkt der israelskeptischen jüdischen Ultra-Orthodoxie an, deren geistiger Horizont von dem ihren nicht verschiedener sein könnte. Innerhalb Israels sind es vor allem säkulare Intellektuelle wie Amnon Raz-Krokotzkin, Yossef Schwartz oder Rahel Livné-Freudenthal, die sich nicht nur – wie die israelische Friedensbewegung – mit den Palästinensern aussöhnen möchten, sondern für einen nicht religiös definierten, Juden und Muslimen gemeinsamen Staat plädieren. So wie erst die Existenz eines islamischen Staates viele iranische Intellektuelle und Geistliche tiefgreifend säkularisiert hat, konnte erst die Wirklichkeit eines jüdischen Staates eine radikale Säkularisierung auch noch des religiösen jüdischen Selbstverständnisses bewirken. Daß diese israelischen Denker anders als die iranischen Neo-Säkularisten kaum eine Basis in der eigenen Gesellschaft haben, dürfte an dem vergleichsweise geringen politischen und ökonomischen Druck liegen. Wie immer der Umgang der Israelis mit den Palästinensern bewertet werden mag, so sind doch die jüdischen Bürger Israels anders als die Iraner keinem Zwangsregime und keiner existentiellen Wirtschaftskrise ausgesetzt, die das Verlangen nach grundlegender geistiger Reform beflügelten. Es wäre zynisch zu hoffen, daß palästinensische Gewalt einen solchen Druck erzeugt.

Der Baum der Erkenntnis, von dem die heutigen „Religiösen Aufklärer“ Irans essen mußten, um den Stand der ideologischen Unschuld neu und nunmehr bewußt zu erreichen, begann in den fünfziger Jahren, die ersten Früchte zu tragen. Bis dahin spielte der Islam im Denken iranischer Intellektueller kaum eine Rolle. Im Gegenteil: In manchen Kreisen konnte man es sich kaum erlauben, ohne eine gehörige Portion Häresie aufzutreten. Das Bild der schiitischen Geistlichkeit in der kritischen Öffentlichkeit prägten die oft genug abergläubischen Volksprediger, eine Riege weltabgewandter, im Rufe extremer Rückständigkeit stehender Ajatollahs, die ihre Theologischen Seminare selten verließen, sowie einige prominente Geistliche, die sich für weite Teile der Gesellschaft diskreditiert hatten, als sie 1953 überraschend den Putsch gegen die demokratische Regierung Mohammad Mossadeghs unterstützten. Allmählich aber entdeckten Intellektuelle wie Dschalal Al-e Ahmad, Ali Schariati oder Mehdi Bazargan sowie progressive Theologen wie Ajatollah Taleghani den Islam als revolutionäre Kraft. Sie kritisierten die politische Passivität der Geistlichkeit, forderten sie auf, sich gegen die Diktatur des Schahs und den Ausverkauf des Landes an die Vereinigten Staaten zu engagieren, oder träumten gar, wie Schariati, von einem „Islam ohne Geistlichkeit" (*Eslâm minhâ-ye ruhâniyat*). Was in den Jahrzehnten zuvor als „Modernisierung" herbeigesehnt worden war, problematisierten sie nun als „Verwestlichung". Es waren solche größtenteils im Westen ausgebildeten Intellektuellen, die in den sechziger und siebziger Jahren unter hohen persönlichen Opfern den Widerstand gegen den Schah geführt und den geistigen Boden für die Islamische Republik bereitet haben. Doch die Revolution, soweit sie sie noch erlebten, brachte ihnen nicht die ersehnte islamische Demokratie. Von den Islamisten, die sich um Ajatollah Chomeini geschart hatten, verfolgt, flohen die liberal-islamischen Kräfte bald schon ins innere oder äußere Exil, wenn sie nicht im Kugelhagel eines Hinrichtungskommandos endeten. In jener Zeit, Anfang der achtziger Jahre, wurde Mohammad Chatami Kulturminister und erläuterte Abdolkarim Sorusch den iranischen Fernsehzuschauern die Weltanschauung Chomeinis. Es sollte noch fast ein Jahrzehnt dauern, bis ihnen grundlegend neue Einsichten kamen.

Anfang der neunziger Jahre trat Chatami aus Protest gegen die Zensur zurück. Etwa zur gleichen Zeit veröffentlichte Sorusch seine Theorie von der Wandelbarkeit der religiösen Erkenntnis. In Anspielung auf Hegel beschreibt er die Religion als ein Werden, das sich in der Entwicklung vollendet. Dies wiederum führt ihn zurück zu Kants Diktum, daß man niemals das Wesen der Dinge, sondern immer nur ihre Erscheinung wahrnehme; weil diese Erscheinung sich ständig verändere, sei alle menschliche Erkenntnis und damit auch die religiöse Exegese relativ und notwendig wandelbar. Ein Interpretationsmonopol, wie es in der Theorie der *welâyat-e faqih* dem Revolutionsführer zukommt, lehnt Sorusch ab. Vielmehr sieht er als Essenz der Religion gerade die individuelle und notwendig subjektive Erfahrung, zu welcher der Gläubige im Gebet, in der Meditation oder in der Rezeption der heiligen Schriften gelange. Sorusch bekennt sich zwar zu einer „religiösen Regierung", meint damit aber nicht viel anderes, als sich europäische Christdemokraten wünschen. Eine Regierung sei bereits islamisch, wenn sie sich einer allgemeinen islamischen Ethik verpflichtet fühle und die religiösen Gefühle der Gesellschaft respektiere. Sie müsse aber keineswegs von Geistlichen geführt werden oder ihr politisches Handeln konsequent an den religiösen Quellen orientieren. Der Islam habe keine Antwort auf alle Fragen menschlicher und gesellschaftlicher Praxis parat. Das eben unterscheidet Sorusch von den früheren Reformdenkern wie Bazargan oder Taleghani: Diese haben die Demokratie oder die Einhaltung der Menschenrechte mit dem Argument verteidigt, daß der Islam dies verlange; Sorusch hingegen sagt, daß man nicht auf den Islam zurückgreifen müsse, um Demokratie und Menschenrechte zu befürworten, sondern lediglich die eigene Vernunft und die Gesellschaft zu befragen habe. Damit entledigt er sich einer grundsätzlichen Schwierigkeit muslimischen Reformdenkens: Die Generationen vor ihm sahen sich gezwungen, diejenigen religiösen Quellentexte, die heutigen Menschenrechtsvorstellungen und einer modernen Gesellschaft widersprechen, solange zu interpretieren, bis der Widerspruch sich auflöste. Sorusch nimmt den Widerspruch als gegeben hin, erklärt ihn aber für irrelevant, da er nicht die Essenz der Religion betreffe. Bis zu welchem Grade auch Mohammed Chatami selbst dem Kerngedanken Soruschs von der Wandelbarkeit der religiösen Erkenntnis verpflichtet ist, offenbarte er in zwei Aufsätzen, die er 1998 in der *Frankfurter Allgemeinen* veröffentlichte. Ohne auf die politische Wirklichkeit Irans direkten Bezug zu nehmen, sind seine Thesen von äußerster Brisanz für eben jenen Staat, den er als Präsident repräsentiert.

Die Geschichte des Menschen ist eine Geschichte des Wandels seiner Glaubensüberzeugungen und Ideen. Alle Meinungsverschiedenheiten zwischen den Denkern, zwischen den Anhängern der Doktrinen, wie auch die grundsätzlichen Konflikte zwischen den Konfessionen einer Religion und sogar die gedanklichen Widersprüche innerhalb der einzelnen Konfessionen bezeugen, daß niemand beanspruchen kann, über die absolute Wahrheit zu verfügen. Welchen Islam meinen wir denn, wenn wir von *dem* Islam sprechen? Den Islam Abu Zarrs, den Islam Avicennas, den Islam Ghazalis oder Ibn Arabis, den Islam der Aschariten, der Mystiker, der Orthodoxie oder der Buchstabenfrommen? Sie alle bezeugen die Relativität der menschlichen Erkenntnis und also auch jener Erkenntnis, welche die Menschen von der Religion haben.

In dem wohl überraschendsten Satz, den wir auf ausdrücklichen Wunsch seines Büros weder im Titel noch im Vorspann erwähnen durften, spielte Chatami sogar auf Chomeinis Persilschein zum Mord an Salman Rushdie an, indem er schrieb, daß der Einfluß der westlichen Kultur und Zivilisation auf die iranische Gesellschaft sich nicht „durch das Erstellen von Fatwas verhindern" lasse. Chatami erkannte im „Widerspruch zwischen der modernen und unserer traditionellen Kultur einen der wichtigsten Gründe für die Krise unseres Denkens und unseres Lebens". Wer versuche, Deiche zu errichten, um sich vor der Außenwelt zu schützen und „auf dem schmalen Streifen der Tradition, die wir von den Vorvätern geerbt haben, zu leben", bewirke nur das Gegenteil: „Mit Zwang, einem trockenen Gesetz und den Befehlen der Politiker" seien die gesellschaftlichen und sozialen Schwierigkeiten nicht zu bewältigen, sondern nur durch den vorurteilsfreien Austausch mit der westlichen Kultur und ihren Errungenschaften. Eine Gesellschaft, die nicht nachdenke, sei verloren.

Wenn eine bestimmte Art des Verstehens und der Wahrnehmung zur Gewohnheit geworden ist, fällt es grundsätzlich schwer, sich davon zu trennen. Größer noch ist die Schwierigkeit, wenn die Traditionen die Färbung und den Geruch der Religion annehmen: Wenn die begrenzten menschlichen Traditionen und Wahrnehmungen den Platz des Erhabenen und Heiligen einnehmen, wird jedwede Kritik an ihnen als ketzerische Erneuerung wahrgenommen, und der Kampf gegen ketzerische Erneuerungen gilt wiederum als erhaben und heilig. Deshalb sind die erwähnten Schwierigkeiten in religiösen Gesellschaften größer und gefährlicher.

Die Nähe von Sorusch und anderen „Religiösen Aufklärern" zum traditionellen Quietismus sticht ins Auge, ist jedoch eher äußerlich. Tiefgreifender ist ihr Rekurs auf die mystische Tradition, die sie in ihren Schriften ständig zitieren. Der Sufismus hat immer schon ein Gegengewicht zum orthodoxen Islam gebildet und gerade in den letzten Jahren – trotz massiver Repressionen – an Zulauf gewonnen. Obwohl die einzelnen Orden kaum über öffentliche Institutionen verfügen und im Stadtbild selten sichtbar sind, ziehen sie Millionen von Gläubigen an und prägen das religiöse Leben der Gesellschaft auch heute noch weit mehr, als es dem Besucher auffällt. Mit seiner Betonung der Nächstenliebe und der Toleranz, seinen musikalischen Riten und ekstatischen Zuständen, welche die individuelle Glaubenserfahrung ins Zentrum rücken und sich von der Buchstabenfrömmigkeit der Orthodoxie abheben, steht der Islam der Sufis, ohne von ihnen selbst politisch gedeutet werden zu müssen, in unübersehbarer Distanz zu den herrschenden Zuständen. In seinem Aufsatz wies Chatami auf die Grenze hin, die das individualistische Religionsverständnis der Mystik allgemein gültigen Aussagen über die Religion und die Welt setzt.

Die Wahrheit der Religion ist eine Erfahrung, die der gläubige Mensch in seinem Herzen macht. Wohl haben viele mystische Philosophen und Theoretiker der Mystik sich bemüht, den rationalen Aspekt dieses Weges aufzuzeigen, aber der Weg selbst ist die Vereinigung, nicht das Verstehen. Der kritische Punkt dabei ist nun, daß der Weg des Herzens ein individueller Weg ist, kein kollektiver. Jeder muß ihn selbst gehen, und wenn er angekommen ist, kann er die Einsicht, die er durch die Gegenwart Gottes erfahren hat, nicht in Begriffen und mit Hilfe des erworbenen Wissens mitteilen: „Wem Nachricht zuteil wurde, von dem ward keine Nachricht." (Saadi) Gleichzeitig aber ist der Mensch ein Gemeinschaftswesen, das nicht nur zum Leben auf dieser Erde verurteilt ist, sondern auch zum Leben mit anderen Menschen: Er bedarf der Mittel, die er mit anderen teilt, um mit ihnen in Verbindung zu treten. Und tatsächlich verfügt er über ein Organon, das Vernunft genannt wird und dessen Aufgabe es ist, zu verstehen, was in der Welt ist. Gewiß ist ein solches Verstehen der Welt – wie die Welt selbst – unbeständig, fehlerhaft und veränderlich, aber solange es den Menschen gibt und er in Gemeinschaften lebt, hat er keine andere Wahl, als mit diesem Organon, das die Schöpfung ihm zur Verfügung gestellt hat, der Welt zu begegnen und die zwei Bücher zu studieren: das Buch des Seins und das Buch der Offenbarung.

Neben der Beschäftigung mit der Mystik zeichnet sich der Diskurs der „Religiösen Aufklärer“ durch eine intensive Rezeption westlicher Literatur aus, mag es speziell die angelsächsische Epistemologie sein wie im Falle Soruschs, die zeitgenössische protestantische Theologie und deutsche Hermeneutik wie bei Schabestari oder die politische Philosophie des 19. Jahrhunderts, über die Chatami geschrieben hat. Daß ihnen deswegen der Vorwurf der „Verwestlichung“ gemacht wird, sollte nicht täuschen. Zum einen beziehen sich auch ihre Widersacher auf westliche Quellen, vorzugsweise auf Heidegger, den manche regimetreue Autoren fast wie einen Heiligen verehren (der deutsche Disput zwischen Heideggerianern und Adornoisten findet so seine iranische Neuauflage in den Debatten zwischen fundamentalontologischen Islamisten und identitätskritischen Reformern); zum anderen sind die „Religiösen Aufklärer“ nach hiesigen Maßstäben und auch im Vergleich zu den immer noch zahlreichen laizistischen Intellektuellen Irans wie dem Kulturwissenschaftler Dariusch Schayegan oder dem Dichterkönig Ahmad Schamlu weder „westlich“ noch liberal. Ihr Weltbild ist religiös, ihre Wertvorstellungen konservativ und ihre Argumentation eher theologisch als wissenschaftlich. Fast durchweg haben sie eine Vergangenheit im religiös-revolutionären Widerstand, stammen sie aus denselben gesellschaftlichen Verhältnissen wie ihre fundamentalistisch gebliebenen Kontrahenten, sprechen sie die gleiche Sprache wie sie und sind auch äußerlich kaum von ihnen zu unterscheiden. Doch haben sie die theoretischen Positionen einer Opposition formuliert, die in einem islamistischen Staat wie Iran naturgemäß die gefährlichste ist: der islamischen. Sie setzt sich aus ganz unterschiedlichen Strömungen zusammen, aus zornig gewordenen Quietisten, zunehmend selbstbewußten Theologinnen, ehemaligen Linksislamisten, Studentengruppen, Mystikern, Anhängern Montazeris, bürgerlich-islamischen Gruppierungen wie der illegalen

„Iranischen Freiheitsbewegung" und eben den zahlreichen Schülern der „Religiösen Aufklärer", die in den Universitäten, theologischen Seminaren und in der Presse tätig und intellektuell häufig deutlich verwegener als ihre Lehrer sind. Die große Zahl der Publikationsverbote, Verhaftungen, Hinrichtungen oder Überfalle, denen besonders diese religiös-oppositionellen Kräfte seit Mitte der neunziger Jahre zum Opfer gefallen sind, ist ein sicheres Zeichen für die Erschütterung, die sie im geistigen Gefüge der Islamischen Republik verursacht haben.

Die Debatten, die Intellektuelle wie Sorusch oder Geistliche wie Schabestari in die Theologischen Hochschulen und damit in die Kaderschmieden der Islamischen Republik trugen, haben überhaupt erst die geistigen Grundlagen geschaffen, um das politische System Irans nicht bloß, wie in früheren Jahren, rundherum abzulehnen oder zu befürworten, sondern es konkret zu hinterfragen. Ihre Thesen berühren den ideologischen Kern der Islamischen Republik, nämlich das Verständnis vom Islam als einer Staatsdoktrin. „Unsere Theologischen Hochschulen müssen klären, ob der Islam eine politisch-gesellschaftliche Religion ist oder nicht", bezeichnet Mohammad Taqi Fazel Meybodi, einer aus der Riege der prominenten Geistlichen, die sich heute um eine neue Lesart des Islams bemühen, die Grundfrage, um die es heute in vielen Hörsälen von Ghom, dem theologischen Lehrzentrum Irans, gehe. Beide möglichen Antworten haben unter den religiösen Aufklärern und generell in der reformorientierten Öffentlichkeit Irans Anhänger. Aber selbst diejenigen, die wie Fazel Meybodi dem Islam eine politisch-gesellschaftliche Funktion zuschreiben, glauben nicht mehr, daß der Staat diese Funktion auszuüben hat. Der Theologe nennt hierfür das Beispiel des Kopftuches. Im Gegensatz zu einigen anderen Religionsgelehrten Irans hält er daran fest, daß der Koran es den Frauen gebiete, ihre Haare zu bedekken. Doch niemand als die Frauen selbst dürften entscheiden, ob sie sich an dieses religiöse Gebot halten. Das Kopftuch wie unter Schah Reza Pahlawi gesetzlich zu verbieten oder es zu verordnen, wie es nach der Revolution geschehen ist, sei gleichermaßen eine Anmaßung und überschreite die Kompetenzen eines Staates. Ähnlich verhalte es sich mit allen anderen religiösen Geboten von gesellschaftlicher Tragweite. Natürlich wünsche er sich, daß die Gesellschaft sie sämtlich befolge, und er halte es für richtig, diese Gebote in den Moscheen, Medien oder Schulen zu propagieren. Aber es sei nicht die Aufgabe des Staates, ihre Einhaltung per Gesetz zu oktroyieren. Er sei kein Säkularist, sagt Fazel Meybodi. Aber im Verlaufe des Gespräches, das wir im Februar 2000 in seinem kargen Büro in der Mufid-Hochschule von Ghom führen, wird immer deutlicher und bestätigt er es selbst, daß sich seine Vorstellungen kaum von denen eines religiös bewußten deutschen Christdemokraten unterscheiden und er die Religion als Gefüge von Werten wie Gerechtigkeit oder Normen wie eheliche Treue betrachtet, an dem sich die Politik orientieren, das sie aber nicht in ein Staatsmodell umwandeln solle. An diesen Punkt gelangte ich in fast allen Gesprächen, die ich mit den „Religiösen Aufklärern" geführt habe, mit Sorusch, mit Schabestari und vielen anderen. Selbst wo das Wort „Säkularismus" noch Bedenken auslöst, weil es mit Areligiosität verbunden wird, werden Staat und Religion nicht mehr als Einheit gedacht.

In der Reformbewegung vereinigen sich zwar von gemäßigten Islamisten bis zu strikten Laizisten die Anhänger unterschiedlichster Denkschulen, im Zentrum dieser Bewegung steht jedoch ein nicht allzu großer Kreis von Theologen, Journalisten und Politikern, die in den achtziger Jahren maßgeblich daran beteiligt waren, die Islamische Republik aufzubauen, und sich nun daran gemacht haben, die gröbsten Ziegel wieder abzutragen. Sie sind im eigentlichen Sinne diejenigen, die in Iran mit Rücksicht auf das persische Datum von Chatamis Wahlsieg als „Zweite Chordâder" (*dowom-e chordâdihâ*) genannt werden. „Wenn man ein Haus von innen betrachtet, sieht es anders aus, als wenn man es von außen betrachtet", so erklärt Fazel Meybodi, warum Gelehrte wie Sorusch, Chatami oder auch Montazeri, die einstmals einem politischen Islam anhingen, das Verhältnis von Staat und Religion neu zu bewerten begonnen haben, nachdem sie Ende der achtziger, Anfang der neunziger Jahre aus der aktiven Politik ausgeschieden sind. Die politisch und publizistisch aktiven Mitglieder der „Zweiten Chordâder" versammeln sich in den Chefetagen der großen reformorientierten Tageszeitungen sowie in der „Partizipationspartei", an deren Spitze der Präsidentenbruder und Sieger der Parlamentswahlen vom Februar 2000, Mohammad Reza Chatami, steht. In einer künftigen zivilen Gesellschaft sehen sie sich, wie etwa der prominente Journalist Alireza Alawi-Tabbar erläutert, als religiös geprägte Kräfte, die mit anderen, auch laizistischen Gruppierungen im Wettbewerb stehen, den zu verlieren sie einkalkulieren. Ein aktiver Politiker der Islamischen Republik wird so etwas nicht laut aussprechen. Aber jene, die sich für Veränderungen einsetzen, sagen *off the record* nichts anderes. „Unsere Jugend akzeptiert das alte Denken nicht mehr", ruft Fazel Meybodi fast apodiktisch. „Es hat in unserer Gesellschaft keinen Ort mehr und wird allenfalls noch im warmen Nest der Seminare und Hörsäle überleben." Um zu verhindern, daß sich in dem Vakuum, das durch diese Ablehnung entstanden sei, Atheismus und Materialismus sammelten, bedürfe es einer „religiösen Aufklärung", die mutig zwischen dem unveränderlichen Kern und den wandelbaren Erscheinungen des Spirituellen unterscheide. „Die Geistlichkeit hat, wenn sie überleben will, keine Alternative, als sich zu erneuern."

Solche Gedanken, die nicht zwingend auf ein Ende der Islamischen Republik, wohl aber auf deren Demokratisierung und Säkularisierung hinauslaufen, waren nicht neu, als Mohammad Chatami zum Präsidenten gewählt wurde. Mit der Liberalisierung der Presse werden sie jedoch erstmals in Zeitungen und Zeitschriften in häufig sechsstelliger Auflage publiziert, solange jedenfalls, bis die Justiz einschreitet und wieder einmal eine Reihe von Redaktionen schließt. Doch einmal öffentlich und massenwirksam formuliert, wird sich die Forderung, die Politisierung des Islams rückgängig zu machen, nicht mehr unterdrücken lassen. Unabhängig davon, wie die Scharmützel auf dem Feld der Politik ausgehen werden, hat *das ancien régime* daher längst verloren, mag es sich noch einmal – und zwar mit nicht bloß metaphorischer Gewalt – einreden, es hätte noch eine Chance: Es hat verloren, weil die Gesellschaft in ihrer Mehrheit die Bevormundung, die Verquickung von Religion und Politik, überhaupt jegliche ideologische Grundierung des öffentlichen Raums, gedanklich schon weit hinter sich gelassen hat. Die Reformkräfte in der Politik reagieren auf diesen Wandel, sie haben ihn nicht initiiert. Weil man diese Kausalität im Westen oft in ihr Gegenteil verkehrt, hat man den Reformprozeß zunächst nicht wahrgenommen, dann auf seine ersten sichtbaren Erfolge allzu enthusiastisch reagiert und ihn dann immer wieder für tot erklärt, sobald der Präsident taumelte, sei es nach den Intellektuellenmorden im Herbst 1998, nach der Niederschlagung der Studentenproteste im Sommer 1999 oder der Schließung aller kritischen Tageszeitungen im Frühjahr und Sommer 2000. Die Veränderung einer Gesellschaft und der Umbruch innerhalb einer Religion geschehen langsamer als die Abwahl einer Regierung oder die Revolution eines politischen Systems; dafür sind sie unumkehrbar.

Daß den Denkern, Theologen und Politikern, die sich heute äußern, ihre säkulare Wahrnehmung neu ist, daß sie häufig aus ganz und gar traditionellen Segmenten der Gesellschaft stammen und ihre Thesen sowie ihr Vokabular nicht aus einem weltlichen Diskurs übernommen haben, versteht sich nicht von selbst: Anders als etwa in den arabischen Ländern, wo es zwar religiöse, aber nicht-theologisch ausgebildete Intellektuelle wie Nasr Hamid Abu Zaid oder Muhammad Schahrur sind, die für eine neue, progressive Lesart des Korans stehen, vollzieht sich die Reformation des religiösen Denkens in Iran auch und gerade innerhalb der Geistlichkeit selbst. Die Entwicklung berührt hier also nicht nur eine wissenschaftlich orientierte Peripherie, sondern das Zentrum des religiösen Denkens. Der Islam, der sich an manchen Theologischen Hochschulen des Landes abzeichnet und vor allem unter Seminaristen und jüngeren Theologen verbreitet ist, resultiert aus einer gedanklichen und historischen Entwicklung, die brutaler, rasanter und tiefgreifender nicht hätte sein können. Er ist ein genuines Produkt der eigenen Kultur, der kollektiven Erfahrung der eigenen Gesellschaft. Dies verschafft ihm Dauer, Substanz und eine intellektuelle Schärfe, wie sie in den wenigsten Ländern der islamischen

Welt gegenwärtig denkbar ist. Die iranische Gesellschaft holt damit jenen geistigen Wandel nach, den der Kolonialismus und die westlich orientierten Diktaturen im Überschwang ihres Modernisierungseifers vernachlässigt, vielleicht sogar verhindert haben. Man könnte sich über diesen Lernprozeß einer Gesellschaft freuen, wären die menschlichen, politischen und sozialen Opfer, die er das Land gekostet hat und noch immer kostet, nicht so immens und wären zugleich die Aussichten, daß der Wandel sich von nun an tatsächlich auf friedliche, evolutionäre Weise vollzieht, nicht so unsicher.

3

Der Zweite Chordâd

Sejjed Mohammad Chatami wird zum Präsidenten gewählt

Schulkinder in Masuleh, einem Dorf im Elbors-Gebirge. Am 23. Mai 1997, dem 2. Chordâd des iranischen Jahres 1376, wurde Sejjed Mohammad Chatami zum Präsidenten Irans gewählt. Daß die Stimmen der Jugendlichen und Frauen für den überraschenden Wahlausgang verantwortlich waren, konnte man sämtlichen Analysen entnehmen. Aber Chatami verdankte seinen Erfolg auch denen, die ihn gar nicht wählen durften: den Kindern. (Photo: Thomas Kern / Lookat)

Wenige Tage vor der Präsidentschaftswahl, so berichtete der Schriftsteller Mehdi Parham in einem Artikel für die Teheraner Zeitung *Ettelâât* („Nachrichten"), sei seine neunjährige Enkelin zu ihm gekommen, habe sich auf seinen Schoß gesetzt und ihn gefragt, wen er wählen werde. Parhams Artikel, für den er in der konservativen Presse Schimpftiraden erntete, war mit „Willkommen Freiheit!" überschrieben und hatte den „großen Anteil der Schulkinder an dieser Bewegung" zum Thema. Wie sie denn auf diese Frage gekommen sei, habe er ihr entgegnet, sie sei doch noch so klein. Dann aber habe er wissen wollen, wem er ihrer Ansicht nach seine Stimme geben solle.

„Herrn Chatami."

„Meine Süße, hat dir das deine Lehrerin gesagt oder deine Direktorin?"

„Keine von beiden. Wir Kinder haben vereinbart, alle unsere Eltern zu überreden, Herrn Chatami zu wählen."

Als der Schriftsteller seine Enkelin daraufhin fragte, warum sie denn alle diesen und nicht einen der anderen drei Kandidaten bevorzugten, gab sie ihm eine Antwort, die ihm nach eigener Aussage die Tränen in die Augen schießen ließ:

„Herr Chatami ist sowohl ein Nachfahre des Propheten als auch ein Fürsprecher der Schwachen, der Elenden und Armen, und außerdem ist er dagegen, daß man Mädchen prügelt und einsperrt. Und du sagst doch selbst immer, ich solle den armen Kindern in der Klasse helfen."

Am 23. Mai 1997 wurde der als Außenseiter angetretene Sejjed Mohammad Chatami mit rund 70 Prozent der Stimmen, einer Wahlbeteiligung von fast 90 Prozent und gegen den entschlossenen Widerstand fast des gesamten Staatsapparates, der den Gegenkandidaten Ali Akbar Nateq Nuri favorisiert hatte, zum Präsidenten Irans gewählt. Daß die Stimmen der Jugendlichen und Frauen für den überraschenden Wahlausgang verantwortlich waren, konnte man sämtlichen Analysen entnehmen. Aber unterhielt man sich in den Wochen nach der Wahl mit Iranern, wurden einem zahllose Belege dafür geliefert, daß Chatami seinen Erfolg auch denen zu verdanken hat, die ihn gar nicht wählen durften: den

Kindern. Der Chefredakteur einer religiösen Zeitschrift etwa erzählte mir, daß seine zehnjährige Tochter, die das Haus niemals ohne Tschador verläßt, ihm eines Tages verkündet habe, gemeinsam mit ihren Klassenkameradinnen auf allen Nuri-Plakaten in der Schule die Augen ausgekratzt zu haben. Zur Begründung gab sie an, daß unter einem Staatspräsidenten Nuri alle Frauen den Tschador tragen müßten. Sie trüge doch ohnehin den Tschador, wandte der Vater ein. Aber mich zwingt ja niemand dazu, sagte die Tochter.

Anekdoten wie diese wußte fast jeder zu berichten, und das „Wir haben gewonnen!" aus jungen Mündern, das einem von überall her zugerufen wurde, gehörte zu den eindringlichsten Erfahrungen meines Besuches im frühen Sommer 1997. So zweifelhaft die kurzfristigen Erfolgsaussichten des neuen Präsidenten erschienen – auf lange Sicht hatte die einhellige Absage der Kinder und Jugendlichen an das politisch-religiöse Establishment dramatische Folgen für die Zukunft des Landes. Von einem auf den anderen Tag hatten sich die verbissenen Anstrengungen, die nachgeborenen Generationen – aus denen die iranische Gesellschaft inzwischen zu zwei Dritteln besteht – zu treuen Anhängern eines islamischen Staates zu erziehen, als vergeblich erwiesen. Mehr als jede andere gesellschaftliche Gruppierung erfaßte das wiedererwachte Interesse am Politischen, das aufgrund der Enttäuschung über die fehlgeschlagene Revolution und der Mühen des aufgezwungenen Krieges sich weitgehend in Klagen über die wirtschaftliche Lage erschöpft hatte, die Kinder und Jugendlichen. Mit Zehnjährigen diskutierte ich die Kabinettsbildung und staunte, daß einzelne Politiker oder auch Autoren anspruchsvoller soziologischer oder religiöser Schriften wie Popstars verehrt wurden, einschließlich des Starposters über dem Jugendbett. Und ich erfuhr, daß sich in Isfahan besonders die Mitglieder der örtlichen Rapszene als Wahlkämpfer hervorgetan hatten. Die Flugblätter, die sie in ihrem Revier, dem südlichen Teil der Prachtallee *Tschahârbâgh* verteilten, warben für Chatami, sollen aber bei hübschen weiblichen Empfängern gern auch den Namen und die Telefonnummer des wahlkämpfenden Rappers verzeichnet haben. Es war eine einzigartige, aufgekratzte Stimmung. Auch Intellektuelle, Geschäftsleute und allgemein die Angehörigen des iranischen Mittelstands, die sich von der Teheraner Politik längst angewidert abgewendet hatten, eilten jeden Morgen zum Kiosk und hörten jeden Abend die persischen Sendungen der BBC oder der anderen Auslandssender. Was war geschehen, daß die Bevölkerung aus der Lethargie erwachte, die über Kurzwelle permanent verlesenen Aufrufe der Exilopposition mißachtete und statt dessen tat, was niemand, nicht einmal die Staatsführung erwartet hatte, nämlich ihren staatsbürgerlichen Pflichten nachzukommen und wählen zu gehen?

Die westliche Öffentlichkeit hat die Islamische Republik bis 1997 als unvergleichbar dogmatisch, in ihren Strukturen festgefügt, autoritär und monolithisch wahrgenommen. Daß es in Iran überhaupt Wahlen gibt, dürfte schon viele überrascht haben, aber daß ein Kandidat sich gegen den offensichtlichen Willen der Staatsführung durchgesetzt hatte, ein Kandidat, dessen Zwölf-Punkte-Programm den Beifall ausgerechnet der amerikanischen Organisation *Human Rights Watch* fand – das zu begreifen, überforderte viele auswärtige Experten und nicht wenige Iraner. Tatsächlich war der Erfolg Chatamis, zumal in dieser Höhe, kaum vorauszusehen gewesen. Aber ganz aus heiterem Himmel, wie es von außen schien, ist er nicht eingetreten. Ihm voraus ging eine Erosion, die das politische System der Islamischen Republik bereits unterhöhlt hatte, bevor es an seiner Oberfläche zu bröckeln begann. Den geistigen Wandel und den aufkeimenden Widerstand habe ich in den vorangegangenen Kapiteln umrissen, aber es mußte sich erst etwas im Inneren des Systems entwickeln, ein Spalt mußte sich von innen öffnen, damit die Bewegung, die die Gesellschaft längst erfaßt hatte, auch die politischen Verhältnisse durcheinanderwirbelte. Charakterisieren läßt sich diese Entwicklung als eine fortgesetzte Monopolisierung der Macht durch einen immer kleiner werdenden Zirkel von Politikern und Geistlichen, oder umgekehrt: durch den sich stetig fortsetzenden Ausschluß von Personen und Gruppen aus den Entscheidungsgremien des Landes.

Die Islamische Revolution von 1979 gründete auf einem breiten gesellschaftlichen Konsens. In den Wirren nach dem Sturz des Schahs jedoch wurden die verschiedenen linken, nationalistischen und liberal-islamischen Gruppierungen der revolutionären Front eine nach der anderen von der politischen Bühne verdrängt, ins Ausland oder in den Untergrund getrieben, physisch vernichtet. Beflügelt hat diesen Prozeß der Krieg, den der Irak 1980 mit westlicher Unterstützung gegen Iran begann, da er das beste Argument dafür lieferte, abweichende Meinungen zu ersticken, um die Reihen geschlossen zu halten. Weitgehend abgeschlossen war das Ringen, als Chomeini 1981 den mit 72 Prozent der Stimmen gewählten Präsidenten Abolhassan Bani-Sadr absetzte und dieser ins Ausland floh. Übrig blieben die Jakobiner: diejenige Faktion, welcher der Revolutionsführer, nachdem er die liberalen Politiker vergeblich in seine Herrschaft einzubinden versucht hatte, zum Schluß sein alleiniges Vertrauen schenkte, eine Gruppe radikaler Politiker und Geistlicher, die sich damals vornehmlich in der „Islamisch-Republikanischen Partei" (IRP) organisierten. Hinter ihnen standen ein Teil der Geistlichkeit und keineswegs geringe Teile der Bevölkerung, vor allem die ärmeren, religiös geprägten Schichten sowie die ökonomisch und kulturell bedeutsame Welt des Basars mit ihren Händlern und Handwerkern. Die neue politische Elite wollte den Staat und die Gesellschaft streng nach islamisch-schiitischen Werten ausrichten und bejahte die von Chomeini etablierte Herrschaftsdoktrin, die *welâyat-e faqih*, die einem einzelnen oder einem Gremium von Rechtsgelehrten absolute Machtbefugnisse verleiht. Sie zeigte sich geschlossen, wenn es gegen die gemeinsamen Gegner und damit um ihr eigenes Überleben ging, doch war sie in ihren politischen Vorstellungen alles andere als homogen. Am deutlichsten zeigten sich die Unterschiede innerhalb der Herrschaftspartei an den verschiedenen Wirtschaftskonzepten, die von rein marktwirtschaftlich orientierten bis zu strikt sozialistischen reichten. Die Zeitungen sprachen die Kontroversen offen an und übten scharfe Kritik am jeweiligen politischen Gegner. Auch im Parlament wurde ernsthaft und so hitzig gestritten, daß die Debatten bisweilen in Prügeleien mündeten. Die Meinungsverschiedenheiten innerhalb der neuen politischen Elite führten auch dazu, daß sich die IRP 1987 nach heftigen Flügelkämpfen selbst auflöste.

Schon vor der Wahl Mohammad Chatamis zum Staatspräsidenten existierte also eine offene und öffentliche politische Auseinandersetzung innerhalb und außerhalb parlamentarischer Gremien. Eine Diktatur im herkömmlichen Sinne ist die Islamische Republik nie gewesen. Ungeachtet der totalitären Tendenzen ihrer Ideologie und krasser Menschenrechtsverletzungen ist ihre Wirklichkeit nicht mit dem faschistischen Deutschland, der stalinistischen Sowjetunion oder gar dem Kambodscha Pol Pots zu vergleichen. Iran war und ist aber auch keine Demokratie, und zwar nicht nur weil das Amt des „Obersten Rechtsgelehrten" über den demokratisch sich legitimierenden Verfassungsgremien steht. Eher ließe sich von der Herrschaft einer bestimmten politischen, sozial relativ homogenen Gruppierung oder auch Kaste sprechen, vergleichbar der Alleinherrschaft einer Partei mit einem absolut regierenden Vorsitzenden oder Generalsekretär, nur daß es nach der Auflösung der „Islamisch-Republikanischen Partei" keine Parteistrukturen, Mitgliedschaften und ähnliches mehr gab. Demokratisch war und ist das politische System insofern, als der politische Meinungsbildungsprozeß sich zum Teil in Wahlen artikulierte und von einer keineswegs gleichgeschalteten Presse kritisch begleitet wurde – ein für die Region und zumal im Vergleich zu den anderen Staaten am Persischen Golf, die sich der Freundschaft des Westens erfreuen, durchaus bemerkenswerter Umstand. Jedoch blieb die öffentliche Auseinandersetzung auf eben diese eine Faktion oder politische Kaste beschränkt. Alle anderen politischen Richtungen und Gruppierungen, die nicht das von Chomeini etablierte Herrschaftsprinzip der *welâyat-e faqih* akzeptierten, waren vom politischen Prozeß ausgeschlossen. Dazu zählten die liberalen und laizistischen Kräfte sowie die Vertreter anderer Lesarten des Korans. Daß die Akteure auf der politischen Bühne nur eine Minderheit der Bevölkerung und wahrscheinlich sogar der Geistlichkeit selbst repräsentierten, manifestierte sich nicht zuletzt in der geringen Wahlbeteiligung. Die meisten Iraner gingen nicht zur Wahl, weil sie auf den Stimmzetteln keine wirklichen Alternativen erkannten, mochten innerhalb der herrschenden Elite Flügelkämpfe toben, bei denen manche Beteiligten nicht vor Verhaftungen, juristischen Anklagen und nicht einmal vor Mordanschlägen gegen die Konkurrenz aus den eigenen islamistischen Reihen zurückschreckten.

Nimmt man ein grobes Raster, kann man unter den Akteuren, die in der Folge der Islamischen Revolution an der politischen Willensbildung aktiv beteiligt waren, vier Richtungen unterscheiden: Die Konservativen (*mohâfezekârân*) – in Iran auch als „Traditionalistische Rechte" (*râst-e sonnati*) bekannt – hinter dem heutigen Revolutionsführer Chameneí orientieren sich geistig an den Werten, Sittenvorstellungen und Ideen der schiitischen Volksfrömmigkeit. In der Wirtschaftspolitik vertreten sie die Interessen des Basars und bemühen sich, den Handel durch günstige Umtauschkurse und Bürgschaften zu fördern. Hohen Investitionen in der Infrastruktur stehen sie dagegen tendenziell skeptisch gegenüber. In der Innenpolitik haben sie seit jeher eine autoritär-islamistische Linie verfochten, in der Außenpolitik agierten sie andererseits oft pragmatisch, eben weil sie sich – nicht zuletzt durch Familienbanden – den wohlhabenden Basarhändlern verbunden fühlen, die auf funktionierende Wirtschaftsbeziehungen mit dem Ausland angewiesen sind.

Die zweite Gruppe innerhalb des etablierten Machtgefüges bilden die sogenannten Technokraten (*kârgozârân*) oder „Modernen Rechten" (*râst-e modern*), die im Westen häufig als die „Moderaten" bezeichnet worden sind und sich in den achtziger Jahren hinter dem damaligen Parlamentspräsidenten und späteren Staatspräsidenten Ali Akbar Haschemi Rafsandschani zusammenfanden. Heute sind ihre bekanntesten Vertreter der frühere Teheraner Bürgermeister Gholamhossein Karbastschi und Kulturminister Ataóllah Mohadscherani. Die Technokraten haben sich früh gegen den Export der Revolution gewendet, für eine wirtschaftliche Öffnung eingesetzt und ideologisch eine pragmatische Position eingenommen. Die Islamische Republik haben sie nie in Frage gestellt, jedoch einen industriellen Aufbau mit Hilfe der ausländischen Technologie angestrebt und dafür plädiert, die Staatseinnahmen in milliardenschwere Industrieprojekte zu investieren, statt die Kaufkraft der Bevölkerung und den Außenhandel zu subventionieren, wie es die Konservativen bevorzugten. Die wirtschaftsliberalen Ansätze fanden allerdings kaum ein Pendant im Bemühen um politische Liberalisierung. Die Technokraten bemühten sich zwar schon Ende der achtziger Jahre, die Islamisierung zu lockern, setzten sich aber nur in engen Grenzen dafür ein, politische Freiheiten zuzulassen.

Das dritte Lager bilden die Linksislamisten (*tschap-e eslâmi*), zu denen in den achtziger Jahren auch Mohammad Chatami gehörte. Weil sie sich lange Zeit gegen jedwede Öffnung zum Westen hin wandten und von der Idee nicht ablassen mochten, die Revolution in die übrige islamische Welt zu exportieren, hat man sie in der internationalen Presse auch als „Radikale" bezeichnet. In der Wirtschaftspolitik setzen die Linksislamisten traditionell auf einen starken Staat und sozialistische Modelle. In der Kulturpolitik hingegen waren die sogenannten „Radikalen" schon in den achtziger Jahren erheblich toleranter als die übrigen Gruppierungen innerhalb des politischen Systems. Auch dies zeigt, daß die Etiketten, wie sie innerhalb und außerhalb Irans gebraucht werden, nur von bedingter Aussagekraft sind. Jene, die lange Zeit als „Moderate" firmierten, traten in ihrer Innen- und Kulturpolitik autoritärer als die sogenannten „Radikalen" auf, die wiederum in der Außenpolitik für einen revolutionären Dogmatismus standen.

Die vierte Richtung, die seit Bestehen der Islamischen Republik von Bedeutung ist, setzt sich aus den sogenannten „Neuen Linken" (*tschap-e dschadid*) und diversen anderen extremistischen Grüppchen zusammen, die immer wieder mit Mordaufrufen gegen Salman Rushdie und Attacken gegen die Intellektuellen Aufruhr erregen und bis heute eng mit den Konservativen liiert sind. Man mag sie Radikale, Extremisten, Reaktionäre oder, wie es in diesem Buch geschieht, Radikalislamisten nennen.

Die Einteilung in vier Lager ist in der politischen Realität längst nicht so eindeutig, wie es nach dem Schema aussieht. So fühlen sich etwa die Konservativen und Technokraten beide dem gleichen politischen Verbund zugehörig, der „Vereinigung der kämpfenden Geistlichkeit" (*Dschâmeé-ye ruhâniyat-e mobârez*), und es finden sich bei Parlamentswahlen regelmäßig Kandidaten, die auf mehreren Listen stehen, sowohl auf der Liste der Konservativen wie auf der Liste der Technokraten. Dennoch mag man an der Einteilung in vier Gruppierungen – in Konservative, Technokraten, Linksislamisten und Radikalislamisten – vorläufig festhalten, da sie im politischen Diskurs in Iran selbst gebräuchlich geworden ist und die verschiedenen Strömungen innerhalb des politischen Systems noch am ehesten faßt.

Solange dem Staat mit Ajatollah Chomeini eine charismatische Führerfigur vorstand, die geschickt die Machtbalance austarierte, waren alle Lager an der politischen Willensbildung beteiligt. So stellten die Linsksislamisten mit Mir Hossein Mussawi den Ministerpräsidenten, während der „moderate' Rafsandschani das Amt des Parlamentspräsidenten ausübte und der eher konservative Ali Chameneí Staatspräsident war. Ende der achtziger Jahre, nach dem Tod von Chomeini, verbündeten sich die Konservativen und Moderaten jedoch, um die Linken aus den Machtzentren zu verweisen. Der Erfolg dieser Allianz äußerte sich in der Verabredung, Chameneí zum neuen Revolutionsführer und Rafsandschani zum Staatspräsidenten zu wählen. Im Vorfeld der Parlamentswahlen von 1992 gelang es den Rechten und Technokraten gar, die Linksislamisten in die außerparlamentarische Opposition zu treiben, indem sie deren Kandidaten vom konservativ dominierten Wächterrat von der Wahl ausschließen ließen. Schon im gleichen Jahr aber zeichnete sich ab, daß die Technokraten immer mehr an Einfluß verloren, vor allem aufgrund der ausbleibenden Erfolge ihrer langfristig angelegten Wirtschaftspolitik. Ein Signal hierfür war der Sturz des pragmatischen Wirtschaftsministers Mohsen Nurbachsch 1993. Chameneí, der sich anfangs nur mit Mühe und dank des Schulterschlusses mit Rafsandschani als Revolutionsführer hatte durchsetzen können, gelang es, seine Macht auszubauen, indem er sich vollends auf die Seite der Konservativen und Radikalislamisten schlug. Erfolglos bemühte sich Rafsandschani, durch immer neue Zugeständnisse seine Position zu wahren. Viel mehr als sein Amt blieb ihm am Ende nicht erhalten, sein letztes Kabinett dominierten seine immer selbstbewußter auftrumpfenden Kontrahenten. Von den Konservativen an den Rand gedrängt, vom Absturz ins politische Nichts bedroht, vom Zaudern ihres eigenen Anführers irritiert, suchten die Anhänger Rafsandschanis neue Bündnispartner und fanden sie ausgerechnet in den von ihnen selbst zuvor kaltgestellten Linksislamisten, die ihrerseits in den Jahren ihrer politischen Passivität die Notwendigkeit eingesehen hatten, das System im begrenzten Umfange zu öffnen. Gewiß machte die Angst, unter einem konservativen Präsidenten das Amt zu verlieren, manchen Technokraten das Wort „Veränderung" erst richtig schmackhaft, und ebenso gewiß hofften viele Linksislamisten, selbst von politischen Reformen zu profitieren und in die Politik zurückkehren zu können, aber der Opportunismus war nicht das einzige Motiv für den Zusammenschluß der beiden Gruppierungen, die besonders in ihren wirtschaftspolitischen Vorstellungen gegensätzlicher nicht hätten sein können. Nicht nur Schriftsteller und Intellektuelle hatten mitverfolgt und teilweise am eigenen Leib erfahren, mit welcher Rücksichtslosigkeit die Konservativen ihre machtpolitischen Ziele verfolgen, mit welcher Brutalität die ihnen zuarbeitenden Institutionen und Gruppen – angefangen vom Kulturministerium bis hin zu Geheimdienst, Fernsehen und den berüchtigten Schlägertrupps – gegen Andersdenkende vorgingen; auch Technokraten wie Mohadscherani und Karbastschi, die Präsident Haschemi Rafsandschani nahestanden, fanden sich wegen diverser Vorwürfe vor Gericht wieder oder mußten mit einer Anklage rechnen. Viele Funktionäre der Islamischen Republik kannten die Wirtschaftsdaten, sie spürten die Unzufriedenheit in der Bevölkerung und ahnten, daß durch Repressionen allein das bestehende System nicht zu bewahren sei. Sie sahen die Radikalisierung der Konservativen mit Sorge und fürchteten deren energisch erhobenen Anspruch auf das Machtmonopol.

Viel mehr als der Wille, sich selbst zu behaupten, und die Einsicht in die verhängnisvolle Politik der Rechten verband die Linksislamisten und Technokraten zwar nicht, dennoch gelang ihnen gemeinsam schon bei der Parlamentswahl 1996 ein Achtungserfolg, als sie auf Anhieb und trotz einer groß angelegten Werbekampagne der Konservativen rund 40 Prozent der Abgeordnetensitze gewannen. Der entscheidende Fehler unterlief den Konservativen nach dieser Wahl. Anstatt das mäßige Abschneiden als Denkzettel zu begreifen und sich mit dem Lager der Technokraten, das ihnen deutliche Avancen machte, auf einen gemeinsamen Präsidentschaftskandidaten zu einigen, zeigten sie sich wider Erwarten entschlossen, ihre – neben dem Revolutionsführer – zweite Gallionsfigur, Parlamentspräsident Ali Akbar Nateq Nuri, als neuen Staatspräsidenten durchzusetzen. Die Kompromißvorschläge der Technokraten wiesen sie mit teilweise höhnischen Bemerkungen zurück. Genau diese Überheblichkeit geriet ihnen zum Stolperstein, denn die ausgebooteten Technokraten besannen sich, von den Konservativen düpiert, doch wieder auf ihre Allianz mit den Linksislamisten. Nach langem Zögern und vielen vergeblichen Anläufen, einen aussichtsreichen Gegenkandidaten zum gefürchteten Nateq Nuri zu benennen, zogen die scheinbar schon geschlagenen Technokraten und Linksislamisten im letzten Augenblick eine Karte aus der Hinterhand, die sich als Joker erweisen sollte: Mit Mohammad Chatami überredeten sie einen Geistlichen zum Kampf um das Präsidentenamt, der dem politischen Establishment schon lange nicht mehr angehörte. Einem solchen Außenseiter allein war zuzutrauen, gegen Nateq Nuris Propagandaapparat zu bestehen, indem er die Nichtwähler und Unzufriedenen für sich gewänne. Das Kalkül ging auf und auch nicht: Zwar schnellte die Wahlbeteiligung in die Höhe und fuhr Chatami einen überragenden Sieg ein, doch erwies er sich rasch als eigenständiger Kopf, der seine Unterstützer aus dem politischen System an Reformbereitschaft weit übertraf.

Chatami ist alles andere als ein Liberaler westlichen Zuschnitts. Die Veränderungen, die er für notwendig hält, dienen dem Fortbestand der Islamischen Republik, die zu verwirklichen und zu gestalten seinen Lebensweg bestimmt hat. Nach seiner Ausbildung in Ghom ging der Theologe im mittleren Range eines Hodschatoleslam, der aus einer angesehenen Gelehrtenfamilie der zentraliranischen Stadt Yazd stammt, kurz vor der Revolution von 1979 nach Hamburg, um dort als Nachfolger von Modschtahed Schabestari die Leitung der iranischen Moschee zu übernehmen. Nach der Revolution war Chatami zunächst Abgeordneter des iranischen Parlaments, bevor er 1981 zum Kulturminister ernannt wurde. Er hat sich nicht immer so vehement für Meinungsfreiheit eingesetzt wie in seinen Reden als Präsidentschaftsbewerber. Bis zu dessen Tod war Chatami ein treuer Gefolgsmann Chomeinis und hatte als Kulturminister viel Unrecht zu verantworten. Wohl hatten sich in seiner Amtszeit manche Nischen der Kreativität entwickelt und waren seine Bemühungen, der Kultur etwas Freiraum zu verschaffen, mit Blick auf die allgemeinen politischen Verhältnisse unter dem damaligen Ministerpräsidenten Mussawi und den achtjährigen Krieg gegen den Irak, der die achtziger Jahre überschattete und radikalen Tendenzen kontinuierlich Auftrieb gab, unübersehbar. Doch läßt sich ebensowenig übersehen, daß Chatami elf Jahre lang als Minister einen Staat repräsentierte und bei aller vorsichtigen Kritik im Einzelnen verteidigte, der für Massenhinrichtungen, Folterungen und den Tod unzähliger Kinder und Jugendlicher verantwortlich war, die als Minenfutter an die Front geschickt wurden. Selbst in den innersten Zirkeln der Macht war das ganze Ausmaß des Desasters, des Unrechts, der politischen Gewalt bekannt, wie die Briefe Montazeris an Revolutionsführer Chomeini belegen. Die Wirklichkeit, die Montazeri zu seinem dramatischen Appell für Demokratie und Menschenrechte bewegte, konnte Chatami nicht verborgen geblieben sein, und doch hat er sich von den herrschenden Verhältnissen niemals distanziert. Eher suchte er durch einzelne Maßnahmen hier und da für praktische Erleichterungen zu sorgen, als sich zu einer grundlegenden Reform zu bekennen. Diese Neigung, die seinem vorsichtigen, zurückhaltenden Naturell entspricht, hat ihn auch später als Präsident nicht verlassen und ihm oftmals die Kritik seiner eigenen Gefolgsleute und Wähler eingebracht.

Als die Konservativen Anfang der neunziger Jahre immer mehr Einfluß gewannen und die Technokraten das Feld der inneren Liberalisierung willig aufgaben, waren allerdings selbst Chatamis Vorsicht und aller Pragmatismus aufgebraucht. Nach einer Kampagne in der konservativen Presse, die Chatami als „Liberalen" und Wegbereiter der westlichen Dekadenz attackierte, mußte er 1992 zurücktreten und sich aus der Politik zurückziehen. Vorangegangen war ein Disput über den Filmregisseur Mohsen Machmalbaf, den er vor Angriffen der konservativen Presse in Schutz genommen hatte. In seiner Rücktrittserklärung übte Chatami erstmals unverblümte Kritik an der herrschenden Politik, bevor er in der politischen Versenkung verschwand. Chatami wurde Leiter der iranischen Nationalbibliothek und veröffentlichte Bücher über die politische Philosophie des Westens oder die Geschichte muslimischer Reformdenker. Ohne sich noch öffentlich zu äußern, beobachtete er die politische und kulturelle Entwicklung des Landes mit Unmut. Die wenigen Spielräume, die sich für Künstler und Intellektuelle unter seiner Amtszeit entwickelt hatten, wurden sukzessive abgebaut, seine ehemaligen Mitarbeiter durch Kader ersetzt, die sich als Kulturverhinderer gegenseitig übertrafen. „Da sitzen eine Menge Leute, die Geld bekommen, um auf das Begräbnis der Kunst zu warten", zürnte Mitte der neunziger Jahre, ohne im geringsten zu übertreiben, Bahram Beizaí, der große iranische Film- und Theaterregisseur, der wegen seiner Herkunft aus einer Baha'i-Familie als Professor entlassen worden war, der acht Jahre lang keinen Film drehen und achtzehn Jahre kein Theaterstück inszenieren durfte. „Die ist lästig, die Kunst, denken sie, die kostet viel Geld und macht nur Ärger – weshalb läßt sie uns nicht in Frieden?"

Chatamis Ansichten änderten sich. Wer ihn aus den Jahren nach seinem Rücktritt kannte, beschrieb ihn nicht mehr als den weitgehend linientreuen Funktionär der achtziger Jahre, sondern als einen besorgten, zunehmend bitteren Intellektuellen und Geistlichen. Die Äußerungen, die er in jenen Jahren der politischen Abstinenz im privaten Kreis von sich gab, hatten ihm innerhalb der religiösen Opposition den Ruf eines Gleichgesinnten eingebracht. Bei seiner Rückkehr in die Politik Anfang 1997 verfügte er über ein klares Bewußtsein der gesellschaftlichen Mißstände, der katastrophalen Lage der Künstler und Intellektuellen sowie der politischen Unterdrückung in der Islamischen Republik. Ich verkehrte damals zum Teil in Zirkeln, in denen auch Chatami sich hin und wieder sehen ließ, und ohne ihn je getroffen zu haben, hörte ich immer wieder, wie dieser ehemalige Kulturminister, der in seiner Amtszeit nicht sonderlich aufgefallen war, Staat und Regierung der Islamischen Republik einschätzte. Es war eine nachgerade verzweifelte, gleichzeitig aber, deshalb erzählte man sie gerne weiter, ätzend spöttische Kritik, die nichts ungeschoren ließ – warum auch, schließlich konnte niemand, am wenigstens er selbst damit rechnen, daß Chatami je wieder ein politisches Amt bekleiden würde. Als dann Ende 1996 die ersten Hinweise auf eine mögliche Kandidatur Chatamis kamen, fragte ich jene Freunde in Teheran, denen ich absolut vertraute und die durch ihr Verhalten, ihre Publikationen und auch durch ihre Bereitschaft, sich der Haft und zum Teil der Folter des Regimes auszusetzen, ihre Integrität vielfach bewiesen hatten – ich fragte sie, ob auf Chatami zu setzen, ob ihm wirklich zu trauen sei. Ja, antworteten sie, aber nur ihm, keinem der Politiker, die sich jetzt als seine Anhänger beziehungsweise Förderer um ihn scharten. Ich glaubte ihnen und kam in eine vertrackte Situation. Ich hatte über all die Morde an Schriftstellern geschrieben und kannte viele der Verfolgten persönlich. Meine Berichte und vor allem das Interview mit Mehdi Bazargan hatten mir den Beifall zahlreicher exiliranischer Bekannten, Zeitungen und Gruppierungen eingebracht. Zwar hatte ich wiederholt auf die Bewegungen hingewiesen, die unter der Oberfläche der Islamischen Republik zu registrieren waren, doch unversehens stand ich vor der Aufgabe, meinen Lesern und auch den Redakteuren meiner Zeitung zu erklären, daß sich nun wirklich ein konkretes politisches Erdbeben abzeichnete und ein Geistlicher, der als Kandidat für die Präsidentschaftswahlen zugelassen worden war, ernsthaft für Veränderungen stritt. Das Unverständnis vieler meiner Bekannten und die Anrufe der Fremden, die mich als Agenten der Islamischen Republik beschimpften, haben mich tiefer getroffen, als es die Erzürnten je für möglich gehalten hätten. Erstmals schlug mir jener Haß auf den politischen Gegner entgegen, der das Gespräch ausschließt und nur in einem Land gedeihen kann, dessen Politik seit Jahrzehnten kaum etwas anderes als Gewalt, Unterdrückung und Ungerechtigkeit kennt.

Während des Wahlkampfes setzte Chatami alles daran, sich von den etablierten Kräften abzusetzen. Schon durch sein penibel gepflegtes Äußeres und seine demonstrative Fröhlichkeit unterschied er sich von den übrigen Politikern und dem Klischeebild des düsteren Mullahs, wieviel mehr noch durch seine Ansprachen. Die Menschen, so predigte er, seien die wahren Entscheidungsträger der Nation, die Politiker nur Diener. Anstatt wie Nateq Nuri mit Flugzeug und Hubschrauber reiste er mit einem Bus und kleiner Mannschaft durch das Land und stieg in Dörfern aus, um sich mit den überraschten Bewohnern auf einen Tee oder zum Mittagessen zu treffen. Er tauchte unangemeldet in Schulen oder Landheimen auf und unterhielt sich mit den Kindern und Jugendlichen, er nahm sich die Zeit, Briefe, die ihn plötzlich aus ganz Iran erreichten, handschriftlich zu beantworten. Solche – womöglich wohlkalkulierten, aber als glaubwürdig wahrgenommenen – Zeichen waren es, die ihm die Sympathien der Iraner sicherten. Je mehr die etablierten Kräfte ihn während des Wahlkampfes an den Rand zu drängen versuchten, desto eher waren die Wähler bereit zu glauben, daß Chatami nicht mit dem System zu identifizieren sei. Mit seinen Reden, Stellungnahmen und Interviews, so wenig konkret sie formuliert waren, erreichte er die Herzen der Überdrüssigen. Sein zentrales Wahlkampfthema, die zivile Gesellschaft, die es in Iran zu errichten gelte, diente als Oberbegriff, mit dessen Hilfe er ihrem drängenden Bedürfnis nach einem Mindestmaß an Rechtsstaatlichkeit, dem Schutz der Privatsphäre, dem Ende der Bevormundung in allen Bereichen und der Beteiligung an der politischen Willensbildung Ausdruck verlieh. Mit seinen Vorstellungen zur Gleichberechtigung der Frau, die er für alle Ämter bis hin zum Staatspräsidenten befähigt hielt, seinem offen bekundeten Respekt für die Künstler, Intellektuellen und Wissenschaftler, denen er Meinungsfreiheit versprach, seiner Sensibilität für die Bedürfnisse der Jugend, die am meisten unter den kulturellen und moralischen Restriktionen des Staates zu leiden hatte, sowie mit seinen Gesten an die religiösen und ethnischen Minderheiten vermochte er sich als Hoffnungsträger zu etablieren und das Heer der Nichtwähler zu den Urnen zu bewegen. Bei der üblichen Wahlbeteiligung hätten Nuris sechs oder sieben Millionen Stimmen zum Sieg genügt. Die eigentliche Sensation dieser Wahl war weniger der Erfolg Chatamis – denn daß die Mehrheit des Volkes den Kandidaten des Regimes ablehnte, wußte man –, sondern die Beteiligung der Mehrheit am Urnengang und damit am politischen Geschehen. Das meinten der Schriftsteller Huschang Golschiri, als er die Wahl kühn als den „Anfang einer zweiten Revolution" bezeichnete (und dafür rüde Attacken der exiliranischen Presse einstekken mußte), und ebenso der Großajatollah Montazeri, als er vom Urnengang als einem „Aufstand gegen die bestehenden Verhältnisse" sprach. Es ging nicht um Chatami, der weithin ein unbeschriebenes Blatt war. Es ging darum, daß die Bevölkerung erstmals seit den Anfängen der Islamischen Republik eine reale Chance hatte, ihren Protest gegen die bestehenden Verhältnisse kundzutun – und diese Chance fast geschlossen nutzte. Der Rhetorik des Establishments, das sich wie alle totalitären Bewegungen demokratischer Freiheiten bediente, um dieselben abzuschaffen, war damit die Grundlage entzogen. Es konnte sich nicht mehr einfach auf das Volk berufen. Das Volk hatte sich schlicht geweigert, das Kreuz an der richtigen Stelle zu machen, es hatte, wie der Philosoph Abdolkarim Sorusch im Gespräch formulierte, „seine Unabhängigkeit erklärt und das Prinzip der Nachahmung (*taqlid*) in der Politik verworfen". Der Begriff *taqlid* steht in der schiitischen Lehre für den Gehorsam des einzelnen Gläubigen gegenüber der von ihm selbst gewählten religiösen Autorität. Die Führung des Landes habe dem Volk zwar erstmals, halb freiwillig, halb von der Eigendynamik der Ereignisse überrumpelt, eine echte Entscheidung überlassen, aber gleichwohl von ihm erwartet, daß es ihr Verhalten „nachahmt" und Nateq Nuri wählt. „Die Regierenden und die Geistlichkeit mußten erkennen, daß sie über ein Volk herrschen, welches nicht so ist, wie sie bislang dachten", faßte Sorusch das Ergebnis der Wahl zusammen. „Sie werden ihr Verhalten gegenüber diesem Volk ändern müssen."

Die Niederlage Nuris blamierte insbesondere Revolutionsführer Chameneí. Seit er Chomeini 1989 beerbt hatte, mußte er, der nicht die Autorität, geschweige denn das Charisma seines Vorgängers besaß, in wechselnden Allianzen versuchen, seine eigene Machtposition zu festigen. Das gelang ihm mit wachsendem Erfolg, so daß die Pläne, ihm per Verfassungsänderung weitere Vollmachten zuzubilligen, sich immer weiter konkretisierten. Doch alle nahgeglaubten Ziele wurden Makulatur, als er bei den Präsidentschaftswahlen den Wählern erstmals eine echte Alternative bot, gleichzeitig aber im Glauben, daß das Volk hinter ihm stünde, sein Gewicht für einen bestimmten Kandidaten in die Waagschale warf. Drei Nächte vor dem Wahltag soll Haschemi Rafsandschani den Revolutionsführer aufgesucht haben, um ihn persönlich auf das sich anbahnende Ergebnis vorzubereiten und ihn davon abzubringen, weiterhin Nateq Nuri beizustehen. (Die Umfragen, die den Zeitungen zufolge einen sicheren Sieg Nuris voraussagten, waren nicht bloß gefälscht, nein, manche der namentlich angeführten Wahlforschungsinstitute existierten, wie sich herausstellte, überhaupt nicht.) Am nächsten Tag deutete Chameneí in seiner Fernsehansprache erstmals an, jeden Wahlsieger für geeignet zu halten. Es wäre zu einfach, den Schock, den Chatamis sich abzeichnender Sieg beim Revolutionsführer und anderen Würdenträgern der Islamischen Republik ausgelöst hat, allein mit der Angst um das eigene Amt zu erklären. Geistliche wie Chameneí haben Jahre und Jahrzehnte im Widerstand gegen die Diktatur des Schahs verbracht, sie waren sich ihres historischen Verdienstes und der Dankbarkeit des Volkes gewiß; nun, achtzehn Jahre nach dem Triumph ihrer Revolution, standen sie vor einem eingestürzten Kartenhaus aus Wunschvorstellungen, Arroganz sowie falschen und falsch interpretierten Informationen. Sie hatten das Volk hinter sich geglaubt, aber als sie sich erstmals umdrehten, mußten sie erkennen, daß dort schon lange kein Volk mehr stand.

Wer mit dem Wahlsieg Chatamis Hoffnungen auf einen raschen grundlegenden Wandel verband, sah sich allerdings rasch entäuscht. Ohnehin war die Strategie des neuen Präsidenten langfristig angelegt und zielte darauf, den gesellschaftlichen Druck, der ihn ins Amt gebracht hatte, in einen langsamen, aber unumkehrbaren politischen Reformprozeß münden zu lassen, es zu schaffen, daß er sich in den Bahnen einer gewaltfreien politischen Auseinandersetzung entlädt, durch Parteien, unabhängige Medien, Verbände, Gewerkschaften sich artikuliert, eben durch die Institutionen jener Zivilgesellschaft, die er stets im Munde führte. Doch bereits in den ersten Wochen nach seinem Amtsantritt Anfang August 1997 zeigte sich, wie eng Chatamis Spielräume selbst in unscheinbar wirkenden Feldern der Politik waren. Schon rief die konservative Presse triumphierend, daß unter dem neuen Präsidenten alles beim Alten bleibe, während der Volksmund den immer lächelnden Chatami bereits als „Ajatollah Diana" verulkte.

Als paradigmatisch für die folgenden Jahre erwies sich der Beschluß des mehrheitlich von den Konservativen dominierten Parlaments zur Geschlechtertrennung im Herbst 1997; aufgrund mancher neuer Gesetze hatte sie in den letzten Jahren ohnehin schon teilweise absurde Formen angenommen und sich etwa im Gesundheitswesen verheerend ausgewirkt, weil männliche Ärzte immer häufiger daran gehindert wurden, Frauen zu behandeln. Unter dem neuen Präsidenten, so hoffte man, würden wenigstens solche Exzesse ein Ende haben. Doch nun entschied das Parlament, das Gesetz zur Geschlechtertrennung noch zu verschärfen; so sollten zukünftig Schulkinder nur noch von gleichgeschlechtlichen Lehrern unterrichtet und Männer und Frauen, nachdem sie in Omnibussen schon getrennt worden waren, nun auch in den zahlreichen Minibussen des Nahverkehrs nicht mehr nebeneinander sitzen dürfen. Das neue Gesetz desavouierte den Präsidenten, der im Wahlkampf eine stärkere Beteiligung von Frauen am politischen wie gesellschaftlichen Geschehen gefordert und mit Maassumeh Ebtekar eine Politikerin zur Vizepräsidentin ernannt hatte. Nicht entschlossen genug, den Parlamentsbeschluß direkt zu verurteilen, beschränkte er sich auf eine indirekte Kritik, die jeder verstand und doch nur die Ohnmacht des neuen Präsidenten verriet: Noch immer existiere ein religiös verbrämtes Denken, daß von einer Überlegenheit der Männer über die Frauen ausgehe, beklagte Chatami und fuhr fort: „Jede Anstrengung, Männer und Frauen zu trennen, ist eine Grausamkeit gegen Männer, Frauen und die menschliche Gesellschaft." Das Muster, das sich in dieser frühen Auseinandersetzung zwischen Präsident und Parlament zeigte, sollte sich fortan ständig wiederholen.

Trotz des starken Mandats von seiten der Bevölkerung sind die Befugnisse des Präsidenten beschränkt. Schon der Verfassung nach bildet die Regierung nur eines von mehreren Machtzentren innerhalb des Staates. Über ihr steht der Revolutionsführer mitsamt seinen Büros im ganzen Land. Als Organe der politischen Willensbildung kommen der Wächterrat – eine Art Verfassungsgericht –, das Parlament, der Expertenrat und schließlich der neu eingerichtete Feststellungsrat unter Führung des ehemaligen Staatspräsidenten Rafsandschani hinzu. Sie alle waren fest in den Händen der Nomenklatura und sträubten sich gegen Veränderungen. Hinzu kommt, daß der politische Prozeß sich zu einem Großteil nicht innerhalb der Gremien vollzieht, welche die Verfassung vorsieht, sondern von Institutionen und informellen Gesprächskreisen maßgeblich bestimmt wird, die ihren politischen Einfluß nicht dem Gesetz verdanken, etwa das „Generalsekretariat der Freitagsprediger in Ghom", die radikal-islamistische „Organisation für Islamische Propaganda", der staatliche Rundfunk, die Stoßtrupps der *Ansâr-e hezbollâh* oder die zahlreichen revolutionären und religiösen Stiftungen, denen die größten Industriebetriebe gehören und die – bar jeglicher staatlicher Einflußnahme und ohne Steuern zu entrichten – einen Großteil der iranischen Wirtschaft kontrollieren. So beschäftigt etwa die „Stiftung der Entrechteten" (*Bonyâd-e mostazafân*) nach verschiedenen

Angaben bis zu 700 000 Menschen, ihr Budget erreicht fast ein Zehntel des Staatshaushaltes, während die Imam-Reza-Stiftung allein in der Provinz Chorasan über Grundbesitz verfügt, der neunzig Prozent des fruchtbaren Bodens umfaßt und dreimal so groß wie das Saarland ist. Eine Politik, die Irans ökonomische Situation wirklich verbessern will, kann nicht darauf verzichten, die Stiftungen in den regulären Wirtschaftssektor einzubeziehen. Weil diese aber über ein enormes Kapital verfügen und ihr Status zudem von jenen konservativen Politikern und Institutionen verteidigt wird, die ihrerseits von den Stiftungen finanziell profitieren, ist ein solches, von Chatami immerhin annonciertes Vorhaben praktisch nicht zu verwirklichen, jedenfalls nicht unter den gegebenen politischen Umständen. Zu den milliardenschweren Institutionen gehört auch die „Stiftung des 15. Chordâd“, die das Kopfgeld auf Salman Rushdie ausgesetzt hat und als Anstifter terroristischer Handlungen innerhalb und außerhalb Irans gilt. Mit großer Machtfülle ausgestattet sind außerdem die sogenannten „Revolutionswächter“, die, obwohl vor einigen Jahren formell in die Armee integriert, tatsächlich weiterhin selbständig agieren. Zudem gelang es Chatami nicht, den Geheimdienst zur innenpolitischen Neutralität zu verpflichten. Zwar setzte er gegen starke Widerstände den alten Geheimdienstminister Fallahian ab, doch war schon die Berufung Ghorban Ali Dori-Nadschafabadis als Nachfolger ein Zugeständnis an die konservative Mehrheit im Parlament, das sich als besonders verhängnisvoll erweisen sollte.

Nun war es nicht so, daß Chatami als einzelner gegen ein ganzes System kämpfen würde. Er konnte nur deshalb als Präsidentschaftskandidat nominiert werden, weil ihn Gruppierungen zur Seite standen, die zum politischen System der Islamischen Republik gehören. Folgerichtig repräsentierte sein Kabinett nicht die demokratische Opposition, sondern den teilweise mehr, teilweise weniger reformwilligen Teil innerhalb der bestehenden Ordnung. Als Hemmnis für die weitere Entwicklung stellte sich insbesondere Haschemi Rafsandschani heraus, auf dessen Unterstützung zu setzen Chatami für notwendig hielt. Im Grundsatz befürwortet

Rafsandschani zwar seit Jahren eine gewisse Liberalisierung, doch gleichzeitig sucht er alles zu vermeiden, was seine eigene Machtstellung und diejenige der gegenwärtigen politischen Elite gefährdet – ein Widerspruch, den er immer zugunsten des Eigeninteresses zu lösen gewillt ist. In dieses Geflecht aus undurchsichtigen Freundschaftsbekundungen und nicht ausgesprochenen Feindschaften, aus persönlichem Ehrgeiz, dogmatischem Eifer und geballter politischer wie ökonomischer Macht eine Schneise zu schlagen, um sich zumindest langfristig seinen Zielen zu nähern und seine Wähler nicht zu enttäuschen, erschien von vornherein fast aussichtslos und so verfingen sich Chatami und seine Unterstützer bald in einem Machtkampf, in dem sie jedesmal schwere Rückschläge einstecken mußten, sobald für kurze Zeit die Möglichkeit substantieller politischer Veränderungen am Horizont auftauchte.

Aber auch die Konservativen können nicht nach Belieben schalten und walten. Ein Sturz Chatamis hätte unkalkulierbare Folgen und würde aufgrund des möglichen Aufruhrs im Inneren wie des ökonomischen Drucks von außen das gesamte System in Gefahr bringen. Weil beiden politischen Lagern innerhalb des Staatsapparates die Macht fehlt, das jeweils andere von der Bühne zu entfernen, betreiben Reformer und Konservative ihre Politik parallel. Verwirrend kommt hinzu, daß weder Reformer noch Konservative homogene Gruppierungen sind. Viele Linksislamisten beispielsweise, auf die sich Präsident Chatami stützt, haben wenig Interesse daran, daß die Presselandschaft so aufblüht, wie sie es bis zu der Serie von Verboten im Frühjahr 2000 getan hat. Schließlich hatten die Journalisten längst nicht mehr nur die Verbrechen in der Amtszeit von Staatspräsident Rafsandschani zur Sprache gebracht, sondern auch die politische Praxis der achtziger Jahre zu untersuchen begonnen, in denen Linksislamisten wie der amtierende Parlamentspräsident Mehdi Karrubi führende Ämter im Staat ausübten. Umgekehrt glauben längst nicht alle Politiker im Lager der Konservativen, daß der Reformprozeß durch bloße Repression aufzuhalten ist. Sie neigen dazu, sich auf Kompromisse einzulassen und Präsident Chatami hier und da entgegenzukommen, um die grundlegenden Veränderungen zu verhindern. Das Menetekel der Sowjetunion vor Augen, eifern sie dem Modell Chinas nach. Selbst ein ehemals als besonders radikal geltender Islamist wie Mohsen Rezaí betont im Gespräch, er habe verstanden: Schon 1994, drei Jahre vor der Wahl Mohammad Chatamis zum Staatspräsidenten, habe er begriffen, daß die Islamische Republik sich verändern müsse, wolle sie auch in Zukunft bestehen. „Ich hatte das Gefühl, daß die Menschen unzufrieden sind und wir ihren Wünschen nachkommen müssen, ohne den Weg der Revolution zu verlassen", sagte er mir leise und gesenkten Blikkes, wie es zum Kodex der oberen Funktionäre gehört. „Ich wußte, daß etwas Großes passiert und daß es den Eliten obliegt, diesen Prozeß zu lenken und zu behüten."

Als Hüter hat Mohsen Rezaí Erfahrung. Bis zu seinem Rücktritt im Herbst 1997 war er Führer der iranischen Revolutionswächter und der oberste General der Islamischen Republik. Er galt und gilt in weiten Teilen der Bevölkerung noch immer als eine der mächtigsten und radikalsten unter den beharrenden Kräften; viele glauben, daß er es war, der in den Tagen vor der Präsidentschaftswahl 1997 den Revolutionsführer gedrängt habe, den Sieg Mohammad Chatamis durch eine Absage des Urnengangs oder eine massive Fälschung der Stimmzettel zu verhindern. Für Mohsen Rezaí ist dieser Verdacht absurd. Im Gegenteil habe er, so versichert er im Gespräch, nicht nur die Kandidatur Chatamis begrüßt, sondern sich intern sogar darum bemüht, daß noch ganz andere Präsidentschaftsbewerber zugelassen werden. Indem er das „große Risiko" betont, daß die Kandidatur Chatamis für sie bedeutet habe, gesteht er ein, was viele in der Staatsführung im nachhinein zu leugnen suchen: daß der eigene Kandidat ein anderer, nämlich Parlamentspräsident Nateq Nuri war. Aber der Wunsch, das System zu öffnen, so Rezaí, habe schwerer gewogen als die Gefahr, die Wahlen zu verlieren.

Was immer von dieser Darstellung zu halten ist, so hat der ehemalige General, der heute Generalsekretär des „Feststellungsrates" ist, seit der Wahl Chatamis durch Bemerkungen auf sich aufmerksam gemacht, die für einen Erzkonservativen ungehörig erscheinen. Er hat von der zivilen Gesellschaft gesprochen, die Existenz politischer Parteien befürwortet und sich von jenen Generälen distanziert, die im Juli 1999 implizit mit einem Putsch gedroht haben. Er hat sogar Verständnis für seinen Sohn geäußert, der in die Vereinigten Staaten geflohen ist, um von dort aus gegen das Regime und seinen Vater zu opponieren. Ja es stimme, seine Generation habe die Jugend verloren, sagt Rezaí im Gespräch; ja, es sei falsch gewesen, ihr den Islam und die revolutionäre Ideologie mit Zwang beizubringen; nein, daß die jungen Leute mehr Freiheiten verlangten und sich nicht länger bevormunden lassen wollten, sei nicht zu übersehen. Im Prinzip, sagt Rezaí im Tonfall des erfahrenen Pädagogen, wollten sie doch nichts anderes als sie selbst damals, in den siebziger Jahren, als sie gegen den Schah und den „amerikanischen Kolonialismus" revoltierten. Nur ein Unterschied existiere, ein entscheidender: Sie hätten damals das System stürzen wollen; die jungen Leute von heute verlangten nach größeren Rechten im bestehenden System „Das Innere unserer Jugendlichen ist rein, es sucht nach Wahrhaftigkeit und Spiritualität", erläutert Rezaí seine These. „Ihre Neigung zu Gott, zum Transzendenten ist, wenn nicht stärker, so mindestens ebenso stark ausgeprägt wie in unserer Generation." Die jetzige Situation sei daher nur eine vorübergehende; bald schon werde sich die Jugend, sobald die Verantwortlichen die Religion wieder vorleben und nicht mehr nur befehlen, dem Islam zuwenden, dem wahren Islam, der in den ersten Jahren der Revolution in Iran geherrscht habe. „Jene Islame, die ihnen heutzutage vorgestellt werden, haben dagegen keine Perspektive", sagt Rezaí und bestätigt auf Nachfrage, die Vorstellungen der sogenannten „Religiösen Aufklärer" im Sinn zu haben. Diese seien zur Zeit nur deshalb beliebt, weil sie die existierenden Verhältnisse verneinten. „Wenn unsere jungen Leute feststellen, daß diese Gruppe außer Kritik nichts zu bieten hat, werden sie sie aufgeben."

Im Gespräch mit dem Ex-General Mohsen Rezaí, das ich im März 2000, einige Wochen vor der bislang letzten Repressionswelle geführt habe, kristallisierte sich heraus, bis wohin die einsichtigen unter den Hütern der bestehenden Ordnung zu gehen bereit sind: bis zu einem politischen Pluralismus auf der Grundlage einer theokratischen Verfassung. Sie glauben, damit genügend Ventile geöffnet zu haben, um dem existierenden Unbehagen Herr zu werden. Ob sie tatsächlich verstanden haben, ist gleichwohl fraglich. Diejenigen, die derzeit in der politischen Arena den Machtkampf ausfechten, könnten theoretisch zu einem Kompromiß kommen, indem sie sich über begrenzte Reformen verständigen. Doch erzeugt die Gesellschaft einen solchen Druck, daß grundlegende Veränderungen auf lange Sicht unausweichlich erscheinen: Da sind die Theologischen Hochschulen, die als eine Art Eliteschmiede des Staates fungieren und in denen heute offen über Säkularismus und Menschenrechte debattiert wird; da sind die Jugendlichen und Studenten, bei denen die neunzehnjährigen Bemühungen der Erziehungsbehörden, sie zu indoktrinieren, das Gegenteil bewirkt haben; da sind die Frauen, die mittlerweile so selbstbewußt die Emanzipation einfordern, daß im letzten Parlament schon ernsthaft über die schwindenden Rechte der Männer nachgedacht wurde; da sind die ärmeren und religiös geprägten Bevölkerungsschichten, die sich nach sozialer Gerechtigkeit sehnen und sich schon lange von der konservativen Geistlichkeit abgewandt haben; da sind die ethnischen und religiösen Minderheiten, die auf Selbstbestimmung pochen; da sind die Künstler, Intellektuellen und Dichter, denen in Iran eine traditionell gewichtige Stimme zukommt; da sind die zahlreichen veränderungswilligen Politiker und Funktionäre vor allem der unteren und mittleren Ebene, die die Klagen ihrer Verwandten und Nachbarn ständig im Ohr haben; natürlich ist da auch die heranwachsende wirtschaftliche und technologische Elite, die eine andere Weltsicht hat als der klassische Basarhändler. So man auf grundlegende Änderungen des politischen Systems hofft, sollte man daher weniger auf eine Einzelperson wie Chatami achten als auf diese gesamtgesellschaftliche Entwicklung, von der er getragen wird. Sie wird sich, mit Verzögerungen und ihnen eventuell folgenden Eruptionen, fortsetzen, selbst wenn sie den Präsidenten als tragische Figur und den Zweiten Chordâd als bloße Episode der Geschichte überantworten sollte.

4

Ajatollah Fußball

Die Gesellschaft geht der Politik voran

Jubel nach dem Tor im WM-Spiel gegen die Vereinigten Staaten. Unmittelbar nach Spielschluß strömten die Menschen auf die Straßen und fielen sich singend und tanzend in die Arme. Die nationale Party geriet zu einer machtvollen Kundgebung gegen die Buß- und Leidensideologie der herrschenden Kräfte, die achtzehn Jahre lang alle Freudenausbrüche, Tanzmusik und den anarchischen Jux der traditionellen Volks- und Familienfeste aus der Öffentlichkeit verbannt hatten. (Photo: Kazemi)

Es sollte der wichtigste Lauf im Leben des Khodadad Azizi werden. 75 Minuten lang waren die Iraner im entscheidenden Qualifikationsspiel für die Fußball-Weltmeisterschaft von der australischen Mannschaft vorgeführt und von den Zuschauern im Melbourner Cricket Ground, die schon die iranische Nationalhymne mit einem Pfeifkonzert bedacht hatten, verhöhnt worden. Daß sie nach dem 1:1 im Hinspiel lediglich 0:2 zurücklagen, hatten sie ihrem Torwart, vor allem aber den Pfosten ihres Tores zu verdanken. Dann gelang Spielmacher Karim Bagheri der Anschlußtreffer, als er bei einem der wenigen iranischen Angriffe im Rückwärtsfallen den Ball mit der Fußspitze berührte und dieser am verdutzten Torhüter vorbei ins Netz kullerte. Das kuriose Tor brachte die Australier nicht aus der Ruhe, sie schnürten die Iraner weiterhin vor deren Tor ein und übten sich in der Politur des Pfostens – bis ein Iraner den Ball einfach mal in die gegnerische Spielhälfte drosch, ein Befreiungsschlag mehr als ein Paß. Aber Khodadad Azizi rannte los. Wie im Rausch überholte „Asiens Fußballer des Jahres" drei, vier australische Verteidiger, fand sich plötzlich allein mit dem Ball vor dem australischen Torwart, sprintete noch fünfzehn, zwanzig Meter, um schließlich das Leder wie im Training mit einem zunächst angetäuschten, dann präzise ausgeführten Schuß im Netz zu versenken.

Mit dem Tor löste die „Gabe Gottes", wie Azizis Vorname übersetzt heißt, in seiner Heimat ein Beben aus. In Teheran strömten am Abend dieses 29. Novembers 1997 Millionen Menschen auf die Straße und feierten bis in die Nacht den Sieg ihrer Nationalmannschaft. Eine solche Massenveranstaltung hatte das Land seit dem Sturz des Schahs nicht mehr erlebt. Hilflos mußten die Revolutionswächter mit ansehen, wie Männer und Frauen sich in die Arme fielen, wie sie gemeinsam sangen und tanzten. Das war mehr als nur der Jubel über ein gewonnenes Fußballspiel. In die Freude der Menschen über den überraschenden Sieg gegen die lange übermächtig scheinenden Australier floß der Triumph über die noch übermächtigere Staatsführung bei den vorangegangenen Präsidentschaftswahlen ein. Die politische Botschaft war unverkennbar: „Wir sind das Volk."

Nicht nur Nation und Religion, auch Fußball und Politik verbindet in Iran ein besonderes Verhältnis. Die Trainer und leitenden Sportfunktionäre werden nicht von den Verbandsmitgliedern gewählt, sondern aufgrund politischer Erwägungen vom Minister ernannt. Rekrutierten sie sich unter dem Schahregime oft aus dem Militär, so war es nach der Revolution eher die rechte islamistische Gesinnung, die zum Amt befähigte. Die Nationalmannschaft ist aber nicht nur der Augapfel der politischen Führung; in ihr spiegelte sich in den letzten Jahrzehnten auch die komplizierte ethnische Struktur des Vielvölkerstaates. Das Gros der Spieler stellen die Perser, doch ist die Abwehr in der Regel die Domäne der größten ethnischen Minderheit, der aserbaidschanischen Türken. Dazu können noch einzelne Araber aus dem Süden, Kurden aus dem Nordwesten oder Belutschen aus dem Osten stoßen, und fast immer ein Vertreter der armenischen Christen, deren kulturelle Selbstbehauptung sich in ihrer Präsenz in der Fußballauswahl widerspiegelt. Selbst die Emanzipation der Frauen findet ihren Ausdruck im Fußball, nicht nur weil sie inzwischen ihre eigenen Teams bilden. Für größeres Aufsehen sorgte, daß bei der Willkommensfeier für die Helden von Melbourne gemeinsam mit den Männern einige tausend Frauen an den irritierten Ordnungshütern vorbei ins Teheraner Azadi-Stadion strömten – ein Novum, das in der iranischen Presse eine hitzige Debatte über den Sinn der Geschlechtertrennung auslöste.

Schon vor den Spielen gegen Australien war der Fußball in den Konflikt zwischen den konservativen und moderaten Kräften hineingeraten. Als Iran Anfang November den schon sicher geglaubten ersten Platz in der Gruppe durch einige peinliche Niederlagen vertändelt und damit die direkte Qualifikation für die Weltmeisterschaft verpaßt hatte, zitierten die Konservativen den Sportminister ins Parlament, um ihn zur Rechenschaft zu ziehen, vor allem aber, um die Unfähigkeit der neugewählten Regierung zu entlarven. Der Minister wiederum feuerte den islamistisch korrekten Trainer Mohammad Mayeli Kohan und ersetzte ihn, wie zuletzt zu Zeiten der Monarchie, durch einen Ausländer, den Brasilianer Valdor Vierra. Ein symbolträchtigeres Zeichen für die ersehnte Öffnung wäre im fußballverrückten Iran kaum denkbar gewesen. Als die Auslosung den Iranern dann ausgerechnet „Mykonos"-Deutschland, den „Großen Satan" Vereinigte Staaten und den Feind der bosnischen Muslime, Jugoslawien, bescherte, steigerte sich die freudige Erregung noch – von einer Traumauslosung war die Rede. Gerade der deutsche Fußball hat in Iran zahlreiche Anhänger; Spiele aus der Bundesliga werden regelmäßig im Fernsehen übertragen, und die Billigimitation des deutschen Nationaltrikots ist das wohl beliebteste Kleidungsstück iranischer Straßenkicker. Das Spiel der Spiele war aber natürlich die Partie am 22. Juni 1999 in Lyon gegen die Vereinigten Staaten von Amerika, jenes offiziell so vielgeschmähte, politisch für seinen Imperialismus selbst von Regimegegnern verteufelte und doch für die meisten Iraner so faszinierende Land, dessen Kulturindustrie in Iran eine irritierend subversive Kraft entfaltet. Daß Iran sich angeblich auf Stellvertreterkriege auf dem grünen Rasen vorbereitet habe, wie es westliche Journalisten gelegentlich schilderten, sagt mehr über deren Brille als über die iranische Realität. Wie der Empfang für die erste Sportdelegation aus den Vereinigten Staaten seit der Revolution gezeigt hatte, war der Versuch mancher Hitzköpfe, die Begegnungen im Vorfeld politisch zu instrumentalisieren, zum Scheitern verurteilt gewesen: Als zu Ehren der Ringer im Februar 1998 zum ersten Mal seit der Revolution in Iran das Sternenbanner, anstatt verbrannt, gehißt wurde, applaudierten die zwölftausend Zuschauer in der Teheraner Arena frenetisch. Der „Lächerlichkeit preisgegeben" habe sich das Land, zeterte die konservative Tageszeitung *Dschomhuri-ye eslâmi* („Islamische Republik") daraufhin. Zufällig traf ich die Sportler, deren Besuch die Zeitung eine „Beleidigung der Nation" genannt hatte, am Flughafen Mehrabad, umringt von Trauben iranischer Fans. „Ich habe schon viele Reisen unternommen", beteuerte einer der Ringer, als ich mich später im Flugzeug zu ihm setzte, „aber ich sage Ihnen, was ich hier an Freundlichkeit und Begeisterung erlebt habe, das hat alles übertroffen." „Kommen Sie wieder", sagte ich ihm. „Darauf können Sie wetten", erwiderte er.

2:1 hat Iran schließlich gegen die Vereinigten Staaten gewonnen, und gefreut haben sich, unter anderem, die internationalen Telefongesellschaften. Mehrere Millionen Iraner leben im Exil, in den Vereinigten Staaten vor allem, in Europa und nicht wenige in Australien und Japan. Um 5.50 Uhr Tokioer Zeit, 13.50 Uhr in Kalifornien, 22.50 Uhr mitteleuropäischer Sommerzeit griffen viele unter ihnen zum Telefonhörer, um sich von Kontinent zu Kontinent zu beglückwünschen und mit den Verwandten in der Heimat verbunden zu sein. Letzteres erwies sich mitunter als schwierig, weil die Leitungen überlastet waren und außerdem die im Land Gebliebenen unmittelbar nach Spielschluß auf die Straßen strömten. Daß sie deswegen die Fernsehansprachen der Staatsführung versäumten, störte sie nicht. So hörten sie auch nicht die Mahnungen, sich durch die berechtigte Freude nicht zu ungebührlichem Verhalten hinreißen zu lassen.

Der Jubel nach dem Spiel gegen Australien war spontan gewesen, aber jetzt hatte sich das Land auf eine riesige Fete vorbereitet, hatten die Menschen sich für den Fall eines Sieges mit Freunden und Nachbarn verabredet, Konfetti, Süßigkeiten und Fahnen bereitgelegt, die Musikkassetten zusammengestellt und die Autos und Kinder geschmückt, als gelte es, alle verpaßten Straßenfeste der vergangenen zwanzig Jahre nachzuholen. Die nationale Party geriet zu einer machtvollen Kundgebung gegen die Buß- und Leidensideologie der herrschenden Kräfte, die achtzehn Jahre lang alle Freudenausbrüche, Tanzmusik und den anarchischen Jux der traditionellen Volks- und Familienfeste aus der Öffentlichkeit verbannt hatten. Zwar prägt der Buß- und Schmerzenskult der schiitischen Volksfrömmigkeit die kollektive iranische Psyche seit Jahrhunderten. Doch war die Farbe der Religion, das im Stadtbild allgegenwärtige Schwarz, nicht die einzige Farbe der Nation: Wenn die Iraner – wie alljährlich zum vorislamischen Frühlings- und Neujahrsfest *Nouruz* – ins Feiern kamen, taten sie es so bunt und ausgelassen, als wollten sie eine These untermauern, die viele Katholiken sofort unterschreiben würden: Nur wer sich zur Buße disziplinieren kann, kann sich zum Vergnügen richtig gehen lassen. Neben dem spektakulären, theaterästhetisch hochinteressanten Passionsspiel, der *Taziyeh*, in dem die Iraner alljährlich im arabischen Monat Moharram der ermordeten Imame gedenken, hat es auch eine ganz und gar säkulare, unglaublich witzige Form des Theaters gegeben, eine Art Commedia dell'Arte: das *Ruhouzi*. Ältere Verwandte aus Isfahan berichten mir, daß gerade das Wechselspiel von *Taziyeh* und *Ruhouzi* den Reiz der traditionellen, bis vor etwa siebzig Jahren noch intakten Theaterkultur ausmachte, weil sie so die gesamte Palette menschlicher Emotionen einbezog, Freude und Leid, Kummer und Fröhlichkeit, unbeschwerten Karneval und fromme Katharsis. Das *Ruhouzi*, das heute nur noch einzelne Ensembles beherrschen, ist nicht am Dogmatismus der Geistlichkeit zugrunde gegangen, sondern an der Modernisierung, wie sie der erste Kaiser der Pahlawi-Dynastie, Schah Reza Pahlawi, vorantrieb – und auch an der Zensur, die seine Funktionäre ausübten, indem sie geschriebene Stücke verlangten, um die in der Improvisation häufig geübte Gesellschaftskritik zu verhindern. Aber die Dialektik aus Spaß und Schmerz, Feier und Buße, Nation und Religion, die das Passionsspiel und die Stegreif-Komödie gemeinsam versinnbildlichen, hat erst die Islamische Republik außer Kraft gesetzt, indem sie während des achtjährigen Krieges mit dem Irak das Schwarz der Schiiten absolut setzte. Der Sieg der Fußballer hat der alten Dialektik für eine Nacht wieder Geltung verschafft, da er ein provozierend unpolitisches Happening auslöste, wie es hiesige Banalphilosophen gern in den Technoparaden unserer Spaßgeneration sehen würden: demonstrative Freude als Demonstration.

Daß Iran den Lieblingsgegner Vereinigte Staaten besiegt hatte, war es nicht allein. Wie sie es getan hatten – die Blumen für die amerikanischen Spieler vor Spielbeginn, das gemeinsame Gruppenfoto, nach jedem Foul ein Bruderkuß, der in Iran offiziell als unsittlich verpönte Trikottausch am Schluß und dazu noch ein fulminantes Fußballspiel – das erfüllte die weltumspannende iranische Gemeinde mit Stolz und Begeisterung. Dank seiner Fußballer hatte sich der Paria-Staat endlich als das präsentiert, was er nach Meinung seiner meisten Bürger in Zukunft sein sollte: als Meister im *fair play*. Daß diese Rolle die Fußballer nicht daran hinderte, das Spiel erfolgreich zu führen, gab denjenigen Auftrieb, die den Versöhnungsgedanken in die Politik tragen wollten. Wie nötig sie solche Unterstützung hatten, zeigte die Demission des reformorientierten Innenministers Abdollah Nuri am gleichen Tag sowie das staatliche Fernsehprogramm nach Spielschluß. Zwar gestand es dem Präsidenten eine Ansprache über die völkerverbindende Funktion des Sports zu, doch zunächst war der Revolutionsführer an der Reihe: „Heute abend hat der mächtige und arrogante Feind durch euch wieder einmal den bitteren Geschmack der Niederlage zu spüren bekommen", würdigte er den Triumph im üblichen Jargon. Welche der beiden völlig unterschiedlichen Reden maßgeblich für die politische Wirklichkeit war, verdeutlichte die anschließende Übertragung von Propagandaliedern gegen den „Großen Satan".

Die gesellschaftliche Wirklichkeit sieht jedoch anders aus. Das „Marg bar Âmrikâ", mit dem Amerikanern seit der Revolution regelmäßig der Tod gewünscht wird, nahm in dieser Nacht kaum einer der Feiernden in den Mund. Dafür erklang tausendfach aus Autolautsprechern ein Lied, in dem, untermalt von Poprhythmen und Synthesizerklängen, die Stars der Nationalmannschaft besungen werden. Der zum inoffiziellen WM-Lied der Iraner avancierte Song stammt bezeichnenderweise von einer kalifornischen Band, die sich *The Boyz* nennt und vor allem aus armenischen Iranern, Christen also, besteht. Diese Nationalmannschaft entsprach aber auch so gar nicht der Wunschvorstellung islamistischer Ideologen. Ihr neuer Trainer Dschalal Talebi wohnte als Auswanderer in Kalifornien, und auch die Spieler fügten sich nicht in das Schema: Schon daß sie als die bestrasierte Mannschaft des Turniers auffielen, müssen Linientreue als Provokation empfunden haben, schreibt doch die Etikette des offiziellen Irans fast zwingend den Voll- oder besser noch den Drei-Tage-Bart vor. Und so wußten sich die Verantwortlichen des iranischen Staatsfernsehens nicht anders zu helfen, als wenigstens sämtliche Versöhnungsgesten zwischen iranischen und amerikanischen Spielern und Trainern auszublenden wie weiland der Bayrische Rundfunk den krittelnden Dieter Hildebrandt. Aber wie in alten Liebesfilmen, in denen die Kamera nach der ersten Berührung vom Bett auf die Decke schwenkt, so regten die kühnen Schnitte der iranischen Fernsehregie, die unvermittelt eine Zuschauertribüne mit winterlich gekleideten Fußballfans einblendete (es war zwar Juni in Lyon, aber Hauptsache keine nackte Haut), die Phantasie der Zuschauer erst richtig an. Dabei hatten sich die Fußballer keineswegs als Oppositionelle hervorgetan. Politisch war ihr Auftreten allenfalls, insofern es unpolitisch war. In einem durch die Revolution ideologisierten Staat wie Iran, wo noch die Quizsendung im Fernsehen die rechte Gesinnung probt, ist es ein mühsamer Kampf, dem Privaten und Unpolitischen Räume zurückzuerobern und das Land damit in das Stadium der Post-Revolution zu überführen. Daß die Gesellschaft auf diesem Weg schon wesentlich weiter ist als die Politik, haben die Iraner demonstriert, als sie den Sieg ihrer Nationalmannschft lautstark und fröhlich wie nie zuvor feierten, ohne sich um den verordneten Anti-Amerikanismus zu scheren.

Der antiideologische Impuls zieht sich durch alle Bereiche, auch als ein Hang zum Privaten, als politisch hochrelevante Verweigerung gegenüber der Politik, der öffentlich definierten gemeinsamen Sache. Man kann der Begeisterung junger Mädchen für ein Fußballspiel oder allgemein dem sprunghaft gestiegenen Interesse, das private Leben bewußt und aktiv zu gestalten, Sport zu treiben, zu musizieren oder einem anderen Hobby nachzugehen, gewiß keinen oppositionellen Impetus anhängen, aber ein verändertes Gefüge der Werte und Wertschätzungen zeigt sich in der wachsenden Bedeutung, die der *Freizeit* zukommt, durchaus: Selbst in Iran, einem Land schiitischer Religion und politisch wie ökonomisch deprimierender Gegenwart, keimt die Spaßgesellschaft. So fern der hedonistische Kult des Individuellen, wie ihn der Westen industriell betreibt, den einstigen Idealen des bürgerlich-aufklärerischen Denkens steht, als so sperrig erweist er sich in einer totalitär ausgerichteten Ordnung, die kollektive und altruistische Motive in den Vordergrund rückt: Besonders anschaulich wird die Tendenz, sich übergeordneten Entwürfen zu entziehen, in der zeitgenössischen persischen Literatur, in der das Beharren auf der Autonomie der Kunst und damit des Einzelnen wie der Einzelheiten bewußt gemacht wird. Bei aller Unterschiedlichkeit der Formensprache und Themen ist insbesondere den jüngeren Autoren gemeinsam, daß sie keiner weltverändernden Idee verpflichtet sind. Schon dadurch heben sie sich von den früher unter iranischen Literaten weitverbreiteten marxistischen sowie den gegenwärtig politisch herrschenden islamistischen Tendenzen ab. „Wir sind Schriftsteller", lautete der erste Satz jener Protesterklärung vom Herbst 1994, in der 134 iranische Autoren die Abschaffung der Zensur und die Zulassung des Schriftstellerverbandes verlangten. „Wir sind Schriftsteller." Das klang wie eine banale Feststellung, aber tatsächlich war es ein Manifest und eine Forderung: Wir wollen nichts anderes als Schriftsteller sein.

Es gibt einen unabweislichen Grund, weshalb einem theokratischen Staatsmodell in Iran die Zeit abläuft: Ihm ist die Gesellschaft abhanden gekommen. Der Chomeinismus hatte Anfang der achtziger Jahre einen zwar nicht uneingeschränkten, aber starken Rückhalt in den Zentren der schiitischen Volksfrömmigkeit, also in den Klein- und Mittelstädten sowie im Basar und den ärmeren Vierteln der Großstädte. Es sind eben jene Orte, an denen westliche Photographen jahrelang die einzig für sie in Frage kommenden Motive fanden: Frauen im Tschador, Männer mit Bart. Der urbanen Mittel- und Oberschicht sowie weiten Teilen der Landbevölkerung, deren Religiosität ganz unterschiedlich und mitunter nur wenig ausgebildet ist, blieb Chomeinis Ideologie dagegen immer fremd. Mag man die erste Gruppe als verwestlicht, die zweite als in ihren lokalen Traditionen verhaftet bezeichnen, so verbindet sie jedenfalls eine Haltung zur Religion, die in einem eminenten Sinne säkular ist: Der Islam ist in den Augen der meisten ihrer Angehörigen Privatsache, nicht Richtschnur der Politik oder Quelle staatlichen Gesetzes. Am Prozeß der politischen Willensbildung in der Islamischen Republik ist die Landbevölkerung schon deshalb niemals, das Bürgertum nur anfangs beteiligt gewesen. Sowenig sie das System unterstützen, sowenig gefährden sie es. Im Laufe der neunziger Jahre kristallisierte sich jedoch immer deutlicher heraus, daß auch jene Bevölkerungsschichten, auf deren Loyalität die Islamische Republik gründete, sich längst in Scharen von der eigenen politischen Elite abgewandt hatten. Manche Ursachen sind offenkundig: das Trauma des ersten Golfkrieges, die ökonomische Krise, die andauernde politische Unterdrückung, die Mißwirtschaft und Korrumpierbarkeit vieler Funktionäre, der nicht aufzuhaltende Fluß von Informationen und kulturellen Gütern aus dem Ausland. Vielleicht aber reichen die Gründe für den Wandel noch tiefer. Innerhalb eines Jahrzehnts waren die Iraner einer wohl einzigartigen Massierung historischer Ereignisse und Veränderungen ausgesetzt: einer Revolution, die in ihren Dimensionen nur mit der französischen und der russischen verglichen werden kann und zu einer Umkehr der politischen, sozialen und gesellschaftlichen Verhältnisse und Wertvorstellungen führte; einem Krieg, der länger dauerte als der Zweite Weltkrieg, ganze Provinzen verwüstete und fast eine Million Opfer allein auf iranischer Seite forderte; dazu einer nicht enden wollenden Serie von Terroranschlägen, denen fast immer Zivilisten zum Opfer fallen, Naturkatastrophen apokalyptischen Ausmaßes wie der Erdbeben von 1990, bei dem mehr als sechzigtausend Menschen starben, einer Wirtschaftskrise, die weite Teile der Bevölkerung in ihrer Existenz bedroht, und schließlich Flüchtlingsströmen aus dem Land und in das Land, die Iran einerseits finanziell und intellektuell beinahe ruinierten und es andererseits zu dem Staat mit den meisten Flüchtlingen der Welt gemacht haben.

Besonders prägend dürfte für die Bevölkerung noch etwas anderes gewesen sein: die kollektiven Grenzerfahrungen der iranischen Gesellschaft, die Erfahrung des Todes und die Verzweiflung über seine Sinnlosigkeit. Auf Demonstrationen und auf dem Schlachtfeld haben viele Menschen selbst dem Tod, dessen Allgegenwart der Schmerzenskult der schiitischen Volksfrömmigkeit noch intensiviert, ins Auge gesehen. Praktisch jede Familie hat Märtyrer zu beklagen, Märtyrer der Revolution, Märtyrer des Krieges, Märtyrer des Widerstandes gegen das revolutionäre Regime, Märtyrer des Kampfes gegen die Konterrevolution. Und wofür? Weder geht es den meisten Iranern besser als vor zwanzig Jahren, noch sind sie freier. Umsonst all das Blut, umsonst die Opfer, umsonst gerannt, umsonst gekämpft, umsonst gelebt – diese Erfahrung prägt das Lebensgefühl vieler Menschen in Iran. Und das Rennen hat kein Ende. Da ist kein Ruhen und kein Verschnaufen. Nun ist es das tägliche Rennen um den Lebensunterhalt, zwei, drei Berufe gleichzeitig, vierzehn Stunden täglich, sechseinhalbmal die Woche, das ist der Alltag vieler, wenn nicht der meisten Iraner heute. „Ob die Menschen wohl dafür Revolution gemacht haben", fragte der Schriftsteller Abbas Maroufi 1994 in einem Editorial seiner Zeitschrift *Gardun*, „daß sich der Gedanke an Freiheit von selbst erledigt; daß, bevor sie dazu kommen, das Wort Freiheit nur in den Mund zu nehmen, die vierundzwanzig Stunden eines Tages schon zu Ende sind?" In einem Essay, den wir nach Maroufis Verurteilung zu einer Haftstrafe und zwanzig Peitschenhieben 1996 veröffentlichten, schrieb er:

Stellen Sie sich vor, die Zeiten würden aus den Fugen geraten, die großen Menschen der Geschichte würden nach vorne und nach hinten gerückt. Der Dichter Ferdousi würde in Teheran die nach ihm benannte Straße besuchen. Er sähe, mit welchen Problemen die Jugend tausend Jahre nach seinem Tode beschäftigt ist: Schwarzgeldgeschäfte, Devisenhändler, Geldwechsler. Was würde er wohl denken, der Herr Ferdousi?
Er würde sagen: So viel Mühe habe ich mir gegeben, 37 Jahre lang habe ich mir die Finger wund geschrieben, ein Heldenepos von sechzigtausend Versen gedichtet, Siyawusch, Iradsch, Sohrab und Esfandiar bis zum Richtplatz gebracht, das Leben von Zahak habe ich vor der Jugend meines Landes ausgebreitet, um ihren Gehirnen Futter zu geben – und was ist das Ergebnis? Er wird umherstreifen zwischen den ehrenwerten Jugendlichen des Landes, die dasselbe Wasser, dieselbe Erde und dieselbe Gesellschaft hervorgebracht haben. Er wird zuhören und nichts sagen.
Dollar, Mark, Pfund, Franc …
Ich kaufe, verkaufe nicht.
Ich verkaufe, kaufe nicht.
Ich verkaufe weder, noch kaufe ich, ich amüsiere mich damit.
Wenn ein Lehrer gezwungen ist, in den Stunden, die er eigentlich der Vorbereitung und Erholung widmen sollte, als Taxifahrer zu arbeiten, wo soll er dann Liebe und Kraft schöpfen, um sie an un-

sere Kinder weiterzugeben? Wenn ein Student jeden Morgen beim Eintritt in die Universität kontrolliert und getadelt wird, ohne daß er dagegen Einspruch erheben könnte, wo bleibt ihm dann noch der Stolz oder der Sinn, ein Recht einzufordern und in einer Welt voller Fremder, die uns keine Wertschätzung entgegenbringen, seinen Schmerz herauszuschreien? Wenn ein produktiver und schöpferischer Künstler der Zusammenarbeit mit Fremden und des Verbrechens gegen die Menschheit und die Kultur bezichtigt wird, dann ist hier nicht einmal mehr Platz für Shakespeare. Oder will man alle Künste verbieten (außer natürlich der Kalligraphie)?
Eine zivilisierte Gesellschaft, die eine Revolution gemacht hat, will nicht all diese Polizei und Aufpasser. Wenn dies alles wegen der allgemeinen Sicherheit geschieht, so ist die Mühe vergeblich. Sicherheit schafft man durch Ansehen, Ehre und Persönlichkeit der Bewohner eines Landes. Das Volk hat zur Verteidigung dieses Bodens und zur Erhaltung der Unabhängigkeit aufrichtig alles hingegeben, was es hatte. Tausende und Abertausende Jugendlicher sind in den Krieg gezogen. Es lastet nun schwer auf ihrer Seele, daß ihnen in ihrer eigenen Stadt, in ihrem eigenen Land kein Respekt und keine Zuneigung entgegengebracht wird.

Es ist auffällig, daß das Rennen und Laufen ein häufiges Motiv in neueren iranischen Filmen ist. Ausländische Beobachter haben immer wieder festgestellt, daß iranische Filme von rennenden Menschen bevölkert werden. In einem Interview versicherte der Regisseur Mohsen Machmalbaf, daß er, sollte er in einem Film je einen Europäer zeigen, ihn sitzend zeigen werde. Während die Europäer aus der iranischen Perpektive heraus gesehen sitzen und das Leben genießen, würden die Iraner rennen.

Viele Iraner ziehen sich zurück ins Privatleben, andere versuchen, das Land zu verlassen, oder fliehen in den Rausch der Drogen, des Geschlechts oder, so weit finanzierbar, in den Konsum. Satellitenfernsehen, Video, westliche Billigkultur haben Hochkonjunktur. Andere werden zum Dichter. Private Lesungen gehören zu den beliebtesten Freizeitaktivitäten, und auf fast jedem geselligen Beisammensein trifft man einen Hobbylyriker, der unberufen darauf drängt, seine neuesten Verse zum Besten zu geben. Eine Teheraner Zeitschrift titelte deshalb einmal in Anspielung auf die Talsohle der nationalen Wirtschaft: „Iran ist weltweit Spitzenreiter – in der Gedichtproduktion." Die meisten Menschen aber zehrt die Anstrengung der täglichen Berufe vollends auf, so daß sie schon um des Überlebens willen sich auf das materielle Leben konzentrieren. Die vergangenen beiden Jahrzehnte haben zu einem massiven Verlust individueller und gesellschaftlicher Utopien geführt. Sie haben die Befähigung zum Lügen, zur Verstellung, zur Maskerade, zur Trennung zwischen öffentlichem und privatem Verhalten als zwingend etabliert und die Kinder allzu früh mit den Mechanismen erwachsenen Lebens vertraut gemacht. Der Lehrer hat politische, moralische und weltanschauliche Normen durchzusetzen, an die er selbst offensichtlich nicht glaubt. Die Eltern reden, handeln, bewegen sich zu Hause so selbstverständlich anders als außerhalb der eigenen vier Wände, daß ein Ausländer, der zu Gast bei einer iranischen Familie ist, oft nicht aus dem Staunen heraus kommt. Doch für die älteren Iraner ist dieses Doppelleben normal geworden, und die Jüngeren kennen es nicht anders. Feiern, Lachen, Musik hören, Flirten werden offiziell verpönt und kommen im Privaten dafür umso ostentativer zur Geltung. Wo es keinen Ort gibt, an dem Jungen und Mädchen Händchen halten können, kommen sie, sobald sie einmal für halbe Stunden ungestört sind, oft ohne Umschweife zum Sex; heimliche Abtreibungen sind in der Islamischen Republik an der Tagesordnung. Die anerkanntesten ethischen und religiösen Symbole, Ideen und Verhaltensmuster werden von der systemkonformen Unterhaltungsindustrie unendlich vervielfältigt, wiederholt und banalisiert, sie werden zu jedem denkbaren und zuvor undenkbaren didaktischen Zweck eingesetzt und für jedermann, für jedes Kind ersichtlich als Instrument bloßer Machtpolitik entwertet, ja ihre offizielle Deutung kann sich innerhalb von Tagen in ihr Gegenteil verkehren, wenn es das politisch herrschende Interesse verlangt, wie sich insbesondere nach dem Friedensschluß mit dem Irak gezeigt hat. Das tradierte Wertesystem verfällt angesichts einer solch bizarren Wirklichkeit oder ist jedenfalls grundsätzlich in Frage gestellt, da es täglich ad absurdum geführt wird. In der Folge steigert sich das Mißtrauen gegenüber allen übergeordneten Entwürfen, Konzepten, Verheißungen, Autoritäten, reduziert sich aber gleichzeitig der Sinn für das Selbstlose, das materiell Nutzlose, das Überflüssige, das Ornament. Wer die Entwicklung im Land selbst nicht miterlebt hat und es heute nach Jahren wieder besucht, dem wird unter den vielen Veränderungen ein neuer, schrofferer Umgangston in der Öffentlichkeit vielleicht am meisten schmerzen, die rauher gewordenen Sitten, die Schnelligkeit aller Bewegungen und Abläufe, die Vereinfachung der – für Europäer noch immer zirzensischen – Höflichkeitsrituale und der Wegfall so vieler sprachlicher und gestischer Nuancen im Alltag. Vor allem aber der Zynismus, der um sich greift, wird ihn ängstigen. Er könnte der Wut auf ein ungerechtes Leben entspringen, aber ebenso der allgegenwärtigen Doppelmoral, die private und öffentliche Verhaltensweisen, Werte und Ideen fast vollständig voneinander isoliert. Das schwindelerregende Ausmaß, das die Korruption und Kriminalität angenommen haben, hat einen Grund auch in dieser, man verzeihe mir den altmodischen Begriff, Krise der öffentlichen Moral. Ein anderes Symptom hierfür ist die rasant steigende Zahl von Kindern und Jugendlichen, die von zu Hause ausbrechen und in einer Unterwelt landen, und ebenso die alarmierende Drogenstatistik: Behruz Meschkini, Vizepräsident der „Organisation für soziales Wohlergehen", die Abhängige betreut, schätzt die Anzahl der Iraner, die regelmäßig Drogen konsumieren, auf zwei Millionen. Nach seinen Angaben sitzen drei Viertel aller iranischen Häftlinge im Zusammenhang mit Rauschgiftdelikten im Gefängnis. Verheerend wirkt sich dabei die Nähe zu Afghanistan, dem weltweit wichtigsten Opiumproduzenten, aus. Obwohl sie einen verlustreichen, selten gewürdigten Kampf gegen die international agierenden Schmuggler führen, für die Iran ein Durchgangsland ist, können die iranischen Behörden nicht verhindern, daß Drogen überall im Land leicht verfügbar sind: Ein Schuß Heroin ist in Teheran billiger zu haben als ein Liter Milch.

Die schweren Ausschreitungen bei Fußballspielen, von denen die Zeitungen regelmäßig berichten, ist Iran nicht gewohnt gewesen, sie haben sich nicht langsam angebahnt.

Die Anzahl von Gewaltdelikten und besonders von Vergewaltigungen ist rapide angestiegen. Fast täglich liest man in den Zeitungen der einst relativ sicheren Stadt Teheran von Morden, Raubüberfällen oder Amokläufern. Mit dem „sozialen Druck" allein, so schrieb die Tageszeitung *Sobh-e emruz* Anfang 1999 in einem weitsichtigen Kommentar, könne man die Zunahme der Gewalt nicht erklären, schließlich gebe es die wirtschaftliche Not auch in anderen Ländern und habe es sie zuvor schon in Iran gegeben. Wenn aber die Menschen Zeugen würden, wie „auf öffentlichen Foren ganze Gruppen von Bürgern ohne Grund und Beweis als Ketzer, Spione und Feinde des Islams und der Gesellschaft vorgestellt und auf Grundlage dieser Vorwürfe verurteilt werden, wenn sie sehen, daß diese Urteile sogar ihre Vollstrecker finden", dann trage das zu einer generellen Bereitschaft, Gewalt anzuwenden, bei. Eine Gesellschaft, in der das traditionelle Wertgefüge von den obersten Autoritäten und an den prominentesten Orten auf den Kopf gestellt würde, verliere ihr kollektives moralisches Empfinden und ihr „Gefühl eines sozialen Zusammenhaltes". Wer seine politischen Ziele verwirklichen wolle, verübe dann allzu leicht politische Morde, wer psychische Verletzungen erlitten habe, neige zum Rachemord, und wer auf seinen materiellen Vorteil bedacht sei, verübe eben einen Raubmord. „Die Motive der Taten unterscheiden sich, aber ihre Wurzel ist ein und dieselbe. Wir müssen diese Wurzel ausreißen."

All diese Phänomene machen den Alltag nicht angenehmer, die Menschen nicht sympathischer, Iran nicht liebenswerter. Aber es macht das Leben diesseitiger, materieller und damit moderner und städtischer. Es führt dazu, daß die Menschen ihr Schicksal in die eigenen Hände nehmen, Arbeit und Bildung ein höherer Stellenwert zukommt, das individuelle oder allenfalls kleinfamiliäre Glück in den Vordergrund rückt – so wie bei uns, wie in Westeuropa. Die iranische Gesellschaft ist im Begriff, eine Entzauberung zu erleben, und zwar im Schnelldurchlauf. Am augenfälligsten ist der Wertewandel zum einen bei den Frauen, die das alte Rollenmuster sowie zahlreiche diskriminierende Gesetze weniger aktiv bekämpfen, als vielmehr ignorieren, weil es sich durch ihre wirtschaftlich notwendige, zunehmende Präsenz in der Öffentlichkeit und in der Arbeitswelt einfach ergibt; noch jeden westlichen Besucher, mit dem ich gesprochen habe, hat das Selbstbewußtsein, das junge Iranerinnen ausstrahlen, frappiert. Bis auf einzelne, ihnen von der Politik versperrte Berufe und Ämter sind die Frauen heute in allen Bereichen der iranischen Gesellschaft aktiv, viele sind längst in die höheren Etagen der Wirtschaft aufgestiegen oder in ehemalige Männerdomänen wie das Transportwesen oder die Justiz vorgedrungen. In den Universitäten, im Journalismus, in der gesamten Sphäre der Kultur liegt der Anteil der Frauen bei wenig unter fünfzig Prozent, und von der jungen iranischen Literatur läßt sich sogar sagen, daß Autorinnen sie geradezu dominieren. Die andere gesellschaftliche Gruppe, in der sich der Umbruch besonders deutlich manifestiert, ist die Jugend und sind speziell jene Söhne und Töchter, die inmitten der einstigen revolutionären Masse aufwuchsen: Ihnen sagt Madonna oft mehr als Chomeini, die Regeln der Championsleague sind ihnen vertrauter als diejenigen der schiitischen Trauerrituale.

Ein wesentlicher Bestandteil dieser Entwicklung ist die wechselseitige Durchdringung der traditionellen Schichten, die in einem Land wie Iran noch immer eine ungleich größere Bedeutung haben als in Westeuropa. Die Entstehung einer totalitären Bewegung, wie es der Chomeinismus der Tendenz nach ist, hat auch in Iran die spezifische Dynamik eines zerschlissenen Klassensystems mit seinen überraschenden Bündnissen zur Voraussetzung gehabt. Daß Arzt- und Arbeiterkind, Bauernsohn und Professorentochter heiraten, daß sie überhaupt in privaten Kontakt treten, das war bis vor zwei, drei Jahrzehnten so ausgeschlossen wie in einem Roman von Dostojewski und wird, wenn überhaupt, erst allmählich denkbar (nicht zufällig ist diese Konstellation ein beliebtes Thema der heutigen iranischen Trivialliteratur). Es existierten vor der Revolution fast keine öffentlichen Orte, an denen sich reiche und arme Jugendliche hätten mehr als nur oberflächlich kennenlernen können. Die einzigen Kinder aus einfachen Verhältnissen, die ein Kind aus sogenanntem gutem Haus regelmäßig traf, waren die Söhne und

Töchter der Bediensteten. Heute dagegen läßt sich mindestens in den Städten und zumal in den Universitäten oft nicht mehr auf Anhieb unterscheiden, wer Bürger und wer Volk ist – und zwar nicht nur aufgrund der strikten Kleidervorschriften, die den Frauen in öffentlichen Gebäuden eine Art Uniform auferlegen. Auch das Verhalten, die Sprache, die Gewohnheiten, Vorlieben, Geschmäcker haben sich angeglichen. Nicht daß Iran reicher geworden, die Armut und das Elend verschwunden seien; aber die soziale Struktur derer, die es zu einem Studium, einem geregelten Beruf, einem Auto, einer passablen Wohnung bringen, ist heute bunter und die Herkunft aus bürgerlichen Verhältnissen keine Garantie mehr für ein Leben in materieller Sicherheit.

Daß sich der Zugang zu gesellschaftlichen Gütern wie höherer Bildung, lukrativer Arbeit, größerem, besser gelegenem Wohnraum verbreitert hat, ist eine direkte Folge der verbesserten Infrastruktur, vor allem im Bildungswesen. Obwohl die Bevölkerung sich seit der Revolution auf 66 Millionen Einwohner mehr als verdoppelt hat, ist die Alphabetisierungsquote von allenfalls vierzig auf heute beinahe achtzig Prozent gestiegen. Allein Schüler und Studenten stellen heute fast ein Drittel der Gesamtbevölkerung. Das wissenschaftliche Niveau der unzähligen Universitäten, die überall im Land gebaut worden sind, liegt weit unter dem der Eliteakademien, die unter dem Schah Dozenten aus aller Welt angezogen haben, aber dafür bieten sie auch solchen Jugendlichen Zugang zu einer akademischen und beruflichen Welt, deren Eltern dort allenfalls als Hausmeister, Putzfrauen und Gärtner gearbeitet haben. Wo es oft nicht einmal Strom, Straßen, Schulen gibt, ist es fast zwingend, das Leben der Mütter, Väter und Großeltern zu führen. Wer dagegen Lesen und Schreiben lernt, wer, unter welchen Bedingungen auch immer, prinzipiell die Aussicht auf eine weiterführende Bildung hat, der tritt nicht notwendig aus seiner traditionellen Welt – aber er wird sie als relativ begreifen, er wird sie, mit anderen Welten in Berührung gekommen, womöglich hinterfragen und sie unter Umständen verlassen. An nichts wird das deutlicher als am wachsenden Selbstbewußtsein der Frauen, die trotz massiver gesetzlicher

Einschränkungen und vielfältiger Behinderungen ungleich stärker in der Gesellschaft präsent sind als noch in der westlich orientierten Monarchie. Gewiß hat die Islamische Republik die Schulen und Universitäten auch deshalb gebaut, um die Jugend mit den Lehren, Überzeugungen und Verhaltensmustern vertraut zu machen, die ihrem Bestand dienen, die Indoktrination ist in Iran Teil der Ausbildung. Doch hat sie damit auch eine Dynamik in der Gesellschaft in Gang gesetzt, die den Staat in seiner jetzigen Erscheinungsform mehr als jeder andere Prozeß untergräbt. Diese Dynamik verdankt ihre gewaltige Kraft nicht zuletzt der Bevölkerungsstruktur und damit der verhängnisvollen, inzwischen längst eingestellten Propaganda, die in den ersten Jahren nach der Revolution die Mütter mit religiösen und patriotischen Argumenten zu möglichst vielen Geburten ermuntert hat, damit sie den Bestand der Islamischen Republik für alle Zeiten sicherten. Nun sind siebzig Prozent der Bevölkerung weniger als 25 Jahre alt, Iran hat mit die jüngste Bevölkerung der Welt. Dadurch sieht sich das Land kaum zu lösenden ökonomischen und sozialen Problemen ausgesetzt. Aber nicht zuletzt durch jene Kinder, die er einst in die Welt setzen ließ, könnte sich der revolutionäre Staat am Ende das eigene Grab geschaufelt haben.

In der Freude gelang dem Fußball nach dem Spiel gegen die Vereinigten Staaten, woran der Präsident bislang gescheitert ist: die Gräben, welche die Diktaturen der vergangenen Jahrzehnte innerhalb des iranischen Volkes gezogen haben, zwar nicht zuzuschütten, aber doch eine behelfsmäßige Brücke über sie zu bauen. Als nämlich die Telefonate nach Iran erledigt waren, hatte sich der Jubelvirus durch die Leitungen hindurch ausgebreitet. Auch in Metropolen außerhalb Irans trafen sich die Iraner auf den Straßen. In Köln sperrte die Polizei fast eine Stunde lang die Flaniermeile am Ring und durfte zum Dank mittanzen. Selten, aber hübsch anzusehen war das einträchtige Wedeln mit den verschiedenen iranischen Fahnen, den monarchistischen, neutralen und solchen der Islamischen Republik. Am Ende stimmten sogar die oppositionellen Volksmodschahedin, die nicht eben für Toleranz gegenüber den übrigen Landsleuten bekannt sind, ein. Vor dem Spiel hatten sie das Regime in Teheran noch angeklagt, Tickets tausendfach aufgekauft und an seine Anhänger verteilt zu haben. Während des Spiels zeigte sich, daß die Volksmodschahedin dem Regime in Wahrheit fast alle Tickets weggeschnappt haben müssen, da zumindest die Haupttribüne fest in ihrer Hand war. Nach den Toren aber war alle Politik vergessen. Daß sich alle Iraner mit elf Fußballspielern identifizierten und dadurch wenigstens für Minuten als ein einig Volk fühlten, das war das eigentliche Wunder von Lyon, das in der iranischen Geschichte einmal einen ähnlichen Platz einnehmen könnte wie dasjenige von Bern in der deutschen. Das war 1.20 Uhr Teheraner Zeit. Eine neue Zeit?

5

Die unüblichen Verdächtigen

Die Verbrechen des iranischen Geheimdienstes kommen zur Sprache

Sedigheh Saébi (rechts) und ihre Tochter Nazanin mit einem der letzten Photos von Mohammad Dschafar Puyandeh bei dessen Beerdigung in Teheran. Im Herbst 1998 ermordete der Geheimdienst fünf Intellektuelle. Doch anstatt zurückzuweichen, wehrte sich die Gesellschaft. Vor allem die neugegründeten Zeitungen erzeugten einen ungeheuren Druck und zwangen den Geheimdienst, die Verbrechen zu gestehen. Doch aufgeklärt sind sie bis heute nicht. (Photo: dpa)

Als Saíd Emami 1981 nach Iran zurückkehrte, konnte er nicht ahnen, welche Höhen der Islamischen Republik er erklimmen und in welche Tiefe er stürzen würde. In den Vereinigten Staaten hatte er studiert und von dort die Revolution in seiner Heimat beobachtet; obwohl sein Vater ein Anhänger des gestürzten Monarchen gewesen sein soll, erhielt er eine Anstellung im revolutionären Geheimdienst. Allerdings vermerkte der Funktionär, der die Auswahlgespräche leitete, daß Emami, der sich fortan Eslami nennen sollte, keinesfalls im Bereich der inneren Sicherheit tätig sein dürfe. Dennoch ernannte ihn der spätere Geheimdienstminister Ali Fallahian zu seinem Stellvertreter, zuständig für Sicherheitsfragen. Fallahian, dessen gute Kontakte zum damaligen deutschen Geheimdienstkoordinator Bernd Schmidbauer man viel zu schnell vergessen hat, wurde 1997 im Berliner Mykonosprozeß als Drahtzieher des Attentats auf vier kurdische Oppositionelle genannt, trotz der Einsprüche seines Bonner Amtskollegen („Wer die Fakten kennt, kommt zu ganz anderen Ergebnissen").

Emami war innerhalb des iranischen Geheimdienstes für die Schmutzarbeit im Inneren zuständig. „Wir haben etwa 58 oppositionelle Gruppierungen, von ganz linken bis zu solchen unter religiöser Verkleidung, säkulare und nicht-säkulare Organisationen, die wir um jeden Preis kontrollieren müssen", erklärte er während seiner Amtszeit selbstbewußt vor Studenten der Universität Hamadan: „In unserem Ministerium verfügen wir über genügend Informationen über sämtliche Individuen, die gegen unser System agieren. Wir führen Ordner über sie alle und wissen, wie wir sie sämtlich kontrollieren." Allem Anschein nach organisierte Emami in den Jahren zwischen 1991 und 1997 die Überwachung, Verhaftung, Entführung und Ermordung von Intellektuellen, kritischen Geistlichen sowie Vertretern der sunnitischen und christlichen Minderheit. Auf mindestens vierzig, wahrscheinlich mehr als doppelt soviele Morde beläuft sich die Bilanz seiner Tätigkeit, die als ersten den Arzt Kazem Sami 1991 das Leben kostete; dem Gesundheitsminister im Kabinett Mehdi Bazargans, das unmittelbar nach der Revolution für einige Monate im Amt war, wurde in seiner Sprechstunde ein Dolch in den Kopf gerammt. Andere Opfer aus den Jahren bis 1997 sind der Bischof Haik Hovasepian Mehr und Pastor Mehdi Dibadsch, der schiitische Theologe Hosein Barazandeh sowie die Intellektuellen Ahmad Miralaí, Ghaffar Hosseini und Ebrahim Zalzadeh. Das Eindringen in das Haus des deutschen Diplomaten Gust, der Anschlag auf den Bus mit einundzwanzig Schriftstellern und die Verschleppung Faradsch Sarkuhis sind weitere Aktionen, mit denen der Geheimdienst den aufkeimenden Widerstand in der iranischen Gesellschaft zu zertreten suchte. Zu Emamis Agenten gehörte auch der ominöse Herr Haschemi, von dem Intellektuelle wie Sarkuhi, Maroufi oder Golschiri seit Jahren berichten. Nach deren Angaben war er an sämtlichen Maßnahmen des Geheimdienstes gegen die Schriftsteller federführend beteiligt; er hat die Verhöre geleitet, sie regelmäßig angerufen, bedroht und sich auch dank seines Wechselspiels von hervorgekehrter Jovialität und schneidender Kälte in ihren Gehirnen und Albträumen eingenistet. Die technisch perfekt und mit fast allen Befugnissen ausgestattete Abteilung Emamis scheint auch für das Fernsehmagazin *Howiyat* verantwortlich gewesen zu sein, in dem namhafte Oppositionelle allwöchentlich zur besten Sendezeit beschimpft, gedemütigt und lächerlich gemacht wurden. Die Kandidatur Mohammad Chatamis für die Präsidentschaftswahlen im Mai 1997 bezeichnete Emami in einer Sitzung der iranischen Freitagsprediger als „Gefährdung der nationalen Sicherheit".

Nach der Wahl verloren er und sein Vorgesetzter Fallahian ihre Ämter. Letzterer wechselte in das Büro von Revolutionsführer Chameneí und wurde dessen persönlicher Beauftragter für Sicherheitsfragen. Emami blieb im Geheimdienst, wurde aber formell nur noch als „Berater" geführt; tatsächlich leitete er weiterhin seine ursprüngliche Abteilung, die unter dem Schirm Fallahians einfach fortexistiert zu haben scheint. Der neue Geheimdienstminister Dori-Nadschafabadi sollte später indirekt zugeben, davon informiert gewesen zu sein, als er gegenüber den Ermittlungsbehörden – wohlgemerkt zu seiner Entlastung – behauptete: „Egal, was ich tat, die haben nur Witze über mich gemacht.“ Im Frühjahr 1998 gründete sich mit der Zeitung *Dschâmeé* erstmals eine unabhängige Tageszeitung, die offen die Menschenrechtsverletzungen in Iran kritisierte und gerade auch jene Schriftsteller und Intellektuelle zu Wort kommen ließ, die in den Jahren zuvor das besondere Augenmerk Emamis auf sich gezogen hatten. Aufgrund ihrer mutigen Berichterstattung erreichte die Zeitung innerhalb von Wochen eine Auflage von mehreren hunderttausend Exemplaren, die oft bereits in den frühen Morgenstunden ausverkauft war. Auch andere Zeitungen und Zeitschriften kamen auf den Markt, die das Wort von der zivilen Gesellschaft mit Leben zu füllen begannen. Unter den Konservativen machte sich erkennbar Unruhe, zum Teil Panik breit. Im Juni 1998 kündigte sich eine neuerliche Phase der Unterdrückung an. „Man muß das Obst reifen lassen, bevor man es pflückt“, antwortete der Oberkommandierende der iranischen Revolutionswächter, Rahim Safawi, bei einer Diskussion auf die Frage eines jungen Untergebenen, warum er nicht gegen die immer selbstbewußter auftrumpfenden „Liberalen“ innerhalb der Presse und der Universitäten einschreite. Es gelte, die Gegner der Revolution zunächst durch größere Freiheiten aus ihren Löchern zu locken. Wenn sie sich durch ihre Veröffentlichungen zu erkennen gegeben hätten, werde man zuschlagen. Das Signal zum Angriff gab Revolutionsführer Chameneí dann bei einer Rede vor Soldaten Mitte September, als er die kritische Presse des Landes beschuldigte, die nationalen Glaubensüberzeugungen zu attackieren und sich der „kulturellen Invasion“ des Westens anzudienen. „Ich fordere die verantwortlichen Autoritäten zum letzten Mal auf, zu handeln und zu sehen, welche Zeitung die Grenzen der Freiheit mißachtet“, appellierte er an das Kulturministerium, das für die Aufsicht der Presse zuständig ist. „Ich warte nur darauf, zu sehen, was die Verantwortlichen tun, ansonsten ist es nicht schwierig, so etwas zu stoppen.“ Zeit, die Anordnung Chameneís auszuführen, hatte das Kulturministerium freilich nicht. Unmittelbar nach seiner Ansprache schloß die Justiz mehrere Redaktionen und ließ die leitenden Redakteure der Zeitung *Dschâmeé* verhaften, um sie daran zu hindern, das Verbot erneut zu unterlaufen; in den Monaten zuvor war die Zeitung bereits zweimal verboten worden und jedesmal wenige Tage später unter neuem Namen, aber mit einem identischen Layout auf dem Markt gekommen. Von nun an läßt sich der Lebensweg Saíd Emamis wieder verfolgen. Am 4. Oktober 1998 verfaßte er ein Schreiben an den neuen stellvertretenden Geheimdienstminister, indem er die Versuche „von Elementen wie Golschiri, Tscheheltan, Doulatabadi und Mochtari, einen (Schriftsteller-)Verband zu etablieren" als „Sicherheitsproblem für die Islamische Republik" bezeichnete. Wenige Tage später wurden sechs Schriftsteller, unter ihnen Huschang Golschiri, Mohammad Mochtari und Mohammad Dschafar Puyandeh vor das Revolutionsgericht geführt und unter Todesdrohungen davor gewarnt, ihre Aktivitäten fortzusetzen.

Doch die Zeiten waren vorbei, da eine Drohung des Revolutionsführers oder ein noch so martialischer Auftritt eines Generals alle Aufbegehrenden zurückschrecken ließ. Das Obst, von dem der Oberkommandierende Safawi sprach, war schon zu zahlreich geworden, als daß es im Handstreich zu pflücken gewesen wäre. Etliche Zeitungen, Politiker und Intellektuelle, Presse- und Studentenverbände sowie 265 Journalisten, die eine Protesterklärung unterschrieben, setzten sich gegen die Verhaftungen und Verbote zur Wehr. Nachdem der erste Sturm vorüber war, begannen die Reformkräfte in der Presse, in den Universitäten, den Theologischen Hochschulen und in der Politik, sich wieder zu formieren. Sie gründeten neue Zeitungen und Verbände, hielten Versammlungen ab, bekräftigten ihre Forderung nach Demokratie und Meinungsfreiheit. Auch die Gründung der ersten legalen Parteien zeichnete sich ab.

Der Angriff der Konservativen schien manchen schon verpufft zu sein, als es am 22. Novembers 1998 um 23.15 Uhr im Hause von Dariusch Foruhar und Parwaneh Eskandari an der Tür klingelte. Der gelernte Jurist führte die säkular-nationalistische „Iranische Volkspartei" (*Hezb-e mellat-e Irân*). Im Kabinett Bazargans hatte er als Arbeitsminister gedient. Den Vernehmungsprotokollen zufolge, die seine Tochter Parastou später einsehen durfte, ging Foruhar durch den Innenhof und öffnete die Eisentür, die zur Straße geht. Die zwei Männer, die dort warteten, stellten sich als Polizeibeamte vor. Sie zeigten Foruhar einen Hausdurchsuchungsbefehl und teilten ihm mit, daß mit seinem Auto ein Diebstahl begangen worden sei. Bei den beiden Besuchern handelte es sich um einen sogenannten Moslem sowie um den ominösen Herrn Haschemi, der in Wirklichkeit Mehrdad Alichani heißt. Dem Protokoll zufolge ließen sie beim Eintreten die Hoftür einen Spaltbreit offen, so daß kurze Zeit später sieben weitere Agenten in das Haus eindringen konnten. Zwei Männer packten Foruhar an den Armen und zerrten ihn auf einen Stuhl, ein weiterer hielt ihn am Kopf, und ein vierter stach dem „Subjekt", wie sie Foruhar in den Protokollen nennen sollten, mit einem Messer elf Mal in die Brust. Unterdessen waren vier andere Männer in den ersten Stock gerannt. Im Schlafzimmer ihres Mannes überwältigten sie Parwaneh Eskandari. Einer hielt sie an den Armen fest, während zwei sie am Kopf packten und der vierte ihr fünfundzwanzig Mal in die Brust stach. Während sie ihre Opfer töteten, riefen die Männer laut Protokoll gemeinsam die Formel *Yâ Zahrâ*, die sich auf die Tochter des Propheten und schiitische Schutzheilige Fatima bezieht. Angeblich sollen sie die Opfer zunächst mit einem Tuch betäubt haben, doch ergab die Obduktion keinen Hinweis auf ein Betäubungsmittel. Unmittelbar nach den Morden rief Mehrdad Alichani mit einem Mobiltelefon seinen Vorgesetzten Mussawi an und gab ihm den Vollzug der Taten bekannt. Mussawi befahl Alichani, ihm sofort persönlich Bericht zu erstatten. Noch vor Mitternacht verließen die neun Männer das Haus. Um 1.20 Uhr traf Alichani bei seinem Vorgesetzten, dessen richtiger Name Mostafa Kazemi lautet, ein. Als habe er seine Ermordung geahnt, hatte Foruhar einige Monate zuvor noch in einem Interview gesagt:

Ich bin siebzig Jahre alt und habe für meine Liebe zu Iran die besten Jahre meines Lebens im Gefängnis verbracht, in der Hoffnung, meine Heimat einmal frei und blühend zu sehen. Keiner von uns hat ein ewiges Leben. Aber dieses Land mit seinen Menschen wird immer bleiben. Mein Leben wird sich nur gelohnt haben, wenn ich es für mein Land geopfert habe. Nach mir wird es andere geben, junge Leute, und ihr alle werdet auf diesem Weg voranschreiten, so daß der Kampf um die Freiheit, auch wenn sie mich töten sollten, weitergehen wird.

Am 26. November 1998 wurde der Publizist Madschid Scharif in einer Straße tot aufgefunden. Der Achtundfünfzigjährige hatte seine Wohnung in Teheran am 19. November verlassen, um zu einer Trauerfeier nach Maschhad zu fahren, war dort aber nie angekommen. Der Mitarbeiter der Zeitschrift *Irân-e fardâ*, die der liberal-islamischen „Iranischen Freiheitsbewegung" nahesteht, hatte sich zuvor in zwei Interviews für eine Trennung von Staat und Religion ausgesprochen. Die Leiche trug einen Jogginganzug.

Am 3. Dezember verschwand Mohammad Mochtari, der zu den bekanntesten Dichtern des Landes gehörte und als Autor für mehrere kritische Zeitschriften arbeitete. Sechs Tage später fand man ihn erwürgt am Rande der Wüste von Waramin, just an dem Tag, an dem Mohammad Dschafar Puyandeh zum letzten Mal lebend gesehen wurde. Der Essayist und Übersetzer hatte erst einige Tage zuvor ein Buch über Menschenrechte herausgebracht. Diesmal dauerte es drei Tage, bis die Leiche auftauchte. Mochtari und Puyandeh gehörten jenem siebenköpfigen Komitee an, das die Neugründung des iranischen Schriftstellerverbands organisieren sollte, und waren deshalb bereits im Oktober für kurze Zeit verhaftet worden. Seit August bereits wurde der Verleger Parwiz Dawani vermißt. Ein Mitarbeiter von ihm starb im November in der westiranischen Stadt Hamadan unter mysteriösen Umständen. Seine Mutter sei im November an einem Herzinfarkt gestorben, nachdem ihr ein anonymer Anrufer den Tod ihres Sohnes mitgeteilt habe, hieß es in Teheran.

Als ich die erste Nachricht von den Morden hörte, rief ich sogleich Golschiri an. „Da sind wir also zurückgekehrt", sagte er im ersten Satz, und ich verstand. Zurück in die Monate, da Schriftsteller und Intellektuelle aus Angst die Wohnung nur im Notfall und niemals allein verließen. Zurück in den Herbst und Winter vor zwei Jahren, als die Hälfte der Anrufe anonym und die andere Hälfte von Freunden war, die nur sicher gehen wollten, daß der Betroffene tatsächlich noch lebt. Zurück zu Saíd Emami, zu Herrn Haschemi, zurück unter die Räder einer heißgelaufenen Unterdrückungsmaschinerie, die niemand zum Stillstand bringen konnte oder wollte. „Jeder von uns wartet darauf, wann er an der Reihe ist", hauchte Golschiri ins Telefon: Die iranische Geschichte als ein Kreis mit immer kleinerem Radius. Hörte man in jenen Dezembertagen jedoch genauer hin, so fand man das Land – als wollte es der Hegelschen Dialektik zum Beweis geraten – am Ende dieses Kreises nicht mehr, wie es am Ausgangspunkt gewesen war. Man hörte dann zum Beispiel die von der BBC übertragenen Stimmen Golschiris und Doulatabadis, die vor mehreren tausend Trauernden ihres ermordeten Dichterkollegen Mohammed Mochtaris gedachten. „Wenn wir für die Freiheit der Meinungsäußerung und die zivile Gesellschaft weitere Opfer zu bringen haben, sind wir dazu bereit", rief Golschiri an jene gewandt, die mit allen Mitteln die kritische Öffentlichkeit ersticken wollten. Seit der Revolution und ihren großen Lesungen hatten die wiederholt verhafteten, die meiste Zeit verbotenen Autoren keinen derartigen Auftritt gehabt. Begruben die „Angehörigen der Feder" (*ahl-e qalam*), wie die Schriftsteller in Iran genannt werden, ihre Märtyrer früher still und fast heimlich, berichtete diesmal fast die gesamte iranische Presse über die Zeremonie in der Teheraner „Moschee des Propheten" und auch darüber, daß Teheraner Studenten am gleichen Tag gegen die Morde demonstrierten. Zur Beerdigung von Dariusch Foruhar und Parwaneh Foruhar waren sogar rund hunderttausend Menschen gekommen. In Sprechchören forderte die Menge ein „Ende der Tyrannei"; viele Trauernde schwenkten iranische Fahnen ohne das Emblem der Islamischen Republik und sangen indizierte, nationalistische Lieder.

Daß Dichter ermordet werden, ist ein wiederkehrender, nicht nur literarischer Topos der jüngeren iranischen Geschichte. Daß aber zahlreiche Zeitungen über Tage hinweg die Morde zum Thema ihrer Titelseiten machten und unter anderem einen Protestbrief der namhaftesten und kritischsten Schriftsteller des Landes veröffentlichten, daß die meisten Kommentatoren die Verbrechen unmißverständlich verurteilten und einige die Täter im existierenden Machtapparat ansiedelten, war ein Quantensprung. „Genug der Worte, verhaftet die Mörder", forderte die Zeitung *Zan* („Frau") in dicken Lettern, während die neugegründete Tageszeitung *Sobh-e emruz* schrieb, daß das Ansehen der Justiz und der Sicherheitsbehörden auf „den niedrigsten Stand, den man sich überhaupt vorstellen kann, gesunken ist". Etwa fünfzig Intellektuelle, Geistliche und Politiker aus dem Umkreis des Präsidenten wandten sich erstmals direkt an Revolutionsführer Chameneí und verlangten von ihm, persönlich für ein Ende „der schändlichen und gefährlichen Verbrechen" zu sorgen, da sonst die Islamische Republik in ihrem Bestand gefährdet sei: „Angesichts der Tatsache, daß sämtliche Sicherheits- und Vollstreckungsorgane sowie die Justiz der direkten oder indirekten Kontrolle und Aufsicht Ihrer Exzellenz unterliegen, fordern wir Sie dringendst auf, alle notwendigen Maßnahmen zu ergreifen, um die Verantwortlichen der schamlosen Verbrechen ausfindig zu machen, zu verhaften und zu bestrafen." Der Brief war ein Novum, weil er sich erstmals an den Revolutionsführer richtete und ihn dafür verantwortlich erklärte, weitere Morde zu verhindern und die begangenen aufzuklären.

Wer immer die reformorientierte Öffentlichkeit mit der Hilfe Saíd Emamis zum Schweigen bringen wollte, hatte das Gegenteil erreicht: Niemals war sie lärmender. Selbst bislang eher unauffällige Blätter schlugen plötzlich einen Ton schrill wie eine Alarmglocke an. Es mochte der Mut der Verzweiflung sein, der die Autoren überkommen hatte – aber immerhin, es war Mut und nicht die Resignation, auf welche die beharrenden Kräfte seit Monaten hingearbeitet hatten, indem sie den Reformern eine Demütigung nach der anderen bereiteten. Auch der Präsident, der seine Anhänger zuvor ob seiner Zögerlichkeit enttäuscht hatte, reagierte mit einer ihm kaum noch zugetrauten Entschlossenheit; er weigerte sich, ausländische Konspirateure zu beschuldigen und prangerte die Konservativen an, die Verbrechen ideologisch vorbereitet zu haben. Vor mehreren tausend Studenten, die ihn nachdrücklich an seine nicht eingelösten Wahlversprechen erinnerten, warnte der Präsident vor der Gefahr eines religiösen Faschismus in Iran. Für exakt die gleiche Formulierung war ein Jahr zuvor der Autor Akbar Gandschi für mehrere Monate verhaftet worden. Wenn die eine Seite es sich zur Gewohnheit mache, ihre Gegner als „Verräter, Konterrevolutionäre, Monarchisten, Spione, ausländische Geschäftemacher, Korrupte, Apostaten und Gefährdung der nationalen Sicherheit" zu attackieren, sei es kein Wunder, daß sich jemand finde, der die Betroffenen wegen eben dieser Beschuldigungen umbringe, rief Chatami. In einem regelrechten Zornesausbruch beschuldigte er seine konservativen Gegner, den Islam und die Revolution zu monopolisieren. „Seid ihr die einzigen Revolutionäre? Wer sagt denn, daß der Islam und die Revolution nur das sind, was ihr behauptet?" Jene, die den Studenten den Mund verbieten wollten, „sind selbst Konterrevolutionäre".

Die Konservativen hat der Widerstand der Reformkräfte überrascht. Angesichts des um sich greifenden Verdachtes, sie selbst hätten die Morde angeordnet, sahen ihre Wortführer sich zu öffentlichen Distanzierungen gezwungen. Natürlich schoben sie die Verantwortung dem Ausland zu, aber allein die Verurteilung der Morde wäre in den vorangegangenen Jahren undenkbar gewesen. Schließlich äußerte sich auch Revolutionsführer Chameneí nach einigen Tagen des beredten Schweigens. Freilich ohne ein Wort des Beileids für die Hinterbliebenen zu finden, verurteilte er die Morde und befahl den Behörden, umgehend die Täter, bei denen es sich mit Gewißheit um ausländische Konspirateure handelte, ausfindig zu machen. Nur Stunden nach Chameneís Rede gab die Justiz die ersten Verhaftungen, die natürlich den Verdacht des Revolutionsführers bestätigten, bekannt. Daß Ermittlungen beschleunigt werden können, hat in Iran einen ganz eigenen Sinn.

So durfte man also einige traurige Gestalten erwarten, die sich im Staatsfernsehen zu den jüngsten Intellektuellenmorden bekannt hätten, mit hängenden Schultern, gesenkten Köpfen und eingefallenen Wangen. Dann wären sie in Tränen ausgebrochen und hätten zugegeben, vom Ausland bezahlt worden zu sein, um die heilige Ordnung und den ehrwürdigen Führer der Islamischen Republik durch die Anschläge zu diskreditieren. Am Ende hätten sie wimmernd um Vergebung gebeten, aber weil die heilige Ordnung nicht zu vergeben pflegt, wären sie dennoch offiziell hingerichtet worden, um inoffiziell vielleicht mit einem nächtens offenen Gefängnistor entlohnt zu werden. So war das in den zwanzig Jahren seit der Revolution, und nicht viel anders war es in den Jahrzehnten zuvor. Am 5. Januar 1999 jedoch geschah etwas, das die Routine der politisch genehmen Reuegeständnisse und mit ihnen die gesamte heilige Ordnung erschütterte. Der Geheimdienst übernahm die Verantwortung für die Mordserie und gab die Verhaftung mehrerer seiner Mitarbeiter bekannt. Wie es in einer Erklärung hieß, sei es dem Informationsministerium gelungen, „das Netzwerk" der Mörder aufzudecken und diese den Justizbehörden zu übergeben. Es habe sich herausgestellt, daß „leider einige unverantwortliche Kollegen des Ministeriums die gräßlichen Taten" verübt hätten. Das Ministerium „ist sich vollständig im klaren, daß die Dimension und die Reichweite dieser Katastrophe über seine Grenzen gehen, und hat deshalb mit aller Entschiedenheit beschlossen, diejenigen Elemente, die politische Gewalt verursachen, sämtlich auszumerzen". So gespreizt sich der Text der Verlautbarung las, war es doch das erste Mal in der an staatlichen Verbrechen reichen iranischen Geschichte, daß ein Staatsorgan eingestand, Oppositionelle ermordet zu haben. Mit der Verhaftung eigener Mitarbeiter versuchte das Geheimdienstministerium offenkundig die Flucht nach vorn. Von Tag zu Tag offener war es in der Presse beschuldigt worden, die Morde gedeckt oder selbst begangen zu haben.

Das Vorhaben, den Reformprozeß durch Terror zu stoppen, endete mit einem nie dagewesenen Fiasko für die Konservativen. Zwei Monate nach den Morden gab es nicht nur, wie vor der Repressionswelle, eine einzige kritische Tageszeitung mit sechsstelliger Auflage, sondern gleich ein halbes Dutzend. Auch die von prominenten Politikern oder staatlichen Organen herausgegebenen Zeitungen wie *Irân* oder *Hamschahri* („Mitbürger") schlugen zunehmend progressive Töne an. Zum ersten Mal in der iranischen Geschichte gelang es der kritischen Presse, mit Geheimdienstchef Dori-Nadschafabadi einen Minister zum Rücktritt zu zwingen. Der Schriftstellerverband, für den sich zwei der Ermordeten eingesetzt hatten, erhielt die Zusage, sich offiziell gründen zu dürfen. Die Kommunalwahlen, ein weiteres Reformprojekt, das mit allen Mitteln verhindert werden sollte, fanden im Februar 1999 statt und endeten mit einem Triumph der Reformanhänger. In Städten wie Teheran oder Isfahan gelang es nicht einem einzigen konservativen Kandidaten, ins Kommunalparlament einzuziehen. Ein sicheres Zeichen dafür, daß sich der Wind gedreht hatte, war auch die Fahne der Technokraten. Hatten sie sich nach der Rede Chameneís im September den Konservativen angenähert, stellten sie sich nun wieder als unverbrüchlichen Teil der Reformbewegung dar.

Als ich Ende Januar 1999 Iran besuchte, erzählte man mir noch manches mit Bedacht, damit ich es in Deutschland veröffentliche und iranische Zeitungen sich auf den Bericht beziehen und die Informationen als Behauptungen der ausländischen Presse zitieren konnten. So erfuhr ich, daß sich unter den Verhafteten auch Herr Haschemi alias Mehrdad Alichani befand. Auch den Namen Saíd Emami vernahm ich zum ersten Mal. Den Angaben zufolge befand er sich ebenfalls in Haft. Die Gerüchte wucherten, die Zeitungen spekulierten, die Menschen stürmten allmorgendlich die Kioske, um die neuesten Theorien über die Morde zu erfahren – nur offiziell hörte man nichts, einfach nichts. Fast sechs Monate vergingen, ohne daß die Behörden etwas über die Identität der Mörder und die Hintergründe der Morde verlauten ließen. Dann, am 18. Juni 1999, trat der Leiter der iranischen Militärjustiz, Hodschatoleslam Mohammad Niazi, vor die Presse und erklärte, daß ein Mann namens Saíd Emami die Verantwortung für die Mordserie trage, aber bedauerlicherweise trotz strengster Überwachung Selbstmord verübt habe. Unter der Dusche habe er große Mengen eines Enthaarungsmittels zu sich genommen. Niazi nannte die Namen dreier Komplizen Emamis und fügte hinzu, daß dreiundzwanzig weitere Personen gegen Kaution auf freien Fuß gesetzt worden seien und dreiunddreißig Verdächtige sich immer noch in Haft befänden; Saíd Emami wäre, so der Staatsanwalt, mit Sicherheit zum Tode verurteilt worden, hätte er sich nicht umgebracht. Da ausländische Gruppen ihre Hände im Spiel hätten, seien die Ermittlungen „äußerst kompliziert". Die Medien rief Niazi auf, mit der Justiz zusammenzuarbeiten und sich mit Veröffentlichungen zurückzuhalten.

Eine Karriere, die nicht typisch, aber doch bezeichnend für die Islamische Revolution ist, war an ihr Ende gelangt. Aber noch etwas war bezeichnend, und zwar für die jüngste Entwicklung: Sämtliche Informationen über Leben und Sterben des Saíd Emami stammten nunmehr aus der iranischen Presse. Im Bemühen, die Hintergründe der Morde aufzuhellen, mußte ich mich nicht mehr auf vertrauliche Gespräche, geheime Dokumente und nicht zu überprüfende Aussagen stützen; ich brauchte lediglich die Zeitungen der Hauptstadt zu lesen, die spannend wie ein Agententhriller geworden waren. Während die Justiz immer noch zu vertuschen suchte oder es bei vagen Andeutungen beließ, zerrten die Journalisten Stück für Stück die dunkelste Seite der Islamischen Republik an das Licht der gebannten Öffentlichkeit. Schon gar nicht mochten sich die Journalisten mit der Erklärung zufriedengeben, Saíd Emami habe Selbstmord begangen. „Während der Isolationshaft ist es unmöglich, sich selbst umzubringen", schrieb der Publizist Akbar Gandschi, der im Jahr zuvor selbst drei Monate in einer Einzelzelle des Teheraner Evin-Gefängnisses verbracht hatte, in der Zeitung *Sobh-e emruz*: „Ein Wärter schaut jede halbe Stunde in die Zelle, und die Häftlinge können nur einmal die Woche ein fünfminütiges Bad nehmen, wobei sie genau beobachtet werden." Die Zeitung *Chordâd* bezeichnete die Erklärung des Militärstaatsanwaltes als „unbefriedigend" und „voller Widersprüche". Es genüge nicht, „nur einige der Täter zu identifizieren und darauf zu insistieren, daß die Morde von einer Gruppe von Agenten begangen worden seien, ohne daß deren Vorgesetzte davon gewußt haben sollen". Die Zeitung *Sobh-e emruz* unkte, es müsse in Iran nur ein Blatt vom Baum fallen, damit die Verantwortlichen von einer „ausländischen Verschwörung" sprächen. Der Satiriker Ebrahim Nabawi, der mit seiner täglichen Kolumne in der Zeitung *Neschât* („Aktivität") wohl der meistgelesene Autor Irans war, trieb den Spott über den angeblichen Selbstmord Saíd Emamis unter der Dusche noch weiter und stellte die „Fragen eines lesenden Iraners", die ich zitieren möchte wegen ihres bösen Witzes, aber auch um ein Beispiel zu geben für die Unverfrorenheit der reformorientierten Presse in Iran.

Warum haben die Ermittlungen zu den jüngsten Morden so lange gedauert?
a) Weil das Bad außer Betrieb war.
b) Weil der Duschvorhang nicht bereit stand.
c) Weil die Seife verschwunden war.
d) Weil Saíd Emami kein Bad nehmen wollte.

Wer war in die jüngsten Morde involviert?
a) Die Agenten waren involviert, und sie hatten Namen.
b) Die Auftraggeber, aber sie hatten keine Namen.
c) Die Mörder und die Ermordeten, und sie hatten Namen.
d) Die Ermittler, aber sie hatten keine Namen.

Wer waren die tatsächlichen Mörder?
a) Die unkontrollierten Elemente, die Zionisten und die imperialistischen Agenten.
b) Die imperialistischen Agenten, die Zionisten und die unkontrollierten Elemente.
c) Die Zionisten, die imperialistischen Agenten und die unkontrollierten Agenten.
d) Alle drei Antworten sind richtig.

Wann wurde der Beweis erbracht, daß der führende Kopf der Mörder Verbindungen zu ausländischen Mächten hatte?
a) Während des Selbstmordes.
b) Nach dem Selbstmord.
c) Nachdem er sein Bad beendet und bevor er begonnen hatte, sich umzubringen.
d) Keine der genannten Antworten.

Weshalb sind die Ermittlungen zu den jüngsten Morden besonders kompliziert geworden?
a) Weil ein längeres Seil benutzt worden ist.
b) Weil es ohnehin kompliziert war und es einfacher werden sollte, aber nicht wurde.
c) Weil es notwendig war, daß es komplizierter würde.
d) Weil es von Anfang an kompliziert war.

Was sind die möglichen Methoden, um im Bad Selbstmord zu begehen?
a) Vom Duschkopf springen.
b) Die Seife verschlingen.
c) Am Warmwasserstrahl ersticken.
d) Im Bad ausrutschen.

Was sind die möglichen Methoden, um einen Selbstmord zu verhindern?
a) Die konventionelle Überwachung, aber sie ist nutzlos.
b) Die besondere Überwachung, aber sie ist nutzlos.
c) Die ganz besondere Überwachung, aber sie ist nutzlos.
d) Die Extremüberwachung, aber sie ist nutzlos.

Jeder, der antwortet, erhält zur Belohnung ein Seil von einem Meter Länge.
Schlußfolgerung: Die äußerste Kompliziertheit ist die Folge äußerster Naivität.

Zahlreiche Kommentatoren (und übrigens auch seine Witwe) äußerten den Verdacht, Emami sei umgebracht worden, damit er sich zu seinen Auftraggebern und Mitwissern nicht äußerte. Zunehmend wurden Forderungen laut, den ehemaligen Geheimdienstminister Fallahian zur Rechenschaft zu ziehen. „Kann man sich vorstellen, daß der damalige Minister an diesen Verbrechen, die aufgrund seiner Personalentscheidung geschehen sind, schuldlos ist?" fragte die Zeitung *Salâm*, deren Herausgeber Ajatollah Mohammad Choíniha zu den einflußreichsten Figuren der iranischen Politik gehört. Andere Blätter deuteten an, daß noch höhere Würdenträger als Fallahian von der Tätigkeit Emamis gewußt hätten, und verwiesen als Beleg auf den heftigen Disput innerhalb der Staatsführung, der sich nach der Wahl Mohammad Chatamis entzündet habe. Daß Chatami damals erfolglos auf die Entlassung Emamis aus dem Geheimdienst gedrängt habe, bedeute doch wohl, daß dessen verbrecherische Aktivitäten bekannt gewesen seien, hieß es in der Zeitung *Chordâd*, die der ehemalige Innenminister Abdollah Nuri herausgab. Wohlweislich ließen die Journalisten die Politiker unerwähnt, die allein die Macht hatten, das Verbleiben Emamis im Geheimdienst gegen den erklärten Willen des Staatspräsidenten durchzusetzen; die Beleidigung des

Revolutionsführers ist nach iranischem Recht ein Kapitalverbrechen und kann mit dem Tode bestraft werden.

Die Zeitung *Neschât*, hinter der sich das verbotene Blatt *Dschâmeé* alias *Tus* alias *Aftâb-e ruz* („Die Sonne des Tages") verbarg, blickte auf die politischen Verbrechen der letzten zwei Jahrzehnte und unter anderem auf das Mykonosattentat zurück. Sie warf der Staatsführung vor, ihr Vertrauen wiederholt Verrätern und Verbrechern geschenkt zu haben, „während sie dem Volk gegenüber immer mißtrauisch gewesen" sei. In diesem Zusammenhang wiesen viele Kommentatoren den Wunsch des Militärstaatsanwaltes nach Zusammenarbeit zurück und werteten ihn als Aufforderung, über die Mordserie künftig nicht mehr zu berichten. *Salâm* verlangte von der Justiz, das Geständnis Emamis zu veröffentlichen und sich umgehend zu den politischen und organisatorischen Hintergründen der Mordserie zu äußern. Die Presse müsse ein großes Gericht mit sechzig Millionen Geschworenen bilden, vor dem sich jeder Amtsträger zu verantworten habe, „so daß man sich in diesem Land niemals mehr hinter lügnerischen und undemokratischen Interessen verstecken kann".

Die konservative Presse reagierte auf die Veröffentlichungen nach dem vertrauten Muster. Da nun endgültig bewiesen sei, daß Agenten ausländischer Staaten die Intellektuellenmorde begangen hätten, müsse man fragen, warum manche Journalisten weiterhin die Wahrheit verschleierten und Kräfte innerhalb Irans beschuldigten, schrieb die Zeitung *Keyhân*, um „die offenkundige Antwort" gleich mitzuliefern: „Einige Zeitungen werden insgeheim von ausländischen, dem Islam und dem System feindlich gesonnenen Organen geführt." Manche Blätter begannen, das Schicksal von dreizehn in Schiraz verhafteten iranischen Juden, die der Spionage für Israel angeklagt waren, mit den Morden des Geheimdienstes zu verbinden, die schließlich auch die Folge einer israelischen Verschwörung gewesen seien. Saíd Emami, so hieß es plötzlich, sei jüdischen Ursprungs gewesen und habe in den achtziger Jahren mehrfach Israel besucht, was übrigens stimmen könnte, da der iranische Geheimdienst während des Kriegs gegen den Irak regelmäßig Waffen beim zionistischen Erzfeind gekauft haben soll.

In ihren Versuchen, sich aus der Affäre zu ziehen, verstrickten sich die Konservativen immer wieder in Widersprüche. Eben als die konservative Presse ganze Dossiers über die Zusammenarbeit Saíd Emamis mit dem israelischen Geheimdienst publizierte, überraschte der Hodschatoleslam Ruhollah Hosseinian, Leiter des „Islamischen Dokumentationszentrums" und Vertrauter von Revolutionsführer Chameneí, seine Gesinnungsgenossen mit der Feststellung, Emami sei keineswegs ein Spion, sondern ein „guter und gläubiger Muslim" gewesen. Gemeinsam mit dreihundert anderen Menschen nahm Hosseinian an einer Gedächtnisfeier für den „Märtyrer" teil. Schon zum Begräbnis Emamis waren vierhundert Gäste gekommen, die meisten von ihnen Kollegen aus dem Geheimdienstministerium. Die Teilnahme von hohen Funktionären an der Trauerfeier für einen nachgewiesenen Agenten ausländischer Staaten könne natürlich keinesfalls akzeptiert werden, beteuerte die Zeitung *Keyhân* anschließend, um mit einer verblüffenden Erklärung aufzuwarten: Praktisch alle anwesenden Geheimdienstmitarbeiter hätten aus dienstlichen Gründen an den Zeremonien, die schließlich zu überwachen gewesen seien, teilgenommen.

Für die reformorientierte Presse waren die gut und prominent besuchten Gedenkveranstaltungen ein Beleg für das Ansehen, das Saíd Emami noch genoß, als ihn die konservative Führung schon lange hatte fallen lassen. Die Zeitung *Sobh-e emruz* ging noch weiter und begrüßte die Trauerfeiern; jeder Mensch habe ein Recht, von seinen Angehörigen und Freunden zu Grabe getragen zu werden. In Anspielung auf die Tausenden von bewaffneten oder unbewaffneten Oppositionellen, die nach der Islamischen Revolution und dann wieder während der Terrorwelle 1988 hingerichtet und zum größten Teil ohne jede Zeremonie in Massengräbern verscharrt worden waren, im Hinblick auch auf die Schlägertrupps, die jedes Jahr die Gedenkveranstaltungen für die früheren liberal-bürgerlichen Ministerpräsidenten Mossadegh und Bazargan stürmen, fragte die Zeitung jedoch: „Akzeptieren alle in diesem Land, daß die Verurteilung eines Menschen aus juristischen, politischen oder sicherheitsrelevanten Gründen nicht bedeutet, daß er alle seine menschlichen Rechte verliert?"

Zweifellos spürten die beharrenden Kräfte angesichts solcher Fragen und der durchweg sechsstelligen Auflage, in der sie gestellt wurden, daß sie mit dem Rücken zur Wand standen; umso wilder schlugen sie im Frühjahr 1999 um sich. Regelmäßig wurden Studentenvertreter oder Journalisten kurzzeitig verhaftet oder vor das Revolutionsgericht geladen. Am 7. Juli erreichte der Druck auf die Presse schließlich einen Höhepunkt, als die Justiz mit der Zeitung *Salâm* eines der traditionsreichsten und einstmals radikalsten Blätter der Islamischen Republik verbot. Zuvor hatte die Zeitung den zitierten Brief Emamis vom Oktober 1998 veröffentlicht. Zeitgleich mit dem Verbot beschloß das konservativ beherrschte Parlament ein neues Pressegesetz, das die Zeitungen einer strikten Kontrolle unterwerfen sollte und ausgerechnet im besagten Brief Emamis erstmals umrissen worden war. Und noch immer kursierten in Teheran die Listen mit Todeskandidaten und ging die Angst vor weiteren Morden oder gar einem blutigen Putsch um. Die Bereitschaft und das Potential mancher konservativer Zirkel, Gewalt auszuüben, um die eigene Herrschaft zu retten, kann kaum hoch genug veranschlagt werden. Sie haben nicht nur das Beispiel Gorbatschows vor Augen, sondern auch das Ende Ceausescus, und sie würden einen Bürgerkrieg riskieren, um nicht eines Tages vor eine Wahrheitskommission gestellt zu werden. Zwar befanden sie sich Anfang Juli 1999 erkennbar in der Defensive, aber das bedeutete nicht, daß sie nicht noch einmal zum großen Schlag ausholen konnten.

Die Hoffnung, daß die Morde in absehbarer Zeit wirklich aufgeklärt und die Hintermänner bestraft werden, ist verschwindend. Die Justiz, die über die Taten zu befinden hat, ist selbst ein Zentrum jener Ideologie, in deren Geiste sie begangen worden sind. Mit keinem Wort gehen die Protokolle, die Parastou Foruhar als einzige Angehörige der fünf im Herbst 1998 umgebrachten Intellektuellen einsehen durfte, auf die politischen und religiösen Motive der Mörder ein. Man habe ihnen nur gesagt „Schlagt sie!", heißt es in ihren Geständnissen. Da die „physische Eliminierung" (*hazf-e fisiki*) ausdrücklich zu ihren Aufgaben gehört habe, hätten sie nicht nachgefragt. Einer der Täter verwies sogar auf den Sold für die Überstunden, der korrekt auf sein Konto eingegangen sei. Ein anderer betont in den Protokollen, die im März und April 2000 – also mehr als ein Jahr nach dem Eingeständnis des Geheimdienstes – erstellt worden sind, erst kürzlich von einem bloßen Mitglied der „Aktionsgruppe" zu deren Leiter befördert worden zu sein. Auf die Frage Parastou Foruhars an den ermittelnden Richter, ob die Täter noch Angehörige des Geheimdienstes seien, erhielt sie die Antwort, das gehöre nicht zu den Akten.

Im Herbst 2000 sind bis auf Mehrdad Alichani und Mostafa Kazemi alle an den Morden Beteiligten wieder auf freiem Fuß, sechzehn von ihnen gegen Kaution. Da sie der Gerichtsbarkeit des Militärs unterliegen und das Militärgesetz die Ausführung von Befehlen ausdrücklich für straffrei erklärt, dürfen sie hoffen, einer Verurteilung zu entkommen. Als Initiatoren, Befehlsgeber, Organisatoren und zu belangende Täter von fünf oder, genauer gesagt: von mindestens vierzig, möglicherweise über achtzig Morden, die der iranische Geheimdienst zwischen 1991 und 1998 begangen hat, bleiben Mehrdad Alichani, Mostafa Kazemi und ihr Vorgesetzter Saíd Emami übrig. Nur des letzteren Richter gilt als gerecht.

6

Das große iranische Staatstheater

Die Islamische Republik feiert ihr zwanzigjähriges Bestehen

Redner auf der Kundgebung zum Jahrestag der Islamischen Revolution in Teheran. Von Jahr zu Jahr werden es weniger, die freiwillig zu den Freitagsgebeten, zum Revolutionsfeiertag oder zum Tag der Besetzung der amerikanischen Botschaft auf die Straßen gehen, und jene, die noch immer kommen, werden von Jahr zu Jahr älter. Zwanzig Jahre nach der Islamischen Revolution sind deren Rituale längst erstarrt. (Photo: Thomas Kern / Lookat)

Die Kameras des staatlichen Rundfunks und des westlichen Fernsehteams sind auf die wohl dreihundert Menschen gerichtet, die ihre Fäuste in den Himmel strecken und in Sprechchören Amerika den Tod wünschen. In der ersten Reihe finden sich die beiden obligatorischen Mullahs, hinten sorgen die tief verschleierten Frauen für das pittoreske Schwarz im Bild. Vor den Demonstranten stehend, halb ihnen, halb den Kameras zugewandt, gibt ein Mittvierziger im standesgemäßen grünen Parka und mit den revolutionären Bartstoppeln im Gesicht den Ton an. Wahrscheinlich stand er bereits vor zwanzig Jahren, am 22. Bahman des iranischen Jahres 1357, irgendwo hier in der Nähe des Teheraner Freiheitsplatzes und rief Parolen. Vielleicht hatte er damals statt des Megaphons ein Maschinengewehr in der Hand, fast sicher aber trug er einen grünen Parka und die Bartstoppeln.

Die Demonstranten und zwei Kameras befinden sich in einer nicht zu überschauenden Menge, die mit Parolen nicht mehr viel im Sinn hat. Interessanter scheinen die Waren, die von den Händlern links und rechts und teilweise mitten auf der großen Straße, die zum Freiheitsplatz führt, angeboten werden: Strümpfe aus der Türkei, rosa Rüschenkleider aus Polyacryl für die Töchter, Pistazien und heiße Rote Beete. Inmitten revolutionärer Massen hat jemand ein fahrbares Karussell aufgestellt. Ein Treiben ist es, so bunt und gelassen, daß man vergißt, weshalb man heute hier ist, nämlich um den zwanzigsten Jahrestag der Islamischen Revolution zu begehen. Aber vielleicht gibt gerade dies der Veranstaltung den Charakter einer wirklichen Feier: daß die Menschen sich um das eigene Vergnügen, das eigene Geschäft kümmern an dieser zwanzigsten „Morgendämmerung" (*fadschr*) der Freiheit, wie der 13. Februar 1999 offiziell heißt. Aufregung und stürmischer Andrang herrschen nur dort, wo es etwas kostenlos gibt, Tee, Süßigkeiten oder einen Teller Suppe. Bezahlt wurden sie in der Regel von Händlern aus dem Basar, die sich mit der frommen Spende einen guten Namen beim Herrn droben und bei den Herren drunten auf der Teheraner Erde machen. Die Beschenkten wirken keineswegs fanatisch oder als hätte man sie für die Kundgebung zwangsrekrutiert, wie die Opposition behauptet. Sie haben nur gelernt, die politische Verpflichtung mit dem Nützlichen eines Basars und dem Angenehmen eines Jahrmarktes zu verbinden. Vielleicht ist dies das Geheimnis, weshalb die Islamische Republik bei allem Unmut noch immer zu solchen Veranstaltungen fähig ist: Sie ist ein Geschäft, das im Saldo für viele ein Plus aufweist.

So schwer die Verbrechen wiegen, die der Islamischen Republik anzulasten sind, so hat sie doch in den vergangenen zwanzig Jahren auch gewaltige Anstrengungen unternommen, die Infrastruktur auf dem Land und in den ärmeren Vierteln der Städte zu verbessern, Schulen und Straßen zu bauen, Stromleitungen und Abwässerkanäle zu legen, Parkanlagen zu schaffen und Slums zu sanieren. Sie hat das in einer Zeit getan, in der die iranische Volkswirtschaft Schläge einstecken mußte, die jede Wirtschaft der Welt aus den Angeln gehoben hätten. Es fing mit der Revolution an, in deren Verlauf praktisch alle Investitionen gestoppt und Milliarden von Dollars ins Ausland transferiert wurden. Zehntausende iranischer Fachkräfte und Akademiker verließen das Land, das zudem außenpolitisch isoliert und einem Wirtschaftsboykott der Vereinigten Staaten ausgesetzt war. Kurze Zeit später, 1980, überfiel der Irak das Land. Acht Jahre dauerte der Krieg, 650 Milliarden Dollar Kriegsschäden verursachte er in Iran, Hunderttausende starben. In seinen letzten Jahren verschlang der Krieg siebzig Prozent des Staatseinkommens. 1988 erreichte der Industriesektor lediglich vierzig Prozent seiner ohnehin reduzierten Kapazität. Gleichzeitig mußte das Land dreieinhalb Millionen Flüchtlinge aus Afghanistan und Irak aufnehmen. Hinzu kamen weitere drei Millionen iranische Flüchtlinge aus der Kriegszone. Zahlreiche Naturkatastrophen, die ganze Regionen verwüsteten und Zehntausende das Leben kosteten, haben in den letzten zwanzig Jahren Iran heimgesucht. Im gleichen Zeitraum sank der Erlös aus dem Ölgeschäft, Irans wichtigster und vor der Revolution nahezu ausschließlicher Einnahmequelle, zunächst weil weniger produziert werden konnte (die Ölproduktion sank während des Krieges von 6 Millionen Barrel auf ein Drittel), später vor allem aufgrund des Ölpreisverfalls. Zwischenzeitlich sank der Preis eines

Barrels von einst über 40 auf 10 Dollar. Das gleiche Öl, das sich unter dem Schah bei weitaus höheren Weltmarktpreisen auf dreißig Millionen Menschen (ungleich) verteilte, muß heute fast siebzig Millionen Iraner versorgen. 1993 erreichte das Bruttosozialprodukt gerade einmal den Stand von 1975 (180 Milliarden Dollar, bei damals 28 Millionen Iranern), nachdem es zwischenzeitlich auf 110 Milliarden Dollar gesunken war. Inzwischen ist es auf immerhin 347 Milliarden Dollar gestiegen.

Die Islamische Republik hatte also deutlich geringere Mittel zur Verfügung als das Kaiserreich Mohammad Pahlewis, und von dem wenigen versickerte und versickert noch immer ein beträchtlicher Teil im Sumpf aus Korruption, Vetternwirtschaft und Dilettantismus. Aber was für die Bevölkerung übrigblieb, das kam in den vergangenen zwei Jahrzehnten am ehesten noch jenen vom Schah vernachlässigten Vierteln, Orten, Landstrichen zugute, in denen die heute Herrschenden ihre Klientel und oft ihren eigenen Ursprung haben (während sich die Situation des Mittelstandes überproportional verschlechterte). Zu den Erfahrungen meiner Reisen nach Iran gehört es, daß ich in den Vorzimmern der Staatssekretäre, Abteilungsleiter oder Provinzgouverneure oft mehr über die Wirklichkeit des Landes erfahren habe als in ihren Büros. Nirgends deutlicher als in den Vorzimmern läßt sich spüren, in wessen Händen das Land nun ist. Es ist nicht nur, daß man heute in diesen Büros Bart statt Krawatte trägt – schließlich gehört es zu den Selbstverständlichkeiten einer Revolution, sich auch auf ein neues uniformes Äußeres zu einigen. In Iran ist es nun der moosgrüne oder dunkle Zweireiher, das unifarbene Hemd ohne Krawatte (bei offiziellen Anlässen statt dessen mit Stehkragen), der Bart (ob Stoppel- oder Vollbart, so viel Individualismus ist möglich), alles mit einem Hauch revoluzzerhafter Nachlässigkeit getragen (manchmal ist es auch eine kräftige Brise). Aber all das sind Äußerlichkeiten, austauschbare Konventionen. Prägnanter ist, daß ich mir in diesen Büros nicht selten wie auf einem Dorfplatz vorkomme. Da werde ich schon bei der Begrüßung freundschaftlich geduzt, Männer trinken Tee und lesen Zeitung, Beamte kommen rein und gehen wieder raus, ohne daß sich ein Sinn darin erkennen ließe, Einkaufstüten liegen in einer Ecke, Kinder toben durch den Raum, irgendwelche Geschenke für irgendeinen hohen Gast werden eilig in Papier verpackt, welches unzweifelhaft bereits mindestens einmal gebraucht worden ist. Hält man sich lang genug in solchen Büros und Vorzimmern auf (wozu das bisweilen stundenlange Warten auf diesen oder jenen Würdenträger mir reichlich Gelegenheit gegeben hat), kommt einem die politische Wirklichkeit der Islamischen Republik nicht besser, doch ungleich banaler vor, als es in den Menschenrechtsberichten, Fernsehreportagen und Zeitungskommentaren des Auslands erscheint. Vor allem aber fällt die Trennung zwischen einem bösen Regime und einer guten Bevölkerung weniger scharf aus; ebenso wie andere totalitären Herrschaften ist auch dieses Regime aus der Gesellschaft hervorgegangen und ihr nicht einfach aufoktroyiert worden. Jahrtausendelang wurden die Geschicke des Landes von der Aristokratie, den Oligarchen oder der iranischen Bourgoisie gelenkt – nun sind andere, nun ist das Volk am Zuge, genauer: Menschen aus dem Volk. Im Prinzip wäre das nur gerecht, richteten die aktuellen „Volksvertreter" nicht so viel Unheil an und sähe sich das Volk von ihnen noch vertreten.

Ich erinnere mich an jenen Verwandten, der in den ersten Jahren der Revolution morgens aus den glanzpolierten italienischen Weichlederpantoffeln schlüpfte, um für die Arbeit in die abgetragenen, in der Ferse eingeknickten Schuhe zu schlüpfen, wie sie früher der Gärtner, der Bäcker oder der Hausmeister zu tragen pflegte. Inzwischen ist der revolutionäre Arme-Schlucker-Pathos einem selbstverständlichen Umgang mit Statussymbolen heutiger Art und Moden gewichen, haben die Schuhputzer wieder alle Hände voll zu tun. Lang ist es her, daß der iranische Botschafter in Deutschland am Steuer seines privaten VW-Käfers zu Staatsempfängen fuhr. Einmal in süddeutsche Karossen umgestiegen, haben die Herrschaften wenig Neigung, ihre neuerworbenen Privilegien durch eine Demokratisierung aufs Spiel zu setzen. Selbst bei denen, die prinzipiell die Notwendigkeit einer Öffnung erkennen, herrscht das Perestroika-Syndrom, die

Angst vor Reformen, denen die Reformer am Ende selbst zum Opfer fallen. Nicht nur Staatsbeamte und Politiker betrifft das, sondern auch viele Menschen aus den Behörden, Institutionen, Universitäten und aus der freien Wirtschaft, welche die Revolution nach oben getragen hat. Und es betrifft im Prinzip auch die vielen Getreuen der Islamischen Republik, die – Stammwählern in einer Demokratie ähnlich – jener politischen Gruppierung folgen, deren Programmatik, Rhetorik und Habitus ihrem sozialen Milieu entspricht und ihrem Lebensumfeld am ehesten zugute kommt. Der Nutzen, den sie ziehen, ist nicht immer konkret, es kann die Wertschätzung oder auch die bloße Präsenz sein, die sie im öffentlichen Diskurs, in Fernsehsendungen, in politischen Entscheidungsprozessen gewinnen, die gesellschaftliche Aufwertung, die sich zum Beispiel an den happigen Tarifen der Kofferträger in den Flughäfen festmacht („das sind Festpreise, mein Herr, Sie brauchen gar nicht anfangen zu verhandeln – tragen Sie ihren Koffer doch selbst"); die Kehrseite ist die Geringschätzung, mit der auf vielen Behörden Menschen behandelt werden, die anderen gesellschaftlichen Kreisen entstammen, dem Bürgertum oder vielleicht, weil sie einer anderen Konfession angehören. Der Nutzen kann aber auch materiell sein, wie bei den *Mostazafin*, dem ehemaligen Lumpenproletariat, oder den vielen Märtyrerfamilien, auf die sich das System noch immer stützen kann und die wiederum vom System durch direkte finanzielle Zuwendungen gestützt werden. Unter ihnen wird es eine Minderheit geben, die von der Ideologie der Islamischen Republik ganz und gar durchdrungen und im Zweifel bereit ist, für sie zu töten oder getötet zu werden. Aber die Mehrheit jener, die dem Staat bei aller Unzufriedenheit mit der wirtschaftlichen Lage oder der grassierenden Korruption noch immer loyal gegenüberstehen, besteht aus Menschen, denen die eigene Haut und die ihrer Liebsten näher ist als das Schicksal ferner politischer Führer. Es sind Menschen, die sich durch die offizielle Feindrhetorik niemals davon abhalten ließen, einen Gast aus dem westlichen Ausland oder aus dem gutsituierten und arevolutionären Norden Teherans so herzlich und liebevoll zu empfangen, wie sie es von ihren Eltern und

Großeltern gelernt haben, Menschen, für die es keinen Widerspruch darstellte, morgens der Ansprache des Revolutionsführers zum Jahrestag der Besetzung der amerikanischen Botschaft beizuwohnen und abends den geschmuggelten Thriller, der Amerika und seine Werte verherrlicht, in den neuerworbenen Videorekorder zu schieben. Und so sind die, die sich an diesem sonnigen Wintertag zu Hunderttausenden versammelt haben, die verläßlichsten Anhänger des Systems, aber daß auf den Luftballons, die ihre Kinder schwenken, Pepsi-Cola steht, fällt ihnen nicht einmal als Kuriosität auf. Das eben ist der Himmel der Islamischen Republik im zwanzigsten Jahr ihres Bestehens: bevölkert von Fäusten, die sich gegen Amerika ballen, und Luftballons von Pepsi-Cola. Die Alltagsszene wiederholt sich unter umgekehrten Vorzeichen auf der großen Bühne der Politik, wenn Präsident Chatami bei seiner Ansprache für „mehr Toleranz gegenüber anderen Ansichten und Lebensarten" eintritt und unmittelbar im Anschluß ein Redner zum *Marg bar Âmrikâ* („Tod Amerika") aufruft. Später hört man, daß der Schreihals gar nicht auf dem Programm stand und es nur einfach niemanden gab, der ihn vom Mikrophon ferngehalten hat. Nicht viel anders war das mit den Intellektuellenmorden des vorangangenen Herbstes: Keiner will sie angeordnet haben; es gab nur einfach niemanden, der sie verhindert hätte.

Nach einer Weile hat das westliche Fernsehteam und wenig später der iranische Staatsrundfunk genug gesehen. Die Kameras brechen zur Suche nach anderen Fäusteschwingern oder wenn möglich einer brennenden Amerika-Puppe auf, und der Mann im Parka zieht mitsamt seiner Truppe weiter, um neue Kameras zu finden. Alle Beteiligten kennen die Regeln der Informationsgesellschaft: Nur was gesendet wird, ist ein Ereignis, und nur was ein Ereignis ist, wird gesendet. Ausgerechnet Chatami war es, der den Ritualen des Amerika-Hasses ungewollt zu neuer Blüte verhalf, denn seit er sie verurteilt hat, sind sie wieder zum Ereignis geworden, nunmehr zum innenpolitischen.

Ein Ereignis ist auch der Hadschi Bachschi, ein älterer Mann mit weißem Bart und in Armeekluft, der sich an diesem 22. Bahman links und rechts Patronengürtel um die

Schulter geworfen hat und nun mit dem Maschinengewehr in der Hand über den Freiheitsplatz marschiert, umringt von einer Schar Kinder, die Bonbons lutschen und sich nach der Waffe recken, um sie für ein paar Sekunden in der Hand zu halten. Man möchte schon einmal nach dem Dienstausweis oder dem Waffenschein fragen. Hadschi Bachschi ist stadtbekannt, weil er nie fehlt, wenn eine kritische Zeitung oder der öffentliche Auftritt eines sogenannten „Liberalen" gestürmt wird. Er gehört dem „Stab zur Wiederbelebung von ‚Das Gute gebieten, das Schlechte verneinen'" an, einer Organisation, die an diesem Tag tausendfach Broschüren im Kleinstformat verteilt. Sie leiten alle „verständigen und wertorientierten Menschen" im Detail dazu an, mißliebige Redakteure mit legalen Mitteln zu bekämpfen. Auf allein sechs der zwölf Seiten führt das Heftchen die sechzehn unterschiedlichen Vergehen auf, für die ein anständiger Bürger einen Journalisten vor Gericht bringen kann.

Kein Ereignis ist dagegen die Greisin im Tschador, die sich auf den Bürgersteig gesetzt hat und die Welt, genüßlich eine Zigarette rauchend, an sich vorbeiziehen läßt. Ein Bild wäre das für die Tabakindustrie, aber die Tabakindustrie hat keine Kameras geschickt, und also bleibt die Greisin im Jenseits dieser Welt. In das Format der Ausschnitte, die am Abend in die Wohnzimmer innerhalb und außerhalb Irans gestrahlt werden, paßt sie nicht. Sie ist zu klein oder zu groß, zu alt oder zu jung, je nachdem, wie man es betrachtet.

Aber die Ausschnitte lügen. Wahr ist, daß an diesem zwanzigsten Jahrestag der Islamischen Revolution jemand seine Posterkollektion zum Verkauf ausgebreitet hat: Imam Ali, blonde Babys, die deutsche Fußballnationalmannschaft von 1994 sowie die drei Herren mit schwarzem Turban: Chomeini, Chameneí und Chatami. Wahr ist der Herr, der mitten unter dem großen Denkmal auf dem Freiheitsplatz eine Personenwaage aufgestellt hat, um ein paar Tuman zu verdienen. Spricht man mit ihm oder dem Posterverkäufer oder auch mit ihren Kunden, hört man viel Kritik an den Zuständen im Land, an der Inflation, der Vetternwirtschaft und der Arroganz der Mächtigen. Und dennoch ist es für sie noch immer selbstverständlich, an einem solchen Tag den

Freiheitsplatz zu bevölkern. Es ist ihr Tag, weil es ihre Revolution ist, mag heute Ansprachen halten, wer will.

Mehr noch als ein religiöses ist die Islamische Republik ein soziales Phänomen. In ihr herrscht, was anderswo Proletariat genannt wurde. Beinahe alle ihre Funktionäre, Hintermänner, Profiteure und auch ihr Fußvolk stammen aus der städtischen Unterschicht oder dem Basarmilieu. Zwar trägt nicht jeder, der aus dieser Schicht stammt, das System, doch stammen so gut wie alle, die es tragen, aus dieser Schicht. Krawatten haben ihre Männer nie getragen, für die Frauen ist der Tschador das natürliche Gewand, und zu Hause sitzen sie nicht auf Sesseln, sondern auf Teppichen. Vielleicht fahren jene unter ihnen, die es zu Wohlstand gebracht haben, mittlerweile europäische Autos, oder sie haben grelle Rokomöbel auf ihre schönen Teppiche gestellt; aber man erkennt sie, auch an diesem Tag, an ihrer Kleidung, an ihrem Verhalten, an den rosa Rüschenkleidern aus Polyacryl, die sie für ihre Töchter kaufen. Einem Angehörigen des iranischen Bürgertums sind diese Menschen kaum weniger fremd, als sie einem Angehörigen des griechischen oder französischen Bürgertums wären. Eben weil der Mittelstand diese Menschen nicht kannte, weil er sie nicht für wichtig hielt und kaum als Mitbürger wahrnahm, glitt ihm die Revolution aus den Händen. Dabei waren es bürgerliche Kreise, die auf der Grundlage ihrer linken, islamischen oder liberalen Überzeugungen einst den Aufstand gegen den Schah angezettelt hatten, aber die Massen hat erst Ajatollah Chomeini auf die Straße geholt, da er im Gegensatz zu den vielen hochgebildeten Intellektuellen die Sprache der Basarhändler beherrschte und im Unterschied zu den Marxisten von den Tagelöhnern verstanden wurde. Ähnlich wie die faschistischen und kommunistischen Bewegungen charakterisiert es die radikal-politische Schia Chomeinis, daß sie, in den Worten Hannah Arendts, „ihre Mitglieder aus der Masse jener scheinbar politisch ganz uninteressierten Gruppen rekrutierten, welche von allen anderen Parteien als zu dumm oder zu apathisch aufgegeben worden waren“. Der Staatsislam, der überall, in den Medien, in den Schulen und Universitäten, in den öffentlichen Einrichtungen und auf

Graffiti mit einer unangenehmen Penetranz verbreitet wird, ist nicht der Islam der Philosophen, Mystiker, Dichter, Reformer und auch nicht der Islam der theologischen Elite, die seit Jahrhunderten den Standpunkt vertritt, Glaubensmänner und -frauen haben sich von der Politik fernzuhalten. Der Staatsislam ist eine Ideologie, die sich innerhalb kürzester Zeit vom kämpferisch-aufklärerischen Pathos der religiösen Intellektuellen wie Ali Schariati zur schiitischen Volksfrömmigkeit mit ihrem Märtyrerkult und Wunderglauben, ihren Buß- und Sühneritualen sowie ihrer Autoritätshörigkeit und Ergebenheit in die patriarchalische Wirklichkeit umorientiert hat. Jeder halbwegs gebildete Schiit würde es als Aberglauben abtun, erzählte man ihm von Wunderheilungen durch Handauflegen. In einem iranischen Hörsaal, im für alle muslimischen Studenten obligatorischen Koranunterricht, werden solche Geschichten mit aller Ernsthaftigkeit vorgetragen, ich habe es erlebt. Und in vielen theologischen Schulen wird in einem Zimmer über Säkularismus debattiert, während im danebenliegenden ein Aberglaube gelehrt wird, für den das Wort „mittelalterlich“ ausnahmsweise zutrifft: Zentrale Texte des schiitischen Hochschulunterrichts stammen aus dem elften oder zwölften Jahrhundert, in ihnen verkörpert sich das Weltbild eines früheren Zeitalters. Es gibt zwar Bestrebungen, die Lehrinhalte zu überdenken, aber noch bekommt ein zukünftiger Mullah während seiner Ausbildung die absonderlichsten Wundergeschichten und abstoßendsten Wertvorstellungen zu hören, gerade in bezug auf den Stellenwert der Frau – und nicht wenige glauben die Lehren und tragen sie weiter in die Moscheen, in die Dörfer und die Viertel der einfachen Stadtbevölkerung, wo es bis vor zwanzig Jahren noch die Ausnahme war, wenn jemand lesen und schreiben konnte. Dieser Islam ist es, der die Islamische Republik beherrscht. Es ist das, was das einfache Volk immer schon geglaubt hat – mit dem Unterschied, daß nunmehr mit dem Glauben Politik betrieben, er zum Leitmotiv staatlichen Handelns erklärt wird. Es ist, als ob ein Oberammergauer Katholizismus zum alleinseligmachenden Christentum erklärt würde und seine Dorfpfarrer zu Staatsführern, Diplomaten und Bürgermeistern ernannt würden.

Daß dieser Geist sich durchsetzen und länger behaupten konnte, als beinahe alle iranischen Intellektuellen und ausländischen Experten es vorausgesehen haben, ist mit Zwang allein nicht zu erklären; es liegt auch an seiner Nähe zum Volksglauben: Herrscher und Beherrschte sprechen die gleiche Sprache. Aber nun haben viele ihrer Kinder, für die es unter dem Schah kaum Schulen gab, Universitäten besucht, sie lesen Zeitungen, gehen mit dem Computer und dem Videorekorder um. Sie haben eine neue Sprache gelernt und hören nicht mehr auf die alten Worte. Und so werden es von Jahr zu Jahr weniger, die freiwillig zu den Freitagsgebeten, zum Revolutionsfeiertag oder zum Tag der Besetzung der amerikanischen Botschaft auf die Straßen gehen, und jene, die noch immer kommen, werden von Jahr zu Jahr älter. Sieht man sich auf dem Freiheitsplatz um, erblickt man fast nur solche, die vor zwanzig Jahren schon halbwegs erwachsen gewesen sein müssen, und allenfalls deren kleine Kinder, aber kaum junge Leute.

Je weniger sie verfängt, um so bemühter ist die Propaganda. Seit Wochen wird auf allen Kanälen für die Teilnahme an der Kundgebung geworben, die Stadt ist ein Meer aus bunten Lampions und politischen Leuchtreklamen. Seit dem frühen Morgen erschallt auf den Straßen, die zum Freiheitsplatz führen, Musik wie aus einem amerikanischen Action-Film: Bruce Willis auf dem Weg ins siegreiche Gefecht. Darüber liegt eine dunkel timbrierte Stimme, die an die welthistorische Bedeutung der Islamischen Revolution, die Weisheit ihres Führers und den Heldenmut der Märtyrer erinnert. Unterbrochen wird die Einspielung von schiitischen Trauergesängen, die in ihrer kunstvollen Schlichtheit ans Herz rührten, wären sie nicht so gänzlich konträr zu dem eher fröhlichen Geschehen auf der Straße. Wie jedes Jahr ist auch an diesem Abend mit der Freude der iranischen Fernsehregie an der Zeitlupe zu rechnen. Das liebste Bild sind ihr die verlangsamten und mit besagter Bruce-Willis-Musik untermalten Demonstranten, die links und rechts an einer mitten im Zug aufgestellten Kamera vorbeigehen. Filmtechnisch höheren Ansprüchen genügen die von kleinen Baukränen aus geführten Kamerafahrten, die mit verblüffendem

Geschick immer die Ränder der Menschenmenge aussparen und so den Eindruck einer unendlichen Masse erzeugen. Mühelos gelingt es dem staatlichen Fernsehen, den Freiheitsplatz vom Hubschrauber aus zu filmen, ohne die Kinder zu zeigen, die auf den Wiesen des Platzes Fußball spielen. Anstrengungen scheuen die Verantwortlichen nicht. Am Jahrestag der Rückkehr Chomeinis aus dem Pariser Exil haben sie eigens einen Jumbojet der Air France auf dem Teheraner Flughafen einfliegen lassen, an dessen Treppe die Honoratioren Haltung annahmen, um einen Staatsgründer aus Pappmaché zu begrüßen.

Es ist eine Kunstwelt, die das iranische Fernsehen präsentiert, in der die deutsche Fußballnationalmannschaft und die rauchende Greisin keinen Platz haben; eine Welt, so uneingeschränkt pathetisch, wie es das heute vielleicht nur noch in Nordkorea gibt, so surreal wie die CNN-Aufnahmen der amerikanischen Luftangriffe auf den Irak, aber auch so unfreiwillig komisch wie Laienschauspieler in einem großen Drama, weil kaum noch jemand den angestrengten Ernst der Vorführung ernst nimmt. Aber es sind keine Laien. Es ist das große iranische Staatstheater, dessen Spielzeit noch immer nicht abgelaufen ist.

7

Die Kinder entlassen ihre Revolution

Irans Studenten proben den Aufstand

Ahmad Batebi hält während der Studentendemonstrationen im Juli 1999 das blutgetränkte Hemd eines Kommilitonen in die Höhe. Nachdem der Economist dieses Photo am 13. Juli 1999 auf der Titelseite veröffentlichte, wurde Batebi verhaftet. Nach Angaben von amnesty international verurteilte ihn ein geheimes Sondergericht gemeinsam mit drei anderen Studenten zum Tode. Das Urteil soll später in eine zehnjährige Haftstrafe umgewandelt worden sein. (Photo: Reuters)

Dieses Bild hatte Iran zum letzten Mal vor über zwanzig Jahren gesehen: demonstrierende Studenten, die die blutgetränkten Hemden ihrer am Vortag erschossenen oder verwundeten Kommilitonen in die Höhe halten. „Ich werde töten, wer meinen Bruder getötet hat", skandieren sie. Im Juli 1999 schien die Revolution an ihren Anfang zurückgekehrt zu sein. Die im Fernsehen gezeigten Bilder der Studentenproteste erinnerten unweigerlich an das Teheran des Jahres 1978: die herausgestellte Emotionalität, die Leidensbereitschaft, die Art und Weise, wie die eigenen Opfer hervorgekehrt wurden, die im Märtyrerkult der schiitischen Volksfrömmigkeit begründet ist – und übrigens auch die Bereitschaft der allermeisten, sich ohne Waffen einem Sicherheitsapparat zu stellen, der seine Gewaltbereitschaft immer wieder unter Beweis gestellt hat. Die politische Zeichensprache der Proteste war die gleiche geblieben. Und auch dies erinnerte an die Islamische Revolution: Sie hatte als ein Aufstand der Studenten und der Intellektuellen begonnen, bevor das Volk auf die Straße gegangen war.

Und dennoch war die Situation eine andere als gut zwanzig Jahre zuvor. Die Ideologie fehlte. Damals hatten die Studenten an linke oder islamische oder linksislamische Programme geglaubt. Die Schattierungen waren groß, die Unterschiede, wie sich nach der Revolution herausstellte, unüberbrückbar, aber die Überzeugung war jeweils fest gewesen. Die jungen Leute, die Chatami ins Präsidentenamt katapultiert hatten und nun ungeduldig wurden, weil ihnen dessen Reformpolitik viel zu zögerlich vorkam, diese jungen Leute verband oder trennte keine ausgefeilte Programmatik. Sie hatten auch keine charismatischen Führer vom Schlage des radikalen Ajatollah Chomeini oder des bis zu seinem Tod 1980 aufrichtig für Demokratie kämpfenden Ajatollah Taleghani; die Unterstützung für Chatami war pragmatischer Natur und hatte nichts von blinder Gefolgschaft. Sie konnte entzogen werden.

Die jungen Leute, die im Juli 1999 auf die Straßen Teherans und anderer Städte Irans gingen, wollen nichts Besonderes: Sie wollen nur frei leben. In einem Staat wie der Islamischen Republik ist das leider etwas Besonderes. Sie sind die Gängelungen satt, die Korruption, die Arroganz, die Vorsicht, nicht überall sagen zu können, was sie denken, und vor allem die Anmaßung eines Staates, den eigenen Bürgern und zumal der Jugend vorzuschreiben, wie sie leben, was sie lesen, welche Musik sie hören, an wen sie glauben sollen. Sie sind in einem Maße politisch bewußt, wie man es in Europa kaum mehr kennt, aber nichts wäre den meisten von ihnen lieber, als sich wie ihre Altersgenossen auf der übrigen Welt ins Private zu stürzen, sich um die eigene Karriere, die Liebschaft, die Freunde zu kümmern. Aber diese Sphäre der persönlichen Freiheit existiert kaum, wenn die Aufnahme an der Universität die Teilnahme an einem Gesinnungstest voraussetzt, die Zulassung zum Graduiertenstudium oft schon an der allzu modischen Kleidung, dem glattrasierten Gesicht, den unter dem Kopftuch hervorlugenden Haaren scheitert, wenn das Fernsehen selbst die Bilder einer Fußballübertragung zensiert und man bei einer Party immer riskiert, von Revolutionswächtern aufgegriffen zu werden. Nicht zuletzt, um das Private zurückzuerobern, wurde die iranische Jugend politisch. Das zeigt sich auch an den theoretischen Büchern, die in den Universitäten heute die größte Verbreitung haben, wie etwa die Schriften der Reformdenker Abdolkarim Sorusch und Modschtahed Schabestari. In ihnen wird ein Islam vorgestellt, der seinen Platz in der persönlichen Glaubenserfahrung, nicht in der politischen Praxis hat. Nicht viel anderes hat die ultraorthodoxe schiitische Geistlichkeit schon vor dreißig oder dreihundert Jahren gepredigt: daß die Religion sich fernzuhalten habe vom Sündenpfuhl der Wirklichkeit. Solche Ansichten galten während der Revolution, als die Studenten mehrheitlich einem politischen Islam, einer Art Befreiungstheologie anhingen, als rückschrittlich und gar reaktionär. Nun ist der Rückschritt zum Fortschritt geworden.

Begonnen hatten die Proteste am Mittwoch, dem 7. Juli 1999, mit kleineren Demonstrationen gegen die Verabschiedung eines neuen, restriktiven Pressegesetzes im Parlament sowie gegen das Verbot der Zeitung *Salâm* am selben Tag. Die Presse und die Studentenbewegung sind mithin mehr als nur die beiden wichtigsten gesellschaftlichen Kräfte, die den

Reformprozeß vorantreiben; zwischen der investigativen Berichterstattung über die Morde des Geheimdienstes, dem Versuch der Justiz, die kritischen Journalisten mundtot zu machen, und schließlich den Studentenprotesten existiert ein kausaler Zusammenhang. In der Nacht zum Freitag überfielen Sondereinheiten der Polizei gemeinsam mit zivil gekleideten Schlägern ein Wohnheim der Universität Teheran, in welchem sie Teilnehmer der Protestkundgebungen vermuteten. Die Angreifer suchten die schlafenden Studenten in ihren Zimmern heim, legten Feuer und verwüsteten und verbrannten ihre Habseligkeiten, um sie im Pyjama durch den rauchgeschwängerten Flur und das blutbeschmierte Treppenhaus auf den Hof zu jagen, wo neue Schlagstöcke die Flüchtenden erwarteten. Huschang Golschiri hat das Wohnheim drei Tage nach dem Überfall besucht.

Am Tor zum Campus wollten mir die Wärter den Zutritt verwehren, aber zwei der Studenten erkannten mich und erlaubten mir, den Campus zu betreten. Zwei weitere Studenten, die meine Bücher kannten, führten mich dann umher. Die Wohnheime sind meist vierstöckige Gebäude mit langen, schmalen Fluren. Auf beiden Seiten der Flure befinden sich die Zimmer, die jeweils drei mal sieben oder acht Meter groß sind. In jedem Zimmer, in denen sich ein, manchmal auch zwei Betten sowie zwei oder drei Kommoden befinden, wohnen zwei bis vier Personen. Auf den Böden der Zimmer liegen Decken. Normalerweise gibt es auch einen Tisch.

Die untere Hälfte der meisten Türen war zerschlagen. Manchmal gab es nur ein Loch in der Tür, so groß, daß ein Mensch hindurchpaßte. Die Studenten sagten, man habe die Türen mit Schaufeln zerstört. In allen Zimmern waren die Böden mit zerrissenem Papier, Büchern und Heften übersät. Auch die Türen der Kommoden waren zerschlagen.

„Ich habe ihnen gesagt, ich stamme aus einer Märtyrerfamilie", sagte einer der Studenten. „Aber sie haben mich nicht beachtet."

Jedes Zimmer wurde von vier Leuten überfallen, zwei Uniformierte und zwei in Zivil. Sie hielten ihm ein Messer unter das Kinn und sagten: „Freiheit willst du? Häh?" Dann traten sie in seinen Fernseher.

Er zeigte auf einen kleinen Fernseher. Die Mattscheibe war in der Mitte zersplittert. Alles, was wertvoll und nicht niet- und nagelfest war, hatten sie mitgenommen. Er hielt die Tasche eines Fotoapparates hoch:

„Das war ein Andenken an meinen Bruder. Nach meinem Vater ging auch er an die Front. Den gab er mir. Es ist das einzige Andenken, das mir geblieben ist. Ich nehme es überall mit mir hin. In letzter Zeit hatte ich auch angefangen, selbst zu fotografieren."
Im nächsten Zimmer zeigten sie mir eine Schreibmaschine.
„Ich habe die Raten noch nicht abbezahlt."
Mit dem Finger schlug er ein, zwei Tasten an. Sie rührten sich nicht. Es war eine alte Schreibmaschine.
In einem anderen Zimmer zeigten sie mir zwei zerbrochene Kessel. Wie oft muß man gegen einen Kupferkessel treten, bis er so zermalmt ist?
„Ich bin wach geworden, als die Fensterscheiben klirrten."
Es war ungefähr um vier Uhr am Freitagmorgen. Das Fenster führte auf den Hinterhof und war mit Eisenstangen verkleidet.
„Ich schätze, es waren an die zweitausend Leute. Polizisten und Zivilisten. Unter diesem Zimmer haben sie das Feuer angezündet. Sie wollten von dort aus mein Zimmer anstecken. Sie haben auch brennende Stöcke ins Zimmer geworfen, aber mein Freund und ich haben das Feuer gelöscht. Dann haben sie Tränengas ins Zimmer gesprüht, und wir mußten das Zimmer verlassen. Als ich kurz darauf gesehen habe, daß mein Zimmer Feuer fängt, bin ich hineingegangen und habe den Brand gelöscht."
Er hatte die halbverbrannten Decken unter seinem Bett verstaut.
„Als sie ins Gebäude eingedrungen sind, haben wir uns in den Zimmern verschanzt. Zuerst haben sie mit einer Schaufel ein Loch in die Tür geschlagen und einer von ihnen schaute von dort ins Zimmer. ‚Sie sind im Zimmer!' rief er. ‚Ihre Pantoffeln sind da.'"
Sie hatten auch seine Armbanduhr mitgenommen. Er sprach nicht über die Prügel, die er bezogen hatte. Später, als wir in ein anderes Zimmer gingen, sagte sein Zimmerkamerad:
„Seinen Rücken müßtet Ihr sehen."
Jetzt weiß ich, warum keiner von ihnen weinte. Nur in den Augen des einen, dessen Vater und Bruder im Krieg gefallen waren, sah ich eine Träne – und zwar als er die Fototasche seines Bruders wieder an den Nagel hängte.
Ich habe auch ein Radio gesehen, aus dem Kabel heraushingen. Einer von ihnen war sogar glücklich, weil er seinen Computer hatte retten können.
„Als sie das Gebäude überfielen, habe ich den Computer unter das Bett geschoben und einige Tücher darüber geworfen. Mein Freund und ich haben uns vor das Bett gehockt. Sie haben uns geprügelt, aber wir haben uns nicht von unserem Platz bewegt. Wir

haben uns nur die Hände vor die Köpfe gehalten, um die Schläge abzuwehren."
Auch einen zerfetzten Samsonite zeigten sie mir.
„Mein Bruder hatte gerade sein Gehalt erhalten. Sein Geld war in dem Koffer. Sie haben ihn aufgebrochen und das ganze Geld mitgenommen."
Ein Student, der im dritten Jahr Architektur studierte, zeigte mir ein Bild. Es war die Skizze einiger alter Häuser. Mehr war ihm nicht geblieben. Alle seine Bücher hatten sie zerrissen.
„Der schlimmste Moment war für uns, als wir die Schreie unserer Freunde aus dem anderen Gebäude hörten und ihnen nicht helfen konnten."
Selbst das Wohnheim der ausländischen Studenten hatten sie angegriffen. Wie oft sie auch beteuerten, daß sie aus Pakistan oder aus Indien stammten, niemand schenkte ihnen Gehör. Alle Dollars wurden ihnen abgenommen. Das Zimmer war ausgebrannt, die Rohrheizung schwarz. Von den Spinden war nur das eiserne Skelett übrig geblieben.
„Das waren Kurden", sagte einer.
Sie hatten die Studenten gefragt, ob sie Sunniten oder Schiiten seien. Sie waren Sunniten. Sie nahmen sie alle mit. Die Studenten schätzten, sie hätten wohl zweitausend Leute mitgenommen. Es ist nicht zu glauben. Ich sagte, das gibt es nicht.
„Mich haben sie gestern freigelassen. Ich war in der fünften Gruppe, die freikam. In unserer Gruppe waren neunzig Leute."
Am Nachmittag teilte ein Aktivist der „Festigung der Einheit" mit: „Sie haben alle freigelassen. Als wir gedroht haben, alle Vermißten unter den Toten aufzulisten, waren sie gezwungen, sie frei zu lassen, aber sie dürfen die Stadt nicht verlassen."

Mindestens ein Mensch kam in jener Nacht ums Leben, als er aus dem Fenster geworfen wurde; viele andere erlitten Verletzungen oder haben lebenslängliche Behinderungen davongetragen, von den psychischen Traumata nicht zu reden. Man hörte ihr Entsetzen noch am nächsten Tag aus den zitternden Stimmen heraus, mit denen die Studenten den persischen Diensten der internationalen Sender Interviews gaben, man sah es an den hilflos umherrudernden Händen und unruhigen Augen ihrer Führer, die am Tag danach zur stündlich anwachsenden Menge auf dem Campus sprachen. Gleichzeitig spürte man, wie sich unter den Studenten das Gefühl verdichtete, nichts mehr zu verlieren zu haben. Als sie am Samstag ihre Demonstrationen ausweiteten, als sich im Laufe des Tages immer mehr Intellektuelle, Journalisten, Geistliche und einfache Bürger ihren Forderungen anschlossen, als schließlich auch zwei Minister der Regierung Chatami aus Protest gegen den Überfall zurücktraten, bekam es die konservative Staatsführung offenbar selbst mit der Angst zu tun. Eiligst distanzierte sie sich von der eigenen, ihr treu ergebenen Polizei. Golschiri fand dafür in seinem Artikel das folgende Gleichnis:

> Man sagt, ein Dieb sei einmal in ein Haus eingedrungen. Die Bewohner des Hauses sind aufgewacht, bemerkten den Dieb und schlugen Alarm: „Haltet den Dieb!“ Der Dieb aber, um seine Verfolger abzuschütteln, schrie ebenfalls: „Haltet den Dieb!“ Alles, was in den letzten Tagen in Iran geschehen ist, läßt sich anhand dieser kleinen Geschichte erklären.

Bereits in der Nacht zum Sonntag verurteilte der Nationale Sicherheitsrat die Übergriffe auf die Studenten, entließ den zuständigen Polizeioffizier, kündigte die Bestrafung der beteiligten Schläger an und stellte den Studenten und ihren Familien eine finanzielle Entschädigung in Aussicht. Für einen Staat, der bis dahin mit Demonstranten kurzen Prozeß zu machen pflegte, war das nichts weniger als ein Kniefall. Es war die Furcht vor Massendemonstrationen im ganzen Land, die Furcht der Herrscher vor dem eigenen Volk, die den Studenten am Ende dieses langen Samstags einen großen, aber teuer bezahlten Sieg bescherte. Vielleicht war es darüber hinaus die Angst eines Führers, die Kontrolle über seine eigenen, panisch gewordenen Sicherheitskräfte zu verlieren. Ajatollah Chameneí, der sich zuvor immer wieder unverhohlen gegen die Politik Chatamis gestellt hatte, ließ eine Erklärung verbreiten, in der er die „Versuche der Feinde, das Programm von Staatspräsident Mohammad Chatami im politischen und kulturellen Bereich zu blockieren“, abzuwehren versprach. Wenn die Fahne plötzlich in diese Richtung zeigte, wußte man, woher der Wind wehte. Er blies dem Führer kräftig ins Gesicht.

Doch die Studenten gaben sich mit den Erklärungen des Nationalen Sicherheitsrates und des Revolutionsführers nicht zufrieden. Sie – und mit ihnen die kritische Presse, für deren Erhalt sie auf die Straße gegangen waren – forderten die Absetzung des nationalen Polizeichefs Hassan Lotfian und fragten nach der politischen Verantwortung für den Überfall auf das Wohnheim. Die Brisanz dieser Frage zeichnete sich rasch ab. Innenminister Abdolwahed Mussawi-Lari, der nominell den Befehl über die Polizei hat, betonte am Samstag morgen, daß die Polizisten entgegen seiner ausdrücklichen Anordnung gehandelt hätten. Am Abend des gleichen Tages brach dann der Teheraner Universitätsprofessor Tschangiz Pahlewan eines der letzten Tabus der öffentlichen Rede in Iran und wies im Gespräch mit dem persischen Dienst der BBC hörbar erregt darauf hin, daß nur „die Führerschaft" (*rahbari*) die Macht gehabt hätte, die Anordnung des Innenministers außer Kraft zu setzen. Und wenn „die Führerschaft" nicht den Befehl gegeben habe, trage sie doch die politische Verantwortung, weil ihr sämtliche Streitkräfte im Land unterstehen. Pahlewan sagte nicht „der Führer", denn die Beleidigung Chameneís zieht nach iranischem Recht drakonische Strafen auf sich. Sie kann sich nur ein Dissident vom theologischen Range eines Großajatollahs Montazeri erlauben, und selbst dieser wird dafür unter Hausarrest gestellt. Pahlewan, ein besonnener und bis dahin zurückhaltender Intellektueller, der als Experte für Zentralasien hervorgetreten war, sagte „die Führerschaft". Aber es konnte nicht mehr lange dauern, bis auch nach der Rolle des „Führers" gefragt wird. Man mochte diese Frage herbeisehnen und mußte sich dennoch vor der Antwort fürchten.

Am Sonntag kam es in Teheran zu Massenkundgebungen, und auch aus anderen Städten Irans wurden Proteste gemeldet. Von bis zu elf Toten war die Rede und von zahlreichen Verletzten. Am Montag nachmittag schienen die Studenten nicht mehr aufzuhalten zu sein, und manche sahen das Ende der Islamischen Republik unmittelbar bevorstehen. Doch keine vierundzwanzig Stunden später waren die größten Proteste, die die Islamische Republik seit ihrem Bestehen gesehen hat, beendet. Dazwischen lagen Stunden, von denen die Studenten später wie von einem Albtraum berichteten. Während die größte unter den beteiligten Studentenorganisationen, das islamisch orientierte „Büro zur Festigung der Einheit" (*Daftar-e tahkim-e wahdat*), angesichts der drohenden Eskalation empfohlen hatte, das Demonstrationsverbot der Behörden zu befolgen, weigerten sich andere Gruppierungen und vor allem viele der nicht organisierten Studenten, die Proteste zu unterbrechen. Huschang Golschiri schilderte in seinem Artikel die Stimmung an jenem Vortag:

Überall auf dem Universitätsgelände waren Menschen. Aus dem Lautsprecher der Moschee kam die Stimme eines Redners. Eine Gruppe von ungefähr hundert Leuten marschierte auf den Ausgang des Campus zu und rief Parolen. Sie riefen: „Tod den Versöhnlichen!" Oder sie riefen: „Chatami, Chatami, der Imam Hossein war nicht versöhnlich!" Eine andere Gruppe lief hinter ihnen her, ohne Parolen zu skandieren. Eine Hand klopfte mir auf die Schulter. Ich hatte den jungen Mann vor einigen Tagen kennengelernt, als ich vor den Studenten der „Festigung der Einheit" eine Rede hielt.
„Die gehören zur Gruppe von Tabarzadi", sagte er. Er meinte den bereits vor einem Monat verhafteten Studentenführer.
„Dann seid wohl Ihr mit den ‚Versöhnlichen' gemeint?"
„Aber ja doch."
„Was haben sie jetzt vor?"
„Sie verlassen die Universität, um ohne Genehmigung auf den Straßen zu demonstrieren."
„Sprecht doch mit ihren Anführern."
„Sie hören nicht auf uns."
Die fortwährende Erniedrigung der Jugendlichen über all die Jahre hinweg ruft am Ende eine solche Reaktion hervor. Sogar beim Tor, das zu den Wohnheimen führt, verbieten sie, daß Jungen und Mädchen nebeneinander gehen. Sie halten Autos an, in denen mehrere Jungen sitzen, und untersuchen den Wagen von oben bis unten. Manchmal nehmen sie die Jugendlichen fest, weil sie das Verbrechen begangen haben, eine bestimmte Kleidung zu tragen. Sie dringen in Geburtstagsfeiern ein und peitschen die Jugendlichen aus oder geben sich damit zufrieden – wenn die Jugendlichen einen glücklichen Tag erwischt haben – Geld von ihnen zu nehmen und peinliche Garantien abzuverlangen, daß sie so etwas nie wieder tun würden. Berücksichtigt man außerdem noch Probleme wie die Jugendarbeitslosigkeit, bedenkt man die Perspektivlosig-

keit der Studenten, wenn selbst Universitätsabsolventen mit einem Doktordiplom kein anständiges Leben führen können, dann erklärt sich, warum eine kleine Gruppe es schafft, mit radikalen Parolen eine große Menge hinter sich zu scharen.

Aber ich konnte nicht mehr länger in der Universität verweilen. Ich mußte in der Redaktion der Kulturzeitschrift vorbeischauen, deren Chefredakteur ich bin. In der Nähe des Büros hörte ich Schüsse. Von einem Fenster aus, das nach Osten auf den Wali-Asr-Platz hinausgeht, sah ich die Anti-Aufruhr-Polizei. Auch das Geräusch einer Menschenmenge hörte ich. Einen Moment lag sah ich Flammen, die von einem Auto aufstiegen, das sich in der Mitte des Platzes befand. Ob die Demonstranten es wohl angezündet hatten? Ich glaube nicht. Es waren zu viele Polizisten dort. Einen Augenblick später brannte genau unter meinem Fenster ein Motorrad. Es hieß, die Menschen hätten den Motorradfahrer gefaßt und ihm ein großes Messer abgenommen.

Die Anti-Aufruhr-Polizei war jetzt fast bis zum Motorrad vorgedrungen. Sie standen in Reihen und versprühten von Zeit zu Zeit Tränengas. Während sie in Richtung der Demonstranten marschierten, warfen einige der Polizisten mit Steinen. Vom Dach aus sah ich, daß Demonstranten auch die Polizei mit Steinen bewarfen. Vor ihnen stand ein Jugendlicher, der ein Stück Eisen in der Hand hielt und damit die Steine, die in seine Richtung geflogen kamen, abzuwehren versuchte. Manchmal ging er sogar ein paar Schritte nach vorn und schlug das Eisen auf den Boden, als wäre er der Gavroche Victor Hugos, der aber nicht mit den Kugeln, sondern mit den Kieselsteinen der Polizisten spielt.

Am Dienstag schließlich, dem 13. Juli 1999, erfuhr Teheran mehr als nur den Vorgeschmack eines Bürgerkriegs. Schon am Morgen, als die Proteste noch friedlich verliefen, schossen zivil gekleidete Beamte in die Luft oder schlugen mit Knüppeln auf die Demonstranten ein. Angehörige der *Ansâr-e hezbollâh*, die in kleinen Gruppen oder auf Motorrädern unterwegs waren, beschimpften oder prügelten, wen immer sie ergreifen konnten. Nicht nur ging die Staatsmacht mit äußerster Härte gegen die Demonstranten vor; sie setzte allem Anschein nach auch Hunderte von Provokateuren ein, damit die Proteste in Gewalt ausuferten. Als ihr das gelungen war, als sich die Wut der Demonstranten im Laufe des Tages immer aggressiver, ihre Slogans immer radikaler ausnahmen und sich zunehmend und erstmals seit dem Bestehen der Islamischen Republik gegen die Person des Revolutionsführers richteten, nutzten die Konservativen ihre Chance. Ajatollah Chameneí, dem am Montag noch aus Sympathie mit den angegriffenen Studenten „das Herz gebrochen" war, schlug am Dienstag nachmittag einen martialischen Ton an. Von „korrumpierten und konterrevolutionären Elementen" sprach er und rief die ob ihrer Radikalität gefürchtete Miliz der *Basidsch* auf, sich einzumischen, um die Feinde „einzuschüchtern" und sie zu „zermalmen". Daß sich auch Präsident Chatami, auf den sich die Studenten beriefen, am Dienstag abend in ungewöhnlich scharfen Worten von den Protesten desselben Tages distanzierte und – wenn auch gewunden – zur Teilnahme an der Gegendemonstration aufrief, müssen viele von ihnen als Schlag ins Gesicht empfunden haben. Für die Loyalitätskundgebung am Mittwoch gelang es dem Regime, Hunderttausende seiner Anhänger zu mobilisieren und so nach innen und außen Stärke zu demonstrieren. Schon am Donnerstag meldete der Geheimdienst, „Konterrevolutionäre", „Monarchisten" und „Marxisten" seien es gewesen, welche die Studentenschaft infiltriert und die jüngsten Unruhen mit ausländischer Hilfe angezettelt hätten. Glücklicherweise sei es den Behörden gelungen, viele der Rädelsführer zu überführen, von denen sich manche, „unterstützt von den Konterrevolutionären und den sogenannten Menschenrechtsorganisationen", erst kürzlich im westlichen Ausland aufgehalten hätten, um „neue Anordnungen für ihre Aktivitäten in Iran" zu empfangen. Auch die konservative Presse, die in den Tagen zuvor geradezu defensiv argumentiert hatte, verschärfte nun den Ton ihrer Kommentare und verlangte die umgehende Rücknahme aller Freiheiten, die seit dem Amtsantritt von Präsident Chatami vor allem im Bereich der Meinungsfreiheit zu verzeichnen gewesen waren. Die neugegründeten Zeitungen hätten mit ihrer Berichterstattung den Boden für die Studentenproteste und damit für die Konterrevolution bereitet: *Neschât*, *Chordâd* und *Sobh-e emruz* seien „die drei Kanonenkugeln des Zionismus".

Die reformorientierten Zeitungen wiederum wehrten sich nach Kräften. So reagierte *Sobh-e emruz* auf eine weitere

Anklageschrift der konservativen Zeitung *Keyhân* mit einem Artikel, der die Überschrift trug: „Wenn Saíd Emami Artikel geschrieben hätte." Die Kommentatoren der reformorientierten Presse warfen den Konservativen vor, einen Staatsstreich und damit die Annullierung der für Februar vorgesehenen Parlamentswahlen im Schilde zu führen. Die Ausschreitungen seien nicht das Werk einiger Konterrevolutionäre, sondern Folge einer allgemeinen Unzufriedenheit und Frustration gewesen. Zudem schilderten die Zeitungen im Detail und mit Hilfe zahlreicher Fotografien, wie staatliche Provokateure gezielt Unruhe geschürt, Banken angezündet und Geschäfte geplündert hätten. Nachdem die Reformgegner im vorangegangenen Herbst damit gescheitert seien, den Prozeß der Öffnung durch eine Serie von Morden an Intellektuellen aufzuhalten, hätten sie nun einen weiteren Anlauf unternommen. Der Überfall auf das Studentenwohnheim, die Niederschlagung der darauffolgenden Demonstrationen, die gezielte Gewalt der Provokateure, die Mobilmachung der *Basidsch*, die scheinbar spontan organisierte Gegenkundgebung am Mittwoch und die darauffolgende Verhaftungswelle seien Teil eines von langer Hand geplanten, neuerlichen Projektes, das die Alleinherrschaft der Konservativen zum Ziel habe.

Hatten die Bilder der demonstrierenden Studenten, ihre Slogans und ihre Emotionen unweigerlich an die frühe Phase der Straßenproteste gegen den Schah erinnert, so war Iran nur eine Woche später in den frühen achtziger Jahren angelangt, der Zeit der Massenverhaftungen und der Schaugeständnisse. Am Montag, dem 19. Juli 1999, zeigte das iranische Fernsehen zur besten Sendezeit einige der sogenannten Konterrevolutionäre, die sich selbst bezichtigten, von ausländischen Organisationen Geld empfangen zu haben, um in Iran Unruhe zu schüren. Man hatte gehofft, daß die Aufnahmen der bleichen, aufgedunsenen Gesichter, die mit tonloser Stimme sagen, was man ihnen zuvor unter der Folter diktiert hat, ein für allemal in den Archiven der iranischen Geschichte verschwunden seien. Aber nun war der Schrecken wieder live auf Sendung.

Bis heute ist unklar, wieviel Menschen bei den Unruhen ums Leben kamen. Nach staatlichen Angaben sind es zwei, aber Vertreter der „Festigung der Einheit“ beteuern, daß die Sicherheitskräfte nicht nur in die Luft, sondern auch in die Menge geschossen und Demonstranten getroffen haben. In der nordöstlich gelegenen Stadt Tabriz seien ebenfalls mehrere Studenten getötet worden. Sie würden viele Kommilitonen vermissen, wüßten aber nicht, welche von ihnen verhaftet, welche auch nur aus der Stadt geflohen und welche umgekommen seien, sagten mir die Führer der „Festigung der Einheit“. Nach ihren Informationen wurden am Dienstag abend und den darauffolgenden Tagen mindestens tausendvierhundert Menschen von zumeist zivil gekleideten Milizen festgenommen; viele von ihnen habe man mißhandelt, bevor sie der eigentlich zuständigen Polizei übergeben worden seien. Die Verhafteten hätten zu keiner Zeit Kontakt zu Anwälten oder zu ihrer Familie gehabt. Inzwischen wurden viele von ihnen zu hohen Haftstrafen verurteilt. Einige der Studenten, darunter auch junge Mitglieder der „Iranischen Volkspartei“ von Dariusch Foruhar, haben ihre Zelle im selben Korridor des Evin-Gefängnis wie Mehrdad Alichani und Mostafa Kazemi, zwei der Mörder Foruhars.

Ihre Zeit scheint längst abgelaufen zu sein, aber offensichtlich befehligt der konservative Teil der Geistlichkeit genügend uniformierte und zivil gekleidete Waffenträger, um seine Herrschaft künstlich am Leben zu halten. Allein die Zahl der *Basidsch*, die Revolutionsführer Chameneí zu Hilfe rief, geht landesweit in die Hunderttausende oder gar Millionen. Sie werden als Freiwilligenmiliz in den Schulen, Fakultäten, Behörden und in den als staatstreu bekannten Moscheen rekrutiert und mit Ausflügen, materiellen Vergünstigungen, beruflichen Perspektiven und einer Weltanschauung entlohnt, die verlockend einfach ist. In ihr existieren nur gut und böse, gottgefällig und ketzerisch, die Unseren und die Anderen. Vordergründig als zusätzliche Armee gegen äußere Feinde gedacht, hat Staatsgründer Chomeini die *Basidsch* nach der Revolution vor allem deshalb gegründet, um sich gegen einen Putsch der Militärs abzusichern. Selbst heute noch stehen die Armee und die

Revolutionswächter keineswegs geschlossen hinter den Konservativen. Der gefährlichste Rivale Chameneís, Großajatollah Montazeri, wird gerade unter Soldaten verehrt, die in ihm die Verkörperung der wahren revolutionären Ideale sehen. Auf die *Basidsch* hingegen können sich die Konservativen verlassen. Ebensowenig wie die eher informellen Schlägertrupps der *Ansâr-e hezbollâh* lassen sie keinen Zweifel an ihrem Willen, zu den Waffen zu greifen, wenn sie das Staatsmodell, an das sie im religiösen Sinne glauben, bedroht sehen.

Aber es ist nicht nur die militärische Macht, die den beharrenden Kräften zugute kommt. Sie beherrschen einen Großteil des Staatsapparates – neben dem mit quasi göttlichen Vollmachten ausgestatteten Amt des Revolutionsführers unter anderem die Justiz, den Geheimdienst und den Wächterrat – und verfügen mittels der milliardenschweren Stiftungen und Teilen des Basar über immense finanzielle Mittel. Vor allem aber sind sie es gewohnt, ihre Anhänger in solchen Massen zu mobilisieren, daß der Anschein einer tiefen Verankerung im Volk gewahrt bleibt. Daß Chatami bei den Präsidentschaftswahlen 1997 siebzig Prozent der Wählerstimmen auf sich vereinigen konnte, bedeutet auch: Dreißig Prozent haben für die übrigen Kandidaten gestimmt. Berücksichtigt man den Anteil der Nichtwähler, so bleiben immer noch etliche Millionen Menschen übrig, die sich mit dem System in seiner bestehenden Form identifizieren. Über Moscheen, Verbände, Wohltätigkeitsorganisationen, Behörden und Kasernen sind sie in der Regel gut organisiert und fähig, ihre Überzeugung auch auf der Straße zu verteidigen.

Gegen diesen kompakten Block hatten die jungen Demonstranten wenig auszurichten. Durch keine Ideologie gehärtet, von keinen Charismatikern angeführt, nicht in Kadern organisiert, waren ihre Proteste spontan und deshalb von großer Wucht, aber als sie gegen den Willen der meisten Studenten in die Gewalt entglitten, gab es niemanden, der das eigene Lager hätte zusammenhalten können. Die größte Studentenorganisation, der *Tahkim-e wahdat*, ist wegen ihrer fundamentalistischen Vergangenheit und ihrer betont realpolitischen Gegenwart umstritten und findet auf dem Campus nur beschränkt Gehör. Hinzu kommt, daß die Bevölkerung den Studenten zwar in vielfältiger Form Sympathie bekundet und sie zum Beispiel mit Lebensmitteln und Getränken versorgt, aber sich entgegen manchen Erwartungen nicht ihren Demonstrationen angeschlossen hat. Die meisten Iraner wünschen sich Veränderungen und verfolgten gebannt das Geschehen, scheuen aber den politischen Kampf. Die Sorge um das eigene wirtschaftliche Überleben ist zu groß, die Erinnerung an die entglittene Revolution von 1979 zu frisch. Der einzige, der die Reformwilligen aller gesellschaftlichen Schichten auf die Straßen hätte rufen können, wäre Präsident Chatami gewesen, der eben dies nicht tat. Der Grund für seine Zurückhaltung liegt auf der Hand: Ein solcher Protestaufruf hätte nicht nur seinen Sturz zur Folge gehabt, sondern möglicherweise zu den allseits in Iran befürchteten bürgerkriegsähnlichen Unruhen geführt. Die Entschlossenheit der Gegenseite, einen Aufstand mit allen denkbaren Mitteln zu ersticken, ist bekannt, und sie kann damit rechnen, von Hunderttausenden ihrer Anhänger aktiv unterstützt zu werden. Andererseits ist auch die Gewaltbereitschaft unter manchen Gegnern des Regimes hoch. Nicht nur bekennen sich die von Irak aus agierenden, im Pariser Nationalen Widerstandsrat organisierten „Volksmudschahedin" regelmäßig zu terroristischen Anschlägen; in der Jugend und der einfachen Bevölkerung nimmt die Frustration mitunter ebenfalls gefährliche Züge an. Nach Berichten von Freunden in Teheran war die Aggressivität auch mancher Demonstranten am letzten Tag der Proteste beängstigend. Einzelne Gruppen junger Leute zogen mit Messern bewaffnet durch die Straßen und griffen jeden an, der ihnen aufgrund seiner äußeren Erscheinung verdächtig schien, ein *Hezbollâhi* zu sein. Ohnehin waren diejenigen, die sich am letzten Tag der Proteste der Randale hingaben, zum geringeren Teil Studenten. Es waren vor allem die Elenden der Revolution, die sich den Demonstranten angeschlossen und die Stunde genutzt haben, um ihren Haß auf ein System abzureagieren, das ihnen nur Arbeitslosigkeit, eine galoppierende Inflation und vollkommene Perspektivlosigkeit beschert hat. Der Riß, der sich heute durch die iranische Gesellschaft zieht, ist so tief, daß er das Land verschlingen könnte – daher die Beschwörungen vieler Intellektueller, Politiker sowie der reformorientierten Presse, es nicht zu Ausschreitungen kommen zu lassen, daher die Aufrufe selbst aus Teilen der Exilopposition, in den Parolen Vorsicht walten zu lassen.

Chatami selbst hat die Zurückhaltung zunächst ins Extrem getrieben: ins Schweigen. Nachdem er sich von den Ausschreitungen distanziert hatte, ohne ein Wort über die Gewalt der Sicherheitskräfte und zivilen Milizen zu verlieren, äußerte er sich zwei Wochen lang nicht zu den Ereignissen. Vielleicht meinte er, die Krise überstehen zu können, indem er den Kopf in den Sand steckte, um anschließend von neuem mit seiner behutsamen Reformpolitik einzusetzen. Sollte dies sein Kalkül gewesen sein, so brannte ihm der Sand jedenfalls noch lange, nachdem er sich wieder aufgerichtet hatte, in den Augen. Will man einen Zeitpunkt benennen, an dem das Vertrauen vieler Iraner und insbesondere der Jugend in Chatamis Politik der Behutsamkeit erschüttert worden ist, dann waren es diese zwei Juliwochen, in denen er aus der Öffentlichkeit praktisch verschwunden war. Als er endlich in Hamadan Stellung bezog, fiel seine Kritik an der staatlichen Gewalt wohl deutlich genug aus und kam dennoch zu spät, um die Studenten zu besänftigen. Chatami setzte den Überfall auf das Wohnheim in Beziehung zu den Intellektuellenmorden des vorangegangenen Herbstes. Die Wurzel der Verbrechen sei in all diesen Fällen dieselbe und weise in das politische System der Islamischen Republik. Wichtiger noch, als die Gewalttäter zu verurteilen, sei es, sich mit jenen auseinanderzusetzen, „die in der jüngsten Vergangenheit die Gewalt theoretisiert haben; jene, die sich in eine philosophische Sophisterei geflüchtet und eine religiöse Tapete benutzt haben, um die Gewalt in der Gesellschaft als religiöse Pflicht darzustellen und philosophische und religiöse Rechtfertigungen für sie zu liefern".

Aber in eben dieser Rede trat Chatamis Dilemma in seltener Schärfe hervor. Er versprach, seine ganze Kraft darauf zu verwenden, die Wurzel des staatlichen Terrors herauszureißen. Wenige Sätze zuvor versicherte er jedoch dem Revolutionsführer seine uneingeschränkte Loyalität. Alle Beobachter in Iran wissen oder ahnen zumindest, daß die Wurzeln, die herauszureißen Chatami sich bemühte, in das Büro eben jenes Würdenträgers reichen, dem er seine Loyalität versicherte. Der Widerspruch ist kaum aufzulösen, solange Chatami im Amt ist. Es ist der Widerspruch eines Staatspräsidenten, der die Demokratie propagiert, aber in einer Diktatur amtiert. Würde er sich öffentlich nur eine Handbreit von Revolutionsführer Chameneí absetzen, wäre seine Amtsenthebung sicher. Nicht umsonst ist in der iranischen Presse häufig von einer „Bani-Sadrisierung" der Verhältnisse die Rede, auf die es manche Reformgegner angelegt hätten. Der erste Staatspräsident der Islamischen Republik mußte zwei Tage, nachdem er einen Dissens mit dem damaligen Revolutionsführer Chomeini ausgesprochen hatte, aus dem Land fliehen. Vor Bani-Sadr hat der Angriff auf das religiöse Establishment bereits zwei andere Ministerpräsidenten der iranischen Moderne, die als Reformer angetreten sind, das Amt gekostet: Mirza Taghi Amir Kabir, der vom damaligen Herrscher Naser ed-Din Schah 1851 entlassen und ein Jahr später ermordet wurde, sowie Mohammad Mossadegh, der 1953 auch deshalb vom CIA gestürzt werden konnte, weil sich die Geistlichkeit um Ajatollah Abolghasem Kaschani demonstrativ zurückhielt. Daß Chatami die Wiederholung dieser dreifachen historischen Erfahrung unter allen Umständen zu vermeiden sucht, haben Vertraute von ihm bereits bei seinem Amtsantritt vorausgesagt. Ein Teheraner Journalist entwarf hierfür im Gespräch ein einprägsames Bild. Chatami gleiche dem Unbewaffneten, der die in die Enge getriebenen Geiselnehmer mit meistens sanften und manchmal drohenden Worten überreden will, die Gewehre aus der Hand zu legen. Die Geiseln, wohlgemerkt, seien das iranische Volk. Ob Chatamis Überredungskünste ausreichen, ist heute fraglicher denn je, schließlich ist die Angst der Konservativen berechtigt. Würde der Präsident seine Wahlversprechen einlösen, müßten sie um ihre Ämter, ihre Pfründe und die Herrschaft einer Weltanschauung fürchten, für die sie ihr politisches Leben lang gestritten haben. Manche von ihnen müßten auch damit rechnen, für ihre Verbrechen zur Rechenschaft gezogen zu werden. Chatami ist angetreten, den Revolutionsführer und die vergleichsweise moderaten Kräfte unter den Konservativen zu überzeugen, daß sie nichts zu befürchten haben und es in ihrem eigenen langfristigen Interesse liegt, sich von ihren noch radikaleren Bündnispartnern zu lösen, das Land zu demokratisieren und zu befrieden. Das klingt illusorisch. Wer aber den Versuch von vornherein als naiv verachtet, sollte sich auch über die Alternativen Gedanken machen.

Wie man heute weiß, existierten nach der Niederschlagung der Proteste Pläne für einen Sturz der Regierung Chatami, die Hinrichtung der im Fernsehen vorgeführten Studentenführer, die Schließung aller unliebsamen Zeitungen, die Verschiebung der im darauffolgenden Februar anstehenden Parlamentswahlen und die Verhaftung Hunderter oder Tausender von Intellektuellen und Journalisten. Doch in ihrem Überschwang trieben es die Radikalen unter den Konservativen offenbar zu weit. Ein Brief, in dem 24 Generäle Präsident Chatami implizit einen Putsch androhten, sorgte innerhalb des Machtapparates für heftige Gegenwehr und stieß auch bei einigen Gegnern Chatamis auf Ablehnung. Ebensowenig wie die Reformer sind die Konservativen eine homogene Front; so wie es unter jenen radikale Säkularisten und moderate Islamisten gibt, finden sich unter diesen machtbewußte Pragmatiker und kompromißlose Hitzköpfe. Auch ist der Übergang zwischen beiden Lagern fließend; der ehemalige Staatspräsident Rafsandschani etwa pendelte lange Zeit hin und her, um immer dort zu sein, wo gerade die Sonne schien. Dieses komplizierte Herrschaftsgefüge, dessen Gleichgewicht sich bei jeder unbedachten Aktion zu verschieben droht und in dem auch die Konservativen nicht nach Belieben agieren können, sorgt dafür, daß die Weisheit eines anderen Reformers in Iran nicht gilt: Nicht wer zu spät kommt, sondern wer zu rasch voranschreitet, den bestraft das Leben in der Islamischen Republik. Führende Konservative sahen sich genötigt, den Brief der Militärs öffentlich zu relativieren und als unbedeutend hinzustellen, und einige der Unterzeichner sollen einen zweiten Brief an Chatami geschickt haben, indem sie sich indirekt für die

Drohung entschuldigen. Nicht nur die Sympathisanten Chatamis unter den Politikern und der Geistlichkeit in Ghom wiesen das Ansinnen der Generäle energisch zurück; auch viele konservative Politiker wollen das Wagnis nach Möglichkeit vermeiden, das eine Absetzung Chatamis bedeuten würde. Sein Sturz würde das Land in eine Krise stürzen, die dauerhaft zu kontrollieren wahrscheinlich unmöglich wäre. Zudem fürchten nicht wenige Konservative offenkundig die Informationen über die Hintergründe der staatlichen Morde, die zu enthüllen führende Reformer androhen, wann immer sie in Bedrängnis geraten. Der Präsident mag auf die Duldung der konservativen Staatsführung angewiesen sein, doch weiß diese ziemlich genau, daß auch sie ihn braucht, um die Unzufriedenheit im Zaum zu halten und den Status quo zu bewahren. So bemühen sich die Kontrahenten, das Ruder in die Hand zu bekommen, ohne den jeweils anderen aus dem Boot zu werfen.

Angesichts dieser Konstellation verwickeln der Präsident und seine Minister die Konservativen in eine tägliche Auseinandersetzung und hindern sie daran, ihre Politik der vergangenen Jahre nahtlos fortzusetzen; so gelähmt die Reformer erscheinen, so nehmen sie ihren Gegnern damit gleichzeitig auch einen Teil ihrer Entfaltungsmöglichkeiten. Nicht zuletzt weil die drängenden wirtschaftlichen Probleme nach entschiedenen Maßnahmen und klaren Kompetenzen verlangen, bleibt das politische Patt unbefriedigend, doch sorgt es wenigstens dafür, daß der geistige und soziale Umbruch sich relativ ungehindert fortsetzen kann: Vorangetrieben wird der Reformprozeß, wenn überhaupt, nicht auf der politischen Bühne, die seit dem Amtsantritt Chatamis nur das eine Stück, den bis zum Überdruß bekannten Machtkampf zwischen Reformern und Konservativen kennt, sondern gleichsam im Auditorium, in der Gesellschaft.

Der Aufstand der Studenten wollte keine Revolution sein; immerhin haben die Demonstranten nicht die Abschaffung der Islamischen Republik gefordert, sondern daß das Wahlprogramm des Staatspräsidenten verwirklicht würde. Für eine Revolution ist das ein wenig zu regierungstreu.

Dennoch haben nicht nur die Bilder der Proteste an das revolutionäre Teheran erinnert, sondern hat auch das Wort von der Revolution eine Berechtigung, insofern es nämlich einen grundsätzlichen Wandel anzeigt. Die Studenten, die im Juli 1999 für einige Tage ins Zentrum der internationalen Berichterstattung gerieten, die aber auch nach dem Ende der Massenproteste ihren Widerstand nicht aufgegeben haben, sind die Kinder der Revolutionäre von 1978. Die bürgerlichen Kreise, die Mittel- und die Oberschicht, lehnten das herrschende System immer schon fast vollständig ab. Die Brisanz der gegenwärtigen Entwicklung liegt darin, daß sie von Jugendlichen aus allen gesellschaftlichen Schichten vorangetrieben wird. Die soziale Struktur der Demonstranten war so bunt wie die der Bevölkerung. Vor allem aber waren die Grenzen innerhalb der demonstrierenden Jugend, wenn nicht überall aufgehoben, so doch häufig verwischt, unklar, fließend. Das ist ein fundamentaler Unterschied zu den siebziger Jahren, als die bürgerlichen Studenten den linken oder liberal-islamischen Intellektuellen folgten, während die Masse der einfachen Leute sich erst auf Geheiß Chomeinis den Protesten anschloß. Mögen die Armen und die Bürger 1978 gemeinsam auf die Straße gegangen sein, so waren doch die Vorstellungen und Motive der Demonstranten grundsätzlich verschieden gewesen. Heute hingegen ist es kaum noch möglich, von der sozialen Herkunft auf die gelesenen Bücher, die politischen Leitfiguren, auf eine oppositionelle oder loyale Grundhaltung gegenüber der Islamischen Republik zu schließen. Das bedeutet, daß die Kinder jener Bevölkerungsgruppe, die das Chomeinische Staatsmodell getragen und von ihm auch profitiert haben, daß die Generation, die nach der Revolution aufgewachsen ist, ihren Gehorsam aufgekündigt hat. Und diese Generation stellt zwei Drittel der iranischen Gesellschaft. Allein dies wird in Iran – was immer in den nächsten Jahren geschehen wird – langfristig für einen Wandel revolutionären Ausmaßes sorgen. Es ist nicht das kleinste Problem der Altrevolutionäre, daß sie keinen Nachwuchs mehr finden. Unter den getöteten Demonstranten befand sich auch ein Student eines Theologischen Seminars. Das ist alles andere als ein Zufall.

Schlimmeres kann einer Theokratie kaum passieren, als daß ihr die Theologen abhanden kommen.

Ich besuchte Iran Ende Juli 1999, als bereits die Ferien angefangen hatten. Der Verkehr in Teheran war etwas erträglicher, die jungen Leute, die in der Stadt geblieben waren, vergnügten sich in den Parks, trafen sich in den Cafés und Pizzerias, streiften durch die Einkaufsstraßen oder verabredeten sich zum Ausflug in das Elburs-Gebirge, das sich am nördlichen Ende der Stadt erhebt. Nichts kündete davon, daß die Jugend vor nicht einmal drei Wochen den Aufstand geprobt und die Stadt praktisch in einen Ausnahmezustand versetzt hatte. Viele Studenten und zumal diejenigen, die sich in den Wohnheimen aufhielten, als diese überfallen wurden, waren für den Rest des Sommers in die Dörfer und Städte ihrer Eltern zurückgekehrt. Die obligatorischen Prüfungen zum Semesterende blieben ihnen in diesem Jahr erspart. Aufgrund der Unruhen hatten die Behörden alle Examina abgesagt.

Es herrschte, soweit sich das für ein bewegtes Menschenmeer wie Teheran überhaupt sagen läßt, Ruhe. Daß es keine Friedhofsruhe war, zeigte sich unter anderem an den zahlreich gewordenen Kiosken der Stadt, die von Zeitungskäufern umlagert waren wie an jedem Morgen dieses rauhen, aber noch andauernden Teheraner Frühlings. In den Kommentaren der reformorientierten Blätter und auch in den Gesprächen mit Journalisten, Intellektuellen und Studentenführern war wohl Besorgnis zu spüren, aber nicht Einschüchterung oder gar Resignation. Dies war vielleicht der stärkste Eindruck, den eine Reise nach Iran nach der Niederschlagung der Studentenproteste bescherte: Nichts war entschieden, der Kampf gegen jenes Denken, das sich auf die Religion beruft, um Gewalt und Unterdrückung zu rechtfertigen, war in vollem Gange. Allerdings war er in die Redaktionsräume, Universitäten, Behörden, Büros, Regierungspaläste und Gerichtssäle zurückgekehrt. Auf den Straßen, wo er zwischenzeitlich ausgetragen worden war, war der Kampf nicht zu gewinnen, jedenfalls nicht zum jetzigen Zeitpunkt. Der Aufstand der Studenten hatte es vor Augen geführt.

In der Nacht vor dem Rückflug sitze ich im Wohnzimmer Huschang Golschiris. Mit seiner achtzehnjährigen Tochter Ghazal diskutiert der Schriftsteller erregt die aktuelle Lage. Ghazal, die über die politischen Verhältnisse wie eine Leitartiklerin redet, ist überzeugt, daß sich die Schüler den Studenten nach den Ferien anschließen werden. Der Vater, der als Oppositioneller früher einmal zu den Kompromißloseren zählte, warnt vor einem Ausbruch der Gewalt und mahnt zur Besonnenheit. Die Tochter, die noch keine Revolution erlebt hat, sagt, die Jugend könne sich doch nicht ewig gedulden. Das Problem Irans ist, daß der Vater recht hat und auch die Tochter.

8

Die Angst der Wächter

24 Generäle schreiben einen Brief an Präsident Chatami

Begräbnis für Gefallene des iranisch-irakischen Kriegs. Noch immer werden im Sand der Schlachtfelder tote Soldaten aufgefunden. Da sie offiziell für eine heilige Sache gestorben sind, umfaßt die Trauerfeier wesentliche Merkmale der Aschura-Prozessionen, der schiitischen Buß- und Trauerrituale. In der Ideologie der Islamischen Republik verbindet sich politische Romantik, religiöse Passion, schiitischer Märtyrerkult und moderner Totalitarismus. (Photo: Thomas Kern / Lookat)

Als die Tageszeitung *Keyhân* am 19. Juli 1999 den Brief veröffentlichte, in dem 24 hochrangige Militärs Präsident Chatami implizit einen Putsch androhten, gab sie einen seltenen Einblick in die Welt hinter den Kulissen der Teheraner Politik. In dem Schreiben, das unmittelbar vor der Niederschlagung der Studentenproteste verfaßt worden ist, fordern die Generäle Chatami auf, härter gegen die Demonstranten vorzugehen und die öffentliche Ordnung wiederherzustellen. Sie kritisieren die Duldsamkeit, mit der die Regierung auf die Gesetzesübertretungen, Verunglimpfungen und die Gefährdung der nationalen Sicherheit durch die Demonstranten reagiert habe, und lassen keinen Zweifel daran, daß sie nicht nur ein Ende der Demonstrationen, sondern ein Ende des gesamten Reformprozesses fordern: „Sehr geehrter Herr Chatami, wie lange noch sollen wir mit Tränen und blutenden Herzens und angesichts der anarchischen Zustände an der Verhöhnung teilnehmen, die die Übung in Demokratie darstellt, und um den Preis des Verlusts der Staatsordnung revolutionären Langmut beweisen?"

Daß der Brief auf heftigen Widerstand der reformorientierten Öffentlichkeit stieß und seine Wirkung kaum der Intention seiner Verfasser entsprach, habe ich im letzten Kapitel geschildert. Über die tagespolitische Bedeutung hinaus ist er aber auch ein zeitloses Dokument von großer Aussagekraft. Der Text gewährt einen authentischen Einblick in das Denken, die Sprache und die Wahrnehmung jener Kreise in Iran, die sich am stärksten gegen eine Veränderung der politischen und gesellschaftlichen Verhältnisse wehren. Er führt nicht nur ihre Gewaltbereitschaft vor Augen, sondern deutet vor allem an, wie sie die angedrohte Anwendung der Gewalt ideologisch legitimieren. Betrachtet man den Brief im Kontext der Ansprachen konservativer Vordenker seit dem Amtsantritt Präsident Chatamis im August 1997 erschließt sich eine geistige Wagenburg.

Auffällig an dem Schreiben ist zunächst die Sprache. Sie hat nichts von der Knappheit und Funktionalität des militärischen Jargons, den man über die Grenzen der Länder und politischen Systeme hinweg kennt. Die Autoren verdeutlichen schon durch ihre Ausdrucksweise, daß sie sich als Hüter nicht nur einer staatlichen, sondern auch einer geistigen Ordnung verstehen, daß sie nicht bloße Soldaten sind, sondern Vertreter einer religiösen Weltanschauung, nicht nur Bürger, sondern Intellektuelle, ja Rhetoren in Uniform. Es ist kennzeichnend für die iranischen Streitkräfte, insbesondere für die Revolutionswächter sowie den Geheimdienst, daß zahlreiche ihrer Kader aus der islamischen Studentenbewegung hervorgegangen sind. Dieser religiös-akademische Hintergrund offenbart sich in dem Brief. Dessen Sprache ist ein Persisch, das sich um den Nachweis von rhetorischer Bildung und Stilhöhe bemüht, blumig, umständlich, gespickt mit Satzkonstruktionen, die selbst für das ohnehin oft verschachtelte gehobene Schriftpersisch kompliziert sind, und voller stilistischer Mittel. So sind allein dreizehn der zwanzig Sätze, aus denen der zweiseitige Brief besteht, rhetorische Fragen. „Ist die persönliche Würde des Imam (Chomeini), jenes unvergleichlichen Menschen, weniger wert als die Würde eines verunglimpften Studenten? Sind die tagelange Bedrohung der nationalen Sicherheit, der Angriff auf jeden Gläubigen und Frommen sowie die Brandstiftungen etwa kein Desaster? Ist das Infragestellen der Islamischen Republik, dieses Vermächtnisses von Märtyrern, und das Ausrufen feindlicher Parolen etwa kein Desaster?"

Auch der larmoyante Ton und die mit kräftigen Farben gemalten Bilder sind bewußt verwandte Stilmittel, die an die Emotionen eher als an den Verstand appellieren. „Sehr geehrter Herr Chatami", heißt es an einer Stelle, „als berichtet wurde, daß vor einigen Abenden eine Gruppe mit feindlichen Parolen gegen den verehrten Revolutionsführer in Richtung des Schahid-Mottahari-Komplexes unterwegs sei, schauten unsere kleinen Kinder uns in die Augen, als hätten sie uns gefragt: Wo ist euer Ehrgefühl geblieben?" Der Satz wäre mißverstanden, würde man ihn als spontanen, gar unbeholfenen Ausdruck einer Gefühlswallung erklären. Die Ästhetik, die sich in dem Bild von den Feinden vermittelt, die auf Teherans Straßen marschieren und den geliebten Revolutionsführer beleidigen, sowie den Kindern, die ihren Soldatenvätern in die Augen schauen und nach deren Ehrgefühl fragen – diese grelle Choreographie ist wohlvertraut und gezielt zitiert. Sie findet sich auch in den großflächigen Gemälden, die in den achtziger Jahren unzählige Häuserwände Teherans und noch heute ausgewählte Plätze schmücken: Unschuldige Kinder, aus deren übergroßen Kulleraugen eine Träne rinnt, dazu das verzweifelte oder bereits durch den Märtyrertod beseelte Gesicht des Revolutionshelden und im Hintergrund eine Situation aus den Tagen der Revolution oder aus dem iranisch-irakischen Krieg, Feinde, die marschieren, oder eine Explosion. In Umrissen ist oft das Gesicht der Ajatollahs Chomeini oder Chameneí zu erkennen. Die vielen Sendungen, mit denen das staatliche Fernsehen der Revolution oder des Krieges gedenkt, verwenden die Kontrastierung der Helden mit herzzerreißend traurigen Kindergesichtern sowie die Gestalt des Revolutionsführers als ein festes Element; untermalt werden die fast durchweg in Zeitlupe gesendeten Bilder von einer Musik wie aus einem amerikanischen Action-Film. Diese Form revolutionär-militaristischer Romantik zeigt sich auf Briefmarken, Postern, Aufklebern, in iranischen Kriegsfilmen und den Bildern jener Kunst, deren Funktion dem sozialistischen Realismus in den Staaten des ehemaligen Ostblocks entspricht, die aber in Iran ästhetisch eher an die Gattung der naiven Malerei erinnert. Das Quartett von dem weinenden Kind, dem zum Martyrium bereiten oder bereits getöteten Helden, den feindlichen Gestalten im Hintergrund und dem schemenhaften Antlitz des Imams gehört zur Ikonographie der Islamischen Revolution. Diese Ikonographie ist deshalb so reich und wirkungsvoll, weil sie sich aus einer sehr alten Quelle speist: der schiitischen Volksfrömmigkeit mit ihren Elegien, ihren Buß- und Trauerritualen, ihrem Märtyrerkult und ihrem der sunnitischen Welt fremden Erlösungsgedanken.

Erst der Rekurs auf die Volksfrömmigkeit hat die Massenwirkung von Chomeinis Ideologie ermöglicht und so entscheidend zum Triumph der islamistischen Strömung über die anderen Strömungen innerhalb der revolutionären Bewegung beigetragen. Für den herrschenden Diskurs und die politische Praxis in der Islamischen Republik ist die Volksfrömmigkeit ein Archiv von Bildern, Sprechakten und symbolischen Handlungen. Die Autoren des Briefes rechtfertigen sich wiederholt durch die „Tausenden, die für die Revolution Leid ertragen haben“ – niemals bloß durch die Anhänger der Revolution. Das Leid, das Opfer, das Martyrium, die Tränen sind innerhalb der schiitischen Volksfrömmigkeit positiv besetzt, sie zeichnen aus. So geschieht es während der schiitischen Passionsspiele nicht selten, daß die Tränen der Zuschauer mit einem Schwamm gesammelt und als Reliquie behandelt werden. Die staccatoartig aneinandergereihten Fragen des Briefes mit ihrem gleichen, aber immer neu variierten Inhalt sind in ihrer sprachlichen Struktur selbst Teil eines Passionsspiels und lassen an Szenen denken, die jeder, der länger in Iran war, gut kennt: die Männer, die in Form von rhetorischen Fragen laut über das Martyrium eines Imams wehklagen – Warum mußtest du ...? Warum wurde das ...? Weshalb habe ich nicht ...? Ist das nicht ...? – und zu jeder Frage sich auf die eigene Brust schlagen, so daß ein getragener Rhythmus entsteht, der die melodische Wehklage untermalt.

Diese Klage besteht nicht aus bloßer Trauer. Sie ist ebenso die Vergegenwärtigung des eigenen Versagens, des Versagens der schiitischen Gemeinde, die ihre Märtyrer und speziell Imam Hossein vor dreizehn Jahrhunderten in der Schlacht von Kerbela allein gelassen hat. Auch diesen Topos des schiitischen Buß- und Trauerkults nehmen die Generäle in ihrem Brief auf. Sie deuten an, daß der eigentliche Schmerz darin besteht, untätig mitansehen zu müssen, wie der unschuldige Imam – in diesem Falle sowohl durch Staatsgründer Chomeini wie durch Revolutionsführer Chameneí personifiziert – angegriffen und seine Würde verletzt wird. Dabei verweisen die Verfasser auf die schiitische Leidensgeschichte keineswegs nur implizit, sondern direkt und ausdrücklich. „Sehr geehrter Herr Staatspräsident“, heißt es in dem Brief, „als wir heute das Gesicht des verehrten Revolutionsführers erblickten, erflehten wir uns vom Herrgott den Tod, da uns die Arme gebunden sind und wir mit einem Stachel im Auge und einem Kloß im Hals Zeugen des Dahinwelkens eines Sprößlings sein müssen, der die Frucht von vierzehn Jahrhunderten Leid und Martyrium der Schiiten und des Islams ist.“

Die Islamische Republik ist also nicht nur das Ergebnis der Revolution von 1979; sie wird hier als die Frucht eines vierzehnhundertjährigen Kampfes verstanden, als das Telos der schiitisch-islamischen Heils- und Leidensgeschichte. Für die Autoren ist die Islamische Republik „das Vermächtnis von Märtyrern" und die Frucht „des vielen vergossenen Blutes". An anderer Stelle erinnern sie daran, daß die iranischen Politiker ihre führenden Ämter „dem vergossenen Blut Tausender von Märtyrer" verdanken. Man wird die Verbissenheit, die zu allem, auch eigenen Opfern bereite Hartnäckigkeit, mit der die beharrenden Kräfte in Iran für den Erhalt des bestehenden politischen Systems kämpfen, nicht verstehen können, ohne diese Interpretation der Geschichte zu berücksichtigen. Aus ihr leitet sich die religiöse Dramatik ab, welche die jüngste Entwicklung für die Autoren des Briefes hat, und sie ist es, die dem System noch Bestand verleiht, obwohl es von der gesellschaftlichen wie ökonomischen Entwicklung mindestens so überholt ist wie die Sowjetunion am Ende ihres Bestehens. Diese Geschichtsinterpretation basiert auf dem chiliastischen Charakter der schiitischen Volksfrömmigkeit und spricht denen, die in der vierzehnhundertjährigen Reihe der Glaubenskämpfer und Märtyrer stehen, einen fast messianischen Auftrag zu. Die Islamische Republik gründet sich damit in letzter Instanz auf den Willen Gottes, und das verleiht denen, die ihn ausführen, die ideologische und psychologische Legitimation, sich im Zweifel über den Volkswillen hinwegzusetzen. Es ist dieselbe implizite Behauptung, die durch die Umdeutung des alten theologischen Grundsatzes „Das Gute gebieten, das Schlechte verneinen" zur Aufhebung der Privatsphäre führt, da der göttliche Auftrag die zwangsweise Rechtleitung jener einschließt, die zur eigenen Gemeinde gehören, aber uneinsichtig sind. Es ist aufschlußreich, daß sich die Autoren des Briefes an keiner Stelle auf das Volk als solches berufen, sondern ausschließlich auf diejenigen, die Opfer für die Revolution gebracht haben. Diese sind die „Eigenen" (*chodihâ*), die anderen, die Revolutionsfeinde, die sogenannten Liberalen, die säkularen Intellektuellen, die Verwestlichten, überhaupt die nicht durch die schiitische Volksfrömmigkeit geprägte Mittel-

und Oberschicht, sie sind die „Nicht-Eigenen" (*gheir-e chodihâ*). Wie der Begriff verstanden und angewendet wird, beinhaltet er deutlich auch eine soziale Kategorisierung. So war insbesondere das Bürgertum gemeint, als die konservative Presse im Vorfeld der ersten Kommunalwahlen Irans Anfang 1999 mit Grauen registrierte, daß erstmals einige „Nicht-Eigene" kandidierten und auf Wahlplakaten plötzlich Träger von Krawatten und geschminkte Frauen zu sehen waren. „Laßt nicht zu, daß die Revolution in die Hände derer fällt, die nicht von uns sind", hatte der Gründer der Islamischen Republik, Großajatollah Ruhollah Chomeini, seinen Erben auf den Weg gegeben, unmittelbar bevor er 1989 starb. Die Warnung ist ein Leitmotiv für jene Politiker und Geistlichen, die seitdem die Geschicke des Landes bestimmen; und es ist der unterschwellige, bisweilen explizite Vorwurf, daß die Protagonisten des *Zweiten Chordâd*, die doch eigentlich und ursprünglich zu den „Eigenen" gehören, im Begriff sind, die Revolution an die „Nicht-Eigenen" zu verschenken.

Die Einteilung der Menschen in *chodihâ* und *gheir-e chodihâ* ist im Diskurs der konservativen Strömung in Iran, in den Reden ihrer Politiker und den Analysen ihrer Zeitungen, zu einem wiederkehrenden Motiv geworden und taucht an zwei Stellen auch in dem Brief der vierundzwanzig Generäle auf. Wer die Welt in Eigene und Nicht-Eigene einteilt, der fühlt sich in ihr zwangsläufig als Minderheit, er sieht sich umringt, ja umzingelt von Feinden, wittert Verschwörung und igelt sich ein, schließlich sind die „Nicht-Eigenen" nicht nur die verdorbenen Teile der eigenen Bevölkerung, sondern fast die gesamte Welt. Dieser psychologische Faktor, das Gefühl der permanenten Bedrohung und der überall lauernden Fallen, hat sich über viele Jahre hinweg auf die Außenpolitik Irans ausgewirkt und prägt noch immer die innenpolitische Auseinandersetzung. Auch in dem Brief der Offiziere ist er manifest: Es seien Zustände eingekehrt, in denen „jeder Fromme verprügelt und seine Ehre beschimpft" werde, so daß „die Verteidiger der Revolution vorsichtig und in einer Mischung aus Hoffnungslosigkeit und Desillusionierung täglich gedemütigt wurden". Daß die

Angst vor einer feindlich gesinnten Umwelt ein beherrschendes Moment im Denken der konservativen Staatsführung ist, läßt sich nirgends besser als in den Reden von Revolutionsführer Chameneí beobachten. Die Häufung von Begriffen wie „Verschwörung", „Invasion", „verderblicher Einfluß", „Verrat", „ausländische Hände" und vor allem „Feind" übertrifft jedes Maß. Als er sich etwa im Dezember 1998 erstmals zu den Intellektuellenmorden des vergangenen Herbstes äußerte, für die später der iranische Geheimdienst die Verantwortung übernahm, gelang es dem Revolutionsführer in einer Rede von kaum mehr als zehn oder fünfzehn Minuten fünfundzwanzig Mal das Wort „Feind" in den Mund zu nehmen. Dieser sei es, der die Morde zuerst begehe, um „dann in die Propagandahörner zu blasen, woraufhin ihnen die käuflichen Federn hierzulande folgen, Federn, deren Verbrechen nicht geringer ist als jenes der ausländischen Sender", wie es Chameneí in eben jener blumigen und dramatisierenden Diktion ausdrückte, deren Versatzstücke auch in dem Brief der Generäle auftauchen. Die Studentenproteste hätten die „überall lauernden Feinde augenscheinlich zu Freudentänzen verleitet", heißt es hier. „Die revolutionsfeindlichen Bewegungen sind dreister geworden", bemerken die Unterzeichner, die bei den Protesten der Studenten „die Fährte des Feindes deutlich sehen und sein trunkenes Gelächter hören" können. Sie beschwören den Präsidenten, auf „die Medien und Rundfunksender der gesamten Welt" zu achten: „Ist der Klang ihrer Schellen und Pauken etwa nicht zu hören?"

Daß „sich die Feinde und Verräter in diesen Tagen in Scharen diesem skandalösen Spektakel anschließen", versteht sich für die Unterzeichner von selbst. Darüber hinaus enthält der Brief jedoch eine höchst aufschlußreiche Nuance. Die Autoren beklagen, daß „die rachsüchtigen, kurzsichtigen und profitgierigen Eigenen (*chodihâ*) ihm (dem skandalösen Spektakel) die Munition liefern und sich zu dessen Anfeuerung keiner Rede und keines Schreibens enthalten". Weiter heißt es: „Ehrwürdiger Sejjed, betrachten Sie die Reden der scheinbaren Freunde und Eigenen (*chodihâ*) bei den Versammlungen der Studenten. Sind diese nicht sämtlich Ermutigung und Anstiftung zu Chaos und Gesetzesverletzungen". In diesen zwei Hinweisen auf die „Eigenen", die sich den „Nicht-Eigenen" anschließen und den Feinden die Munition liefern, ist die ganze, aus Sicht der Autoren gefährliche Dynamik der gegenwärtigen Entwicklung in Iran bezeichnet. Es sind nicht die ohnehin säkularen Intellektuellen und ihre Zeitschriften, die sich heute mit den ideologischen Grundlagen der Islamischen Republik kritisch auseinandersetzen und sich etwa zum Verhältnis von Staat und Religion oder zur Doktrin der *welâyat-e faqih* äußern, als vielmehr Geistliche, Professoren und manche Politiker, die in den achtziger Jahren die Islamische Republik getragen und gestaltet haben. Die Kritik aus den Reihen der eigenen islamischen Kräfte, aus den Reihen der „Eigenen" ist für ein nach außen kompaktes System wie das iranische natürlicherweise der gefährlichste, weil sie das System von innen aushöhlt. Mit den „rachsüchtigen, kurzsichtigen und profitgierigen Eigenen" sind in dem Brief der Generäle eben jene gemeint, die sich – wie zum Beispiel die ehemals radikal islamistische Studentenorganisation „Büro zur Festigung der Einheit", die unter anderem 1979 die amerikanische Botschaft besetzt hat – durch Linientreue besonders hervortaten und nun gemeinsam mit bürgerlichen und nationalistischen Gruppierungen für eine Veränderung des politischen Systems eintreten. Wenn die Autoren die „Reden der scheinbaren Freunde und Eigenen bei den Versammlungen der Studenten" kritisieren, dann ist das auf den Hodschatoleslam Abdollah Nuri gemünzt, dem 1998 vom Parlament gestürzten Innenminister Chatamis. Er hatte die Studenten nach dem Überfall auf das Wohnheim besucht und sich auf ihre Seite gestellt.

Präsident Chatami bezeichnen die Autoren als einen der Ihren. Er wird als „Seine Exzellenz, der hochgeschätzte Gelehrte" angeredet, und ein paar Zeilen weiter liest man: „Sehr geehrter Herr Chatami, zweifellos erachten wir alle Seine Exzellenz für einen abgeklärten, revolutionären und religiösen Menschen, der tief in der religiösen Schule verwurzelt und der Revolution ergeben ist." Der Präsident wird also von seinen demonstrierenden Anhängern ausdrücklich abgesetzt. Diese seien nur seine „scheinbaren Freunde". Diese Art der Vereinnahmung ist charakteristisch für den Umgang der konservativen Öffentlichkeit mit dem Präsidenten. Indem die Konservativen ihn als einen der Ihren reklamieren, erwehren sie sich des Eindrucks, daß das Votum der Wähler für Chatami ein Votum gegen ihre Herrschaft war. Die Autoren des Briefes gehen aber noch weiter und behaupten, daß es gerade die treuesten Anhänger der Revolution gewesen seien, die Chatami gewählt hätten: „Sehr geehrter Herr Staatspräsident, Tausende Familien von Märtyrern, Aufopfernden und Kämpfern haben Ihnen ihre Stimme gegeben, die einer Medaille gleich Ihre Brust schmückt. Sie erwarten von Ihnen eine unparteiische Reaktion auf diese Probleme." So sehr die Autoren bemüht sind, die Form zu wahren und dem Präsidenten ihre Zuneigung zu versichern, ist allerdings ein bisweilen ironischer, bisweilen drohender Unterton nicht zu verkennen. Eben weil sie ihn zu einem der Ihren erklären, erwarten sie vom Präsidenten eine, wie sie es nennen, „revolutionäre Entscheidung". Der letzte Satz des Briefes ist eine Putschandrohung, die an Höflichkeit nicht zu übertreffen sein dürfte: „Zum Abschluß erklären wir Ihnen voller Achtung und Zuneigung, daß unsere Geduld erschöpft ist und wir uns, falls unser Anliegen nicht behandelt werden sollte, nicht weiter durch Gleichmut auszeichnen können."

Was ein Ende der Gleichmut bedeutet, ist unschwer auszumalen. Verfolgt man die Ansprachen konservativer Geistlicher in den letzten Jahren, so findet man die physische Gewalt immer häufiger zum legitimen Mittel erklärt, um ihre Auffassung von der Religion und ihre Macht zu verteidigen. „Kann ein islamischer Staat, der sich auf einen allgemeinen Volksentscheid gründet, zu roher Gewalt greifen?" fragte Ajatollah Mohammad Taqi Mesbah-Yazdi in der ersten Freitagspredigt nach den Studentenunruhen. Mesbah-Yazdi gilt als der Theoretiker der konservativen Herrschaft und liefert den Milizen der *Ansâr-e hezbollâh* und der *Basidsch* das geistige Rüstzeug. Implizit bejahte er seine Frage: „Wer für gutes Zureden nicht empfänglich ist, dem muß man mit Gewalt begegnen." Mesbah-Yazdi kritisierte den „Geist der

Toleranz und der Milde", der sich im Land ausbreite und rief die Gläubigen auf, den Befehlen ihres Glaubens zu gehorchen. Einige Wochen später wurde er noch deutlicher: „Wer sagt, er habe eine neue Interpretation des Islams, dem muß man in den Mund schlagen." Die radikale Wochenzeitung *Sobh* („Morgen") assistierte dem Freitagsprediger umgehend, indem sie erklärte, keine Revolution habe „jemals ihre Prinzipien und Ziele auf legaler Basis oder auf der Grundlage einer allgemein anerkannten Charta verwirklicht". Wenig später verschärfte der Kommandeur der Streitkräfte, General Mohammad Reza Naqdi, noch den Ton, als er in einer Teheraner Moschee über die „moralisch schwer zu bewertende Rolle" der Sicherheitskräfte sprach. „Wenn ein Ungläubiger unsere Gläubigen als menschliche Schutzschilde benutzt, haben wir keine andere Wahl, als den Ungläubigen niederzuschießen."

Der Legitimierung der Gewalt dient die Aufteilung der Menschen in „Eigene" und „Nicht-Eigene" als eine entscheidende intellektuelle Stütze, denn die „Nicht-Eigenen" werden als Fremdkörper in einem religiösen Staat, als Menschen mit eingeschränkten Rechten behandelt, die ähnlich den Angehörigen der religiösen Minderheiten im besten Fall geduldet, aber nicht gleichberechtigt am politischen Geschehen beteiligt werden. In einer weiteren Freitagspredigt hat Ajatollah Mesbah-Yazdi offen zwischen „Bürgern erster und zweiter Klasse" unterschieden – ein aus totalitären Herrschaften vertrauter Mechanismus. In *Elemente und Ursprünge totaler Herrschaft* beschreibt die in Iran weithin rezipierte Hannah Arendt just diese von allen Differenzen und Nuancen absehende „Dichotomie zwischen der eigenen Bewegung und der gesamten Außenwelt" hinlänglich. Man übersieht das allzu leicht: Die Ideologie, die sich in den Predigten Mesbah-Yazdis vermittelt, ist trotz ihrer teilweise religiösen, also alten Terminologie dem Wesen nach durch und durch modern; um sie zu verstehen, helfen der Koran und die Aussprüche der schiitischen Imame daher nur bedingt. In ihrer Auseinandersetzung mit jener Frömmigkeit, die Gewalt als Mittel der Politik und im Umgang mit Andersdenkenden rechtfertigt, dient iranischen Autoren die europäische Geschichte des 20. Jahrhunderts und insbesondere der Nationalsozialismus als ein ertragreicheres Muster; der Begriff „Schreibtischtäter" ist nach den Intellektuellenmorden als Fremdwort ebenso in den persischen Zeitungsdiskurs eingebracht worden wie Rosa Luxemburgs Definition der Freiheit. Allerdings, und hier spielt die religiöse Komponente eben doch eine entscheidende Rolle: Obwohl das totalitäre Potential von Chomeinis Staat, nämlich die zwanghafte Formung des vollkommenen Menschen und Schaffung einer perfekten Gesellschaft, zu keiner Zeit vollständig aufgegangen ist und das von ihm geschaffene System ökonomisch und politisch inzwischen auf mehr als nur tönernen Füßen steht, erweist es sich als äußerst zäh. Das liegt nicht zuletzt daran, daß die schiitisch-revolutionäre Doktrin sich anders als der Stalinismus oder der Nationalsozialismus keine Vergangenheit konstruieren muß. Kerbela ist in Iran ungleich realer als Walhalla es je in Deutschland war. Die Mythen, auf die sich die Islamische Republik gründet, sind nicht künstlich wiedererweckt, sondern in der iranischen Gesellschaft seit Jahrhunderten lebendig. Es sind die Überlieferungen, Symbole und Rituale schon der Väter und Vorväter, die wie in dem Brief der Generäle lediglich neu gedeutet, mit neuen Inhalten versehen werden. Deshalb fällt die Bewegung im Moment ihrer Niederlage nicht einfach in sich zusammen und hören ihre Anhänger nicht „von einem Tag auf den anderen auf, an ein Dogma und eine Fiktion zu glauben, der ihr Leben zu opfern sie gestern noch bereit waren", wie Hannah Arendt das Ende der totalitären Bewegungen charakterisierte. Die religiöse Grundierung verleiht dem totalitären Denken in Iran seine Resistenz und sorgt zugleich für seine spezifische Gefahr. So ist die Ermordung zahlreicher Schriftsteller, Oppositioneller und Andersgläubiger durch Angehörige des iranischen Geheimdienstes mehr als nur ein politisch motiviertes Verbrechen gewesen; sie ist die mittelbare Konsequenz jener Wahrnehmung der Welt und der eigenen Mission, von der auch der Brief der Generäle geprägt ist. „In den letzten Jahren sind zahlreiche Gewaltverbrechen und Gesetzesbrüche unter der Standarte religiöser Ziele begangen worden", schrieb die Zeitung *Salâm* nach der Mordserie im

Herbst 1998, „und nach jedem Komplott fanden sich Schreiber und Unterstützer, welche diese unislamischen Aktionen geweiht und damit das religiöse Bewußtsein und die religiöse Vorgeschichte der Täter vor Augen geführt haben". Allem Anschein nach wurden mindestens die Morde an Dariusch Foruhar und seiner Frau Parwaneh Eskendari gleichsam als Ritual verübt; Foruhar wurde auf einen Stuhl gesetzt, der nach Mekka ausgerichtet war, um durch elf Stiche ins Herz hingerichtet zu werden. Seiner Frau hat man fünfundzwanzig Mal ins Herz gestochen und dabei im Chor Gebetsformeln ausgerufen. Das paßt nicht zu einem bloßen Auftragsmord. Wem es nur ums Töten geht, sticht nicht fünfundzwanzig Mal ins Herz einer älteren Dame. Die schockierende Energie der Täter läßt sich nur durch ihre Gesinnung erklären. Tatsächlich fühlten sie sich durch einen formellen Auftrag religiös legitimiert. Auch wenn die Behörden gerade dies bis heute ausdrücklich und wiederholt geleugnet haben, liegen glaubwürdige Hinweise vor, wonach die Befehlsgeber, bevor sie den Geheimdienst beauftragten, religiöse Gutachten (*Fatwas*) von Rechtsgelehrten des mittleren Ranges wie dem Teheraner Oberstaatsanwalt Ali Razini, dem Leiter des Revolutionsgerichtes, Gholamhossein Rahbarpur, oder dem Leiter des Sondergerichts für Geistliche, Gholamhossein Mohseni Edjeí, eingeholt haben. Die Theologen, die die Morde legitimierten und deren Zahl mit drei oder vier angegeben wird, haben an der gleichen Theologischen Hochschule, der Haqqani-Medrese in Ghom, studiert und gelten als weitaus radikaler noch als Revolutionsführer Chameneí oder ihr direkter Vorgesetzter Ajatollah Mohammad Yazdi, der damalige Leiter der Justiz. Zu den Absolventen dieser Schule gehört auch Ebrahim Mir Hedschazi, der im Büro des Revolutionsführers für Sicherheitsfragen zuständig ist und über die Aktivitäten seiner ehemaligen Kommilitonen im Detail informiert gewesen sein soll.

In der westlichen Presse war im Zusammenhang mit den Intellektuellenmorden gelegentlich wieder von einem geheimen Sondergremium auf höchster staatlicher Ebene die Rede, in dem Listen von Intellektuellen verlesen und die jeweiligen Mordopfer festgelegt worden seien. Auch Chameneí und der Leiter des sogenannten Schlichtungsrates, Rafsandschani, sollen nach diesen Angaben, die insbesondere vom ersten Staatspräsidenten der Islamischen Republik, dem im Pariser Exil lebenden Abolhassan Bani-Sadr verbreitet werden, diesem Gremium angehört haben. Schon im Urteil des Berliner Landgerichtes im Mykonos-Prozeß war es beschuldigt worden, die Morde an vier kurdischen Oppositionellen angeordnet zu haben. Aber die inzwischen veröffentlichte Urteilsbegründung der Berliner Richter und erst recht die jetzt verbreiteten „Enthüllungen" wirken in weiten Teilen eher spekulativ, ist auch an dem grundsätzlichen Vorwurf des Staatsterrorismus kaum zu rütteln. Es mag dieses Gremium geben; angesichts der komplizierten, eher molekularen als streng hierarchischen Struktur des politischen Systems in der Islamischen Republik scheint es aber wahrscheinlicher, daß einzelne Gruppierungen, Gremien und Sicherheitsorgane innerhalb des Staatsapparates relativ selbständig agieren, wie man es von der ostdeutschen Staatssicherheit oder dem KGB in der Spätphase ihrer Staaten kennt. Gewiß kann man sich nicht vorstellen, daß keiner der höchsten Würdenträger Irans von diesen Aktivitäten gewußt hat, zumal sie die politische Verantwortung ohnehin tragen. Aber daß sie die Morde formell auf einer Sitzung oder per Dekret befohlen haben, ist eher zweifelhaft.

Gäbe es ein Sonderkomitee, in dem lauter brutale Machthaber säßen, die regelmäßig die Listen der zu ermordenden Intellektuellen besprächen – beinahe könnte man aufatmen: Man müßte nur das Komitee auflösen und die Machthaber ins Gefängnis oder nach Hause schicken, und schon wäre das Problem gelöst. Aber es ist viel schlimmer. Der Terror hat sich in Iran zu einem gesellschaftlichen Phänomen entwickelt, das allein durch die Absetzung einzelner Politiker nicht zu beseitigen wäre. Im Fernsehen, in der Presse und nicht zuletzt auf den Kanzeln der Freitagsgebete hat in den letzten Jahren eine Ideologie erschreckend weite Verbreitung gefunden, die „den Boden für eine derartige Bestialität bereitet" hat, wie die Teheraner Zeitschrift *Kiyân* es nannte. Intellektuelle, andersdenkende Geistliche und liberale Oppositionelle wurden nicht mehr nur als politische Gegner, sondern regelmäßig als Ketzer und Spione tituliert und mit wüsten Beschimpfungen belegt. Dies geschah nicht auf Flugblättern extremistischer Gruppen, sondern kontinuierlich im Fernsehen, bei den zentralen Freitagsgebeten, in den Verlautbarungen der Justiz oder in offiziösen Tageszeitungen wie *Keyhân* oder *Resâlat.* In einer solchen Atmosphäre der verbalen Aggression braucht es weder höchste Gremien noch Dekrete, damit bestimmte Personen oder Kreise meinen, sie würden ihrer religiösen und staatsbürgerlichen Pflicht nachkommen, wenn sie die ihnen namentlich vorgestellten Feinde der Nation und des Islams umbringen. Ein Theologe wie Mesbah-Yazdi geht so weit, den Gläubigen ausdrücklich das Recht auf Selbstjustiz zuzubilligen, falls der Staat diese Feinde nicht verfolge. Und auch er appelliert an den Grundtopos im kulturellen Gedächtnis der Schiiten, wenn er die kritischen Journalisten in Iran mit dem ummayyadischen Kalifen Yazid vergleicht, der 680 den Imam Hossein hatte umbringen lassen: „Wenn die Regierung ihrer Pflicht nachgekommen wäre, hätte sie diese Schwätzer längst an Galgen aufgehängt, damit die Menschen sie mit ihren schlimmsten Flüchen übergießen könnten."

Ajatollah Mesbah-Yazdi wurde in Iran vorgeworfen, daß es von seiner Aufteilung zwischen „Bürgern erster und zweiter Klasse" nicht weit zum Gedanken des „unwerten Lebens" sei, und muslimische Intellektuelle wie Akbar Gandschi, aber auch Chatami selbst warnen seit längerem vor den Auswirkungen dieses, wie sie es mit Bedacht bezeichnen, „religiösen Faschismus". Die Tötung der juristischen Person, so wissen sie mit Hannah Arendt, ist der „erste entscheidende Schritt zur totalen Herrschaft", die in industriellen Todeshallen und anonymen Massengräbern, in der Verweigerung des menschlichen Urrechts, erinnert zu werden, ihren schlimmstmöglichen Ausdruck hat. Mögen die totalitären Tendenzen der Islamischen Republik Symptome einer schon pathologischen Angst vor Verschwörern und Feinden sein, so macht gerade dies sie noch irrationaler und ihre Folgen unberechenbarer. Der Wahlsieg Chatamis und der sich in ihr widerspiegelnde Wille der Bevölkerung nach tiefgreifenden Veränderungen hat diese Angst dramatisch verstärkt; aber wie etwa die ausschließlich von Frauen herausgegebene, inzwischen längst verbotene Zeitung *Zan* in einem Kommentar nach den Intellektuellenmorden betonte, ist die Islamische Republik schon seit ihrem Entstehen von dieser „schaudererregenden Krankheit, die jeden Tag auf andere Weise zum Vorschein kommt", geplagt.

Das Gefühl der inneren und äußeren Bedrohung teilen fast alle Mitglieder des konservativen Establishments, doch gehen sie unterschiedlich damit um. Manche belassen es dabei, ihre weitreichende politische oder ökonomische Macht einzusetzen, um den Reformprozeß aufzuhalten, aber es sind auch nicht wenige, die physische Gewalt als legitimes Mittel betrachten, um ihre Auffassung von der Religion, ihre Herrschaft und nicht zuletzt ihre Privilegien zu verteidigen. Ihnen ergeben sind ein großer Teil der Sicherheitskräfte, darunter die Führungsetagen der Revolutionswächter und des Geheimdienstes, die Freiwilligenmiliz der *Basidsch*, aber ebenso die zivilen Schlägertrupps, die immer wieder Politiker und Geistliche, die ihrer Ansicht nach die Ideale der Islamischen Revolution verraten haben, krankenhausreif schlagen. Zu ihren Opfern gehört unter anderem der reformorientierte Bruder des Revolutionsführers, Hadi Chameneí, dem sie Mitte Februar 1999 in einer Moschee in Ghom unter „Tod Chatami"-Rufen einen Schädelbruch zufügten, ohne daß die anwesenden Polizisten eingegriffen hätten. „Wir taten es zuallererst, um Gott zufriedenzustellen und damit nicht vom Weg der Märtyrer abgewichen würde", legte in einem Interview mit der Zeitung *Sobh-e emruz* ein ehemaliger „Anhänger der Partei Gottes" deren Beweggründe dar. Im Detail schilderte der junge Mann, wie die meist aus armen Verhältnissen stammenden Parteigänger Gottes von ihren Führern indoktriniert würden, so daß sie blind deren Befehlen folgten. Ihr Haß gelte allen Liberalen, Weichlingen und vor allem Chatami. Er selbst sei durch die Morde an den Intellektuellen zum Nachdenken gekommen und wisse nun: „Alles, was sie über Gott und den Islam sagen, ist Unsinn und dient nur ihren eigenen Zwecken."

Die Zahl dieser Schläger dürfte landesweit einige Hundert oder allenfalls Tausend kaum überschreiten, ihre Anführer sind namentlich bekannt, und ihre Aktivitäten ließen sich unterbinden. Aber das geschieht nicht, weil sie mächtige Fürsprecher wie die Ajatollahs Mesbah-Yazdi, Dschannati oder Mahdawi-Kani haben, von denen jeder über einen eigenen organisatorischen Apparat und enorme Finanzmittel verfügt. Der Einflußbereich solcher Geistlicher ist weitaus größer, als sich angesichts der strikt auf den Revolutionsführer ausgerichteten Verfassung vermuten ließe. Formell mag Chameneí über ihnen stehen, praktisch lassen sie sich jedoch wenig von ihm sagen. Eher ist es umgekehrt: Chameneí, dessen theologische Kompetenz umstritten ist und der sich von hochrangigen Theologen wie den Großajatollahs Montazeri oder Azari-Ghomi herausgefordert sieht, muß den Radikalen immer neue Zugeständnisse machen, um sich ihrer Unterstützung zu versichern. Dies eben ist die angesprochene molekulare Struktur, die der schiitischen Geistlichkeit seit jeher zu eigen war und sich seit der Revolution auf den Staat übertragen hat: Jeder Ajatollah ist sein eigener Papst, hat seine eigenen Pfründe und bisweilen sogar seine eigene Schweizer Garde. Was innerhalb der Theologischen Hochschulen über Jahrhunderte hinweg für einen bemerkenswerten Pluralismus sorgte, macht die politischen Prozesse innerhalb der Islamischen Republik fast undurchschaubar und läßt sie häufig völlig unkoordiniert und widersprüchlich erscheinen, zumal seit dem Tod des Staatsgründers Chomeini. Zur Dialektik des Systems gehört aber auch, daß die divergierenden Interessen, Vorstellungen und Eitelkeiten innerhalb des politischen Establishments vom allen gemeinsamen Selbsterhaltungstrieb im Zaum gehalten werden: Mindestens die verschiedenen Fäden, an denen die Konservativen ziehen, gehören letztlich zu einem einzigen Strang.

Nicht alle Gegner tiefgreifender Veränderungen in Iran denken wie der Ajatollah Mesbah-Yazdi und noch weniger wagen es, so unverblümt zu sprechen. Die sogenannten Konservativen bestehen ihrerseits aus unterschiedlichsten Lagern. Aber es existiert bei einem Teil der beharrenden Kräfte eine beängstigende Bereitschaft, Gewalt anzuwenden, um das als göttlich erachtete System zu verteidigen. Dieser Teil der Gesellschaft ist zweifellos in der Minderheit, verfügt aber über genügend Waffen, Menschen und die Ideologien immanente Hybris, sich über den Willen der Bevölkerung hinwegzusetzen und das Land notfalls in blutige Unruhen zu stürzen, um es ihrer Ansicht nach zu retten. Der Westen und der Osten haben ihre Erfahrungen mit einer real existierenden Ideologie gemacht. Iran hat 1979 als erstes Land der islamischen Welt das Experiment des Islamismus unternommen. Heute trägt das Land, in mancher Hinsicht stellvertretend für viele Gesellschaften des Nahen und Mittleren Ostens, das für lange Zeit womöglich letzte große Gefecht aus, um den Irrtum des vergangenen Jahrhunderts zu korrigieren: den Glauben an das Heil, das aus der politischen Heilslehre erwächst.

9

Die offene Gesellschaft …

Das Unsagbare wird sagbar

Junge Frauen auf einer Studentenversammlung in der Teheraner Amir Kabir-Universität. Die jungen Menschen, die sich heute in Iran politisch engagieren, haben die Lügen, mit denen sie aufgewachsen sind, so gründlich satt, daß sie auf jede Gelegenheit warten, sie zu entlarven. Sie wollen keine wohldosierten Nuancen der Kritik mehr hören, sondern Klartext: zum Verhältnis von Staat und Religion, zu den staatlichen Morden, den politischen Gefangenen. (Photo: Isabelle Eshraqi / Vu)

Mohammad Atrianfar hat es schwer. Früher einmal galt seine Zeitung *Hamschahri* als die progressivste des Landes und galten die „Diener des Aufbaus", jene Gruppe wirtschaftsliberaler Technokraten um den ehemaligen Teheraner Bürgermeister Karbastschi und Kulturminister Mohadscherani, als Motor politischer und ökonomischer Reformen. Heute, an diesem Frühjahrsnachmittag des Jahres 2000 in der *Hosseiniye erschâd*, wo in den siebziger Jahren der islamische „Befreiungstheologe" Ali Schariati mit seinen Reden die Intelligenz gegen den Schah aufgebracht hat, heute bewahrheitet sich, daß Revolutionen ihre Kinder, Reformen aber ihre Väter fressen: Jene, die die Tür einen Spalt breit geöffnet haben, sind im Begriff, von der Entwicklung überrollt zu werden.

Die Journalisten und Politiker, die auf Einladung der Zeitung *Sobh-e emruz* auf dem Podium sitzen, wollen jene Islamische Republik verändern, für die sie als Studenten gekämpft und die sie später mitgestaltet haben. Die meisten der vielleicht fünftausend Menschen im Auditorium, auf der Tribüne oder in der Vorhalle, wo die Diskussion auf Leinwänden übertragen wird, sind hingegen zu jung, um die Revolution bewußt erlebt zu haben. Sie sind voller Erwartungen, voller Ungeduld und voller Begeisterung, daß solche Veranstaltungen in der Islamischen Republik möglich geworden sind. Sie klatschen und pfeifen, wann immer jemand auf dem Podium verlangt, die Hintermänner der Intellektuellenmorde zu bestrafen, alle politischen Gefangenen freizulassen oder „Wahrheitskommissionen" nach dem Vorbild Südafrikas zu bilden. Sie bereiten dem Reformtheologen Mohsen Kadiwar, der seinen Hafturlaub nutzt, um überraschend im Saal aufzutauchen, einen Empfang wie einem Popstar. Diese jungen Leute sind den Code müde, den die Diskutanten noch immer verwenden müssen, wenn sie die Grundfeste der Islamischen Republik in Frage stellen. Dabei kennen sie diesen Code ganz genau. Als jemand den Großajatollah Montazeri erwähnt und der Beifall auszuufern beginnt, rufen einige „Pssst!!", und wie auf Befehl bricht der Applaus ab. Wie eine eingeschworene Gemeinde verhält sich das Publikum, wie eine Mannschaft, die genau weiß, wo sie ins Abseits des Unsagbaren zu laufen droht.

Mohammad Atrianfar hat das Pech, daß sich die Grenze zwischen dem, was noch nicht und was schon möglich ist, ständig verschiebt, mal in die eine, dann aber auch wieder in die andere Richtung. Er und seine politischen Freunde sind die Opfer des jüngsten Grenzkonfliktes. Ein paar Wochen zuvor noch galt Ali Akbar Haschemi Rafsandschani, der die Technokraten einst gefördert hatte, als unantastbar, mittlerweile ist es innerhalb der reformorientierten Öffentlichkeit schon politisch inkorrekt, überhaupt ein gutes Wort über den ehemaligen Staatspräsidenten zu verlieren. Das gehört ebenfalls zum Code, doch ist es ein neues Zeichen: Man sagt Rafsandschani und meint die Vergangenheit, für die er steht und in der noch längst nicht alles und alle beim Namen genannt werden dürfen. Auch Atrianfar, der Chefredakteur von *Hamschahri*, distanziert sich von seinem früheren Mentor. Doch sucht er ihn gleichzeitig zu rechtfertigen. Rafsandschani habe Antworten gegeben auf die Bedürfnisse seiner Zeit, heute sei die Zeit eine andere, und der ehemalige Präsident habe lediglich noch etwas Schwierigkeiten, sich ihr anzupassen. *Basse digeh!* rufen die ersten Zuhörer, „Jetzt reicht's!", aber Atrianfar redet immer weiter, um sich nur noch tiefer in seinen eigenen rhetorischen und politischen Stricken zu verfangen. Als er schließlich auf die vielen Fragen nach dem Reichtum Rafsandschanis antwortet, dieser führe das Leben eines einfachen, mittelständischen Bürgers, wird der „Diener des Aufbaus" ausgelacht.

Ein Staat ohne Widerworte ist die Islamische Republik nie gewesen. Selbst zur Zeit der Säuberungen und Massenhinrichtungen Anfang der achtziger Jahre oder der Repressionswelle, die 1994 einsetzte und bis zu den Präsidentschaftswahlen 1997 währte, wurde Kritik an den herrschenden Zuständen in einer Offenheit geübt, die in der Region nicht häufig zu finden ist. Gleichzeitig gab es und gibt es noch immer, mindestens in der öffentlichen Rede, einen weiten Bezirk des Unaussprechlichen. Erst im Rückblick läßt sich erkennen, um wieviel kleiner er trotz aller Zeitungsverbote, Verhaftungen und Morde geworden ist. Aus der Nahsicht eines täglichen Zeitungslesers sind die skandalträchtigen Artikel, Schlagzeilen oder Bilder, waren die Tabubrüche gerade in den ersten Monaten nach dem *Zweiten Chordâd* hingegen oft so unscheinbar, daß sie kaum auffielen. Thema für Thema, ja Wort für Wort wagten die Autoren sich vor, um zu sagen, was bis dahin nicht zu sagen war – und schließlich eine Veranstaltung möglich werden zu lassen, wie sie im März 2000 in der *Hosseiniye erschâd* stattfand.

Die Anfänge: Da druckte etwa Ende 1997 eine Illustrierte auf dem Titelblatt das Photo einer im ganzen Land verehrten Sängerin und Schauspielerin ab – nichts Ungewöhnliches zunächst, eine Lappalie. Zur Provokation wurde der Titel, weil die abgebildete Künstlerin im öffentlichen Diskurs achtzehn Jahre lang nicht vorhanden war. Jeder kannte ihren Namen, besaß ihre Kassetten, die in den Vereinigten Staaten veröffentlichten CDs. Aber niemand schrieb über sie. Kein Fernsehbeitrag widmete sich ihr. Kein Laden legte ihre Aufnahmen ins Schaufenster oder Regal. Der Grund war jedem offensichtlich: Delkasch, so hieß sie, war eine der populärsten Sängerinnen der Schah-Ära, Star der mit westlichen Elementen durchsetzten iranischen Populärmusik, Symbolgestalt der vorrevolutionären Kultur. Es ist dies eine Kultur, die in den Schulen und offiziellen Medien rundherum als dekadent gebrandmarkt, als westlich verworfen, als uniranisch abgestempelt, als unislamisch verurteilt wird und deren Existenz man, soweit es eben geht, negiert. In bewußter Anspielung auf das vorislamische Arabien wird sie vom herrschenden Jargon gewöhnlich in einer Zeit der „Götzenherrschaft" angesiedelt, in eine Art Vorgeschichte zurückverwiesen, ferner, als das Dritte Reich dem Deutschland der fünfziger Jahre je gewesen sein mag. Nicht alle Künstler jener mythisierten Epoche trifft der Bann, aber solche, welche mit ihren kulturellen Werten identifiziert werden: Popsänger, Artisten des Cabaret, die Schauspieler des Unterhaltungskinos, die Vertreter der leichten Muse. Eine der bekanntesten unter ihnen ist Delkasch. Sie auf ein Titelblatt zu bringen, bedeutet soviel wie die vorrevolutionäre Geschichte an die Gegenwart heranzuführen, sich zu erinnern, ohne von vornherein zu verdammen, zu fragen, was da eigentlich war, und auch zur Kenntnis zu nehmen, daß es noch immer fortbesteht. Es bedeutet, den Bezirk des Unaussprechlichen zu betreten.

So erklärt sich die Aufregung, die Delkaschs Photographie in der konservativen Presse verursachte, und man wundert sich nicht, daß ein Parlamentsabgeordneter die Veröffentlichung empörend genug fand, um sich an den Kulturminister zu wenden. „Weshalb erlauben Sie es", fragte er in einem Offenen Brief, „daß einschlägig bekannte Personen das Bild einer Sängerin und Schauspielerin des Götzenregimes auf dem Titelblatt einer Kinozeitschrift abdrucken?" Der Minister wurde eigens ins Parlament zitiert, um sich für das Photo und überhaupt die ganze „gottlose Literatur", die nun erscheinen dürfe, zu rechtfertigen. Was daran verwerflich sei, dem solle man durch Kritik, nicht durch Verbote begegnen, schlug der Minister vor. Daß sei ja, wurde er belehrt, als lasse man einen Körper zunächst von gefährlichen Mikroben befallen, um ihn dann zu behandeln.

Wo Volksvertreter Künstler mit Mikroben vergleichen, ist es noch ein weiter Weg bis zur Freiheit des künstlerischen Ausdruckes, und wer ihn beschreiten will, tut gut daran, sich nicht nur mit der Geduld einer Schnecke, sondern auch der Ausdauer eines Kamels und der Abwehr einer Schildkröte zu wappnen. Aus Sicht eines Westeuropäers, aber auch vieler iranischer Exilanten mögen Wörter wie „zivile Gesellschaft" und „Menschenrechte" harmlos sein oder bloße Allgemeinplätze, in Iran jedoch trauten viele kaum ihren Ohren, als Mohammad Chatami und damit ein vom Wächterrat zugelassener Präsidentschaftskandidat im Wahlkampf sie stetig wiederholte. Daß die neuen Verantwortlichen im Kulturministerium Anfang 1998 den in Ägypten als Ketzer beschimpften Regisseur Yussef Shahin zum Teheraner Filmfestival einluden und ein Jahr später mit dem Mülheimer Theater an der Ruhr erstmals ein europäisches Schauspielensemble, in dessen Aufführungen das so ungläubige wie begeisterte Teheraner Publikum zudem die eigene politische Wirklichkeit widergespiegelt sah, das mag wenig wiegen im Vergleich zu der noch immer herrschenden Unterdrückung, der Zensur, den Morden, der brutalen Diskriminierung einer ganzen Religionsgemeinschaft wie den Baha'is – und doch sind diese Veranstaltungen, Einladungen, Signale wichtig gewesen und auf eine Resonanz beim Publikum gestoßen, die jeden Beobachter und auswärtigen Gast überwältigte. Beim Gastspiel des deutschen Theaters etwa haben die Menschen die Türen des Teheraner Stadttheaters eingerannt, und zwar keineswegs bloß im übertragenen Sinne, sie haben eine dreieinhalbstündige Inszenierung des Fauststoffes mit solcher Aufmerksamkeit verfolgt, daß die berühmte Stecknadel zu hören gewesen wäre, und dem deutschen Ensemble nach jeder Aufführung einen Applaus bereitet, wie es die Schauspieler nach eigenen Angaben nie erlebt hatten. Man stieß schon bald nach dem *Zweiten Chordâd* auf unverhoffte Zeichen wie die demonstrative Verbeugung der neuen Kulturfunktionäre vor dem großen Autor und Regisseur Bahram Beizaí, den ihre Vorgänger wegen seiner Regimekritik und seiner Herkunft aus einer Baha'i-Familie auf ihren schwarzen Listen ganz oben geführt hatten, oder die Einladung an Simin Behbahani, im größten Konzertsaal Teherans eine Lesung zu halten. Die Dichterin ist bei der konservativen Presse besonders unbeliebt. Weil sie einmal ihrem jubelnden Publikum Handküsse zugeworfen hatte, war die über Siebzigjährige wochenlang als „Hure" beschimpft worden. Nun hatte ihr das Kulturministerium ein Podium gegeben, auf dem sich die Subversion bis dahin auf die Auftritte des Teheraner Philharmonieorchesters beschränkt hatte. Doch nicht alle Bediensteten waren bereit, der neuen Linie zu folgen: Als die Dichterin auftrat, fiel der Strom aus. „Wie schön!" rief die Dichterin und forderte das Publikum auf, Streichhölzer und Feuerzeuge zu entzünden, bevor sie anhob, ihre Gedichte vorzutragen: „So ist's doch viel romantischer!"

Ließen die grundlegenden politischen Veränderungen auch auf sich warten, so freute man sich dennoch über die Filme und Bücher, die nicht länger auf dem Index standen, fast so sehr wie über die Freilassung des Journalisten Faradsch Sarkuhi, den der Geheimdienst Ende 1996 verschleppt hatte. Man staunte über kleine Revolutionen wie das Musical, das im Januar 1998 in Teheran aufgeführt wurde: Schon das Singen in der Öffentlichkeit war Frauen verboten gewesen, geschweige denn das Tanzen, gar nicht zu denken an das Singen und Tanzen mit Männern, aber plötzlich war es auf einer Bühne zu sehen, und zwar zu einer Musik, die bis vor kurzem nicht einmal im Auto gehört werden durfte. Ähnliche Geschichten schrieb das kulturelle und politische Leben in der Islamischen Republik Ende des Jahres 1997, Anfang des Jahres 1998 in großer Zahl. Fast immer wurden sie begleitet vom Wutgeheul der konservativen Presse, manchmal auch vom Aufmarsch der berüchtigten Schlägertrupps, deren Selbstjustiz die Regierung nicht in den Griff bekam.

Und dann gab es die ersten Vorstöße, die tief in den Bezirk des Unaussprechlichen drangen, bis zu jenen neuralgischen Punkten, welche die Identität der Islamischen Republik berühren: ihre Herrschaftstheorie, die „Herrschaft des Rechtsgelehrten" (*welâyat-e faqih*), sowie das Verhältnis zu den Vereinigten Staaten. Über beides wurde öffentlich gesprochen, zunächst noch zaghaft, von viel Gezeter begleitet und häufig übertönt, aber doch vernehmbar. Den Anfang hatte Hossein Ali Montazeri im Sommer 1997 gemacht, als er in einem Glückwunschbrief an den neugewählten Präsidenten einen fundamentalen Wandel der politischen Verhältnisse anmahnte und Revolutionsführer Chameneí kritisierte. Später verschärfte er seine Vorwürfe und stellte auch erstmals die offizielle Lesart der *welâyat-e faqih* grundsätzlich in Frage. Andere namhafte Geistliche folgten ihm. Wie sensibel das Thema ist, erwies sich an den Reaktionen von Chameneís Treuesten. Konnte Montazeri den Schlägern, die in Ghom sein Arbeitszimmer stürmten, noch knapp entkommen, büßte ein prominenter Studentenführer seine Forderung nach einer allgemeinen Wahl des Revolutionsführers mit einem Aufenthalt auf der Intensivstation. Die Aufregung war nicht zufällig. Die *welâyat-e faqih* ist das Kernstück des von Ajatollah Chomeini konzipierten Staatsmodells. Würde sie aufgegeben, unterschiede sich Iran zumindest der Verfassung nach kaum noch von einer Demokratie. Weil sich die Autorität des Revolutionsführers göttlich legitimiert, steht er über den drei staatlichen Gewalten, die Ausdruck menschlicher Willensbildung sind. Deshalb kann Kritik am Revolutionsführer als Ketzerei geahndet werden und reichen alle bürgerlichen Rechte nur soweit, wie sie die Vollmachten des Revolutionsführers, die in der herrschenden Lesart mit denen des Propheten und der zwölf Imame auf eine Stufe gestellt werden, nicht berühren.

Während das erste Wortgefecht um die „Herrschaft des Rechtsgelehrten" noch anhielt, löste der Präsident mit seiner Ansprache an „das große amerikanische Volk" eine weitere Grundsatzdebatte aus. Sein CNN-Interview im Januar 1998 erfüllte wohl nicht alle Wünsche des Westens, aber es übertraf die schlimmsten Befürchtungen seiner innenpolitischen Gegner. „Das war nicht das, was die Freunde der Revolution erwartet hatten", kommentierte denn auch die konservative Zeitung *Dschomhuri-ye eslâmi.* Diese Erwartungen hatte Parlamentspräsident Nateq Nuri noch am Tag des Interviews folgendermaßen zusammengefaßt: „Die Übermittlung einer Botschaft an das amerikanische Volk ist nichts Schlechtes. Man sollte mit dem amerikanischen Volk sprechen und ihm die Vorwürfe, die wir seinen Staatsmännern machen, sagen." Zwar übte Chatami Kritik an der amerikanischen Außenpolitik, aber daß er auch das Verbrennen amerikanischer Flaggen verurteilte und eine Entschuldigung für die Besetzung der amerikanischen Botschaft andeutete, daß er zum Dialog aufrief und amerikanische Künstler, Wissenschaftler und Touristen nach Iran einlud, um „die Mauer des Mißtrauens" zu beseitigen, daß er die jüdisch-muslimische Koexistenz im Nahen Osten beschwor und nichts von einer Erbfeindschaft zwischen den beiden Religionen wissen wollte, daß er die in Amerika lebenden Iraner nicht als Vaterlandsverräter und Monarchisten, sondern als Repräsentanten ihrer Nation bezeichnete, machte aus dem Interview einen überfallartigen Angriff auf den Bezirk des Unaussprechlichen. „Tatsächlich hat der Präsident alles gesagt außer dem, was er hätte sagen sollen", resümierte *Dschomhuri-ye eslâmi,* und der Kommentator von *Resâlat* versicherte, Irans Studenten würden jederzeit wieder eine amerikanische Botschaft besetzen, so sie Gelegenheit fänden. Erstmals seit seiner Wahl griff die konservative Presse Chatami direkt an. Von „beispiellosen, bisweilen groben und jenseits aller guten Sitten sich bewegenden Attacken gegen den Staatspräsidenten", sprach die Zeitung *Hamschahri.* Die Anhänger Chatamis begnügten sich keineswegs damit, ihn zu verteidigen, sondern gingen über dessen Erklärungen noch hinaus. Ein Referendum über die Wiederaufnahme diplomatischer Beziehungen zu den Vereinigten Staaten forderten manche, und der Vorsitzende der Reformfraktion im Parlament, Madschid Ansari, stellte klar: „Im Falle gegenseitigen Respektes und der Beachtung internationaler Normen wäre die Beziehung zwischen Amerika und Iran von Nutzen für beide Seiten." Ähnliches hatte man in den letzten Jahren, hinter vorgehaltener Hand, schon oft gehört, auch aus dem Mund konservativer Politiker, deren wichtigste Klientel die am internationalen Handel interessierten Basarhändler sind. Öffentlich ausgesprochen hatte es aber noch niemand.

Mehr noch als die „Herrschaft des Rechtsgelehrten", die nur von den islamistischen Kräften der revolutionären Bewegung vertreten wurde, gehört die Kritik an Amerika zu den Grundpfeilern der Islamischen Revolution. In ihr vereinte sich die bürgerliche, linke und islamistische Opposition gegen den Schah, schon weil dieser mit einem Putsch, den der CIA organisiert hatte, gegen die demokratische Regierung Mohammad Mossadeghs an die Macht gekommen war. Es war nicht zuletzt der Widerstand gegen die Amerikaner, der das iranische Volk 1978 auf die Straßen trieb. In den fast drei Jahrzehnten der Schah-Herrschaft hatten sie sich häufig wie Besatzer gebärdet, für die Recht und Gesetz oder auch nur die Reihenfolge bei der Kinoschlange nicht zählen. Und selbst nach dem Sieg der Revolution taten die Vereinigten Staaten alles, um weiter als identitätsstiftendes Feindbild herzuhalten: ihre Unterstützung Saddam Husseins, als dieser seine Truppen in Iran einmarschieren ließ, das Wirtschaftsembargo, der Abschuß eines iranischen Passagierflugzeuges 1988 und die Dekorierung des verantwortlichen Offiziers, die Bekanntgabe eines Budgets zum Sturz der iranischen Regierung, schließlich die Unterstützung der Taliban in Afghanistan – nichts war in Teheran besser geeignet, von den eigenen Mißerfolgen abzulenken, als der Verweis auf die Liste amerikanischer Verfehlungen, wie auch umgekehrt die harte Politik Washingtons gegenüber Iran nicht zuletzt eine Folge des spezifisch amerikanischen

Lobbywesens und also auch innenpolitisch motiviert war. Lange Zeit schien es, als hätten sich beide Seiten trefflich in der Frontstellung eingerichtet.

Chatami oder gar seine Unterstützer aus dem linksislamistischen Lager, die in den achtziger Jahren am lautesten gegen eine Annäherung an die USA gewettert haben, möchten diese Frontstellung nicht auflösen, weil ihnen der ehemals große Satan sympathischer geworden wäre. Der Anti-Amerikanismus in dem Sinne, wie er überall in der Dritten Welt und bei manchen europäischen Intellektuellen gepflegt wird, die Ablehnung des amerikanischen Hegemonialanspruches und der amerikanischen Massenkultur bleibt eine Konstante ihres Denkens und wird sich auch in Zukunft, ohne daß man es als Zugeständnis an die Konservativen verstehen muß, in ihren Reden niederschlagen. Aber für sie wiegt der Schaden, den das Land strategisch und ökonomisch hat, indem es sich mit der einzig verbliebenen Weltmacht befehdet, schwerer als die historisch begründeten Vorbehalte. Damit signalisieren sie etwas Grundsätzlicheres als nur die Aufgabe alter Feindbilder, nämlich das Primat des nationalen Interesses über die revolutionäre Ideologie. „In der Welt der Diplomatie ist es naiv zu verlangen, daß ein Land niemals gegen ein anderes Land Unrecht begangen haben darf", formulierte *Hamschahri* diesen neuen Pragmatismus nach dem CNN-Interview Chatamis. „Wie sollten wir denn dann mit Ländern wie Rußland, England, Irak, Pakistan oder sogar der Mongolei und Dutzenden anderen Ländern umgehen, die uns in der Geschichte alle einmal etwas angetan haben."

Bis heute existierten keine Anzeichen dafür, daß die „Herrschaft des Rechtsgelehrten" in absehbarer Zeit beendet sein könnte oder die Vereinigten Staaten demnächst ihre Botschaft in Teheran eröffnen würden. Aber allein, daß diese Themen angesprochen, die Forderungen ausgesprochen worden sind, wäre Anfang 1997 noch undenkbar gewesen. Längst ist ein Stein ins Rollen gekommen, ohne daß jemand zu sagen wüßte, wo er stehen bleiben wird. Es ist nicht Chatami, der den Stein losgetreten hat. Schon lange vor seinem Wahlsieg konnte man ahnen, daß er rollte und an Geschwindigkeit zunahm; ja, man kann, um im Bild zu bleiben, sagen, daß sein Wahlsieg die erste Lawine war, die dieser Stein ausgelöst hat. Von welcher Eigendynamik diese Entwicklung ist, offenbarte sich im Vorfeld der Parlamentswahlen Anfang des Jahres 2000, als die reformorientierte Öffentlichkeit begann, die Geschichte der Islamischen Revolution Kapitel für Kapitel zu revidieren. Insbesondere der so gefürchtete wie geschmeidige Ali Akbar Haschemi Rafsandschani bekam das zu spüren: Gab es in Iran einmal Jahrzehnte, kaum zwölf Monate waren sie her, als kritische Autoren allen Grund hatten, sich vor den eigenen Staatsführern zu fürchten, schien es nunmehr, obwohl noch immer Journalisten verhaftet und Zeitungen verboten wurden, fast schon umgekehrt geworden zu sein. Als Rafsandschani im Januar seine Kandidatur für einen Parlamentssitz bekanntgab, brach eine beispiellose Kampagne in der iranischen Presse über ihn herein – keine Werbekampagne, wohlgemerkt. Wie im Chor begannen Kommentatoren, Intellektuelle und manche Politiker zu fragen, was Rafsandschani im Laufe seiner Präsidentschaft eigentlich getan hatte, daß an deren Ende das ganze Land nach Reformen rief. Dabei muß Rafsandschani seine Kandidatur subjektiv sogar als Opfer betrachtet haben, das gefälligst zu würdigen war. In die Niederungen einer Wahl zu steigen, in der es so etwas Ungehöriges wie Gegenkandidaten gab, sich um einen ordinären Parlamentssitz zu bewerben, dazu noch ohne Garantie auf den ersten Platz, der allein ihn hätte zufriedenstellen können – hatte der „Haifisch" (*kuseh*), wie ihn der iranische Volksmund nennt, das nötig? Die Lebensplanung des wohl cleversten Politikers der Islamischen Republik, der jeweils acht Jahre die Präsidentschaft des Parlaments und des Staates innehatte, sah anderes, Höheres vor. Man hat ihm nachgesagt, er strebe die Nachfolge Ajatollah Chameneís an, der als Revolutionsführer das mächtigste Amt im Staate bekleidet. Es wurde spekuliert, daß er sich im Hintergrund halte, um für eine erneute Präsidentschaft bereit zu stehen, sobald der jetzige Präsident Mohammad Chatami stürzt oder resigniert. Jedenfalls war nicht zu übersehen, daß Rafsandschani sein gegenwärtiges, eigens für ihn geschaffenes Amt als Präsident des Schlichtungsrats nutzte, um sich im Konflikt zwischen dem rückwärtsgewandten Revolutionsführer und dem reformorientierten Präsidenten als die Stimme der islamistischen Vernunft zu präsentieren, als graue Eminenz, die weiter alle Fäden in der Hand hält.

Aber Ali Akbar Haschemi Rafsandschani wurde gebraucht. Daß ihn die Konservativen zur Kandidatur gedrängt, daß sie ihn, der keineswegs zu ihren engsten Bundesgenossen gehört, mit Zugeständnissen und Verheißungen gelockt haben, darf man sich lebhaft vorstellen. Rafsandschani machte ihnen Hoffnung, die Parlamentswahlen wenn schon nicht zu gewinnen, so doch einigermaßen glimpflich zu überstehen. Mit einem Spitzenkandidaten vom Schlage des Parlamentspräsidenten Nateq Nuri hätte ihnen der Rückzug in die außerparlamentarische Herrschaft gedroht (der Begriff Opposition kommt angesichts der tatsächlichen Machtverteilung eher der Regierung zu). Rafsandschani gehört nicht zu den beliebtesten, aber immerhin zu den bekanntesten Männern Irans – allein dies war schon ein nicht zu unterschätzendes Plus bei einer Wahlprozedur, die vorsieht, daß der Wähler nicht einfach sein Kreuz bei einer Liste oder Partei macht, sondern die bis zu dreißig Kandidaten seiner Wahl selbst auf einen Zettel schreibt. Zudem hatte die Vorauswahl des Wächterrates dafür gesorgt, daß die Parlamentswahlen zu einem Tummelfeld der Namenlosen, Hinterbänkler und Newcomer geworden waren. Die Prominenz unter den Reformern und den liberal-bürgerlichen Oppositionellen durfte für das Parlament nicht kandidieren, und unter den Konservativen ist kaum einer ‚prominent'. Als jemand, dessen Geist und Rhetorik im Rufe der Besonnenheit stehen, traute man Rafsandschani zu, jene Wähler zu gewinnen, die sich Veränderungen wünschen, aber Erschütterungen fürchten. Gleichzeitig sind Rafsandschanis Biographie und Denken so eng mit der Islamischen Republik verwoben, sind sein persönlicher Ehrgeiz und seine auch finanzielle Macht abhängig von der Existenz des bestehenden Systems, daß er wie kein anderer dessen Garant ist. Das macht ihn so wertvoll für jene Politiker und Geistlichen, die anders als Rafsandschani die politische Heilslehre der Revolution nicht nur vertreten, sondern in letzter, brutaler Konsequenz an sie glauben. Doch die Karte Rafsandschani stach nicht mehr, sie drohte gar von einem Sturm der öffentlichen Entrüstung hinweggefegt zu werden.

Die Stellungnahme, die das meiste Aufsehen erregte, stammte wieder einmal von Akbar Gandschi. Früher einmal Leibwächter Chomeinis, hat sich der tiefreligiöse Intellektuelle zum vielleicht mutigsten Journalisten Irans entwickelt. 1997 prägte er den Begriff des „religiösen Faschismus", um die Ideologie der beharrenden Kräfte zu kennzeichnen, und büßte ihn mit mehreren Monaten Einzelhaft. Zwei Jahre später veröffentlichte er unter dem Titel „Das Verließ der Gespenster" ein Buch, das die Machenschaften des iranischen Geheimdienstes enthüllte und es innerhalb von Wochen auf eine zweistellige Auflage brachte. Nun bilanzierte er die Laufbahn Rafsandschanis und kam zu einem vernichtenden Urteil. „Die rote Eminenz" hieß der mit Fußnoten bespickte Aufsatz, der am 19. Januar 2000 in der Zeitung *Sobh-e emruz* erschien und gleich einer Bombe einschlug. Der Titel ist eine Anspielung auf Kardinal Richelieu. Gandschi machte Rafsandschani unter anderem für den Tod Hunderttausender iranischer Soldaten verantwortlich, da dieser den damaligen Revolutionsführer Chomeini überzeugt habe, den Krieg mit dem Irak 1982 fortzusetzen, obwohl Iran die besetzten Gebiete damals zurückerobert hatte und der Aggressor Saddam Hussein nach dem Verlust von Chorramschah zu einem Waffenstillstand und hohen Entschädigungszahlungen bereit war. Die Entscheidung erwies sich als einer der schicksalhaftesten Fehler der neueren iranischen Geschichte. Sechs verlustreiche Jahre später mußte Chomeini in einen Frieden einwilligen, der praktisch einer Niederlage gleichkam. Gandschi zitierte aus den unveröffentlichten Memoiren von Chomeinis verstorbenem – angeblich vom Geheimdienst umgebrachten – Sohn Ahmad, um seine Darstellung der Ereignisse zu erhärten. Doch damit nicht genug: Der Journalist verlangte in dem Aufsatz, Rafsandschani auch für insgesamt achtzig Morde an Dissidenten, Schriftstellern und Vertretern der religiösen Minderheit zur Rechenschaft zu ziehen, die der Geheimdienst während seiner Präsidentschaft begangen habe. Dies hatte in Iran bislang öffentlich noch niemand gewagt. Wenn Journalisten über die Verbrechen des Geheimdienstes schrieben, wiesen sie zwar darauf hin, daß „höchste Autoritäten" darin verwickelt seien, führten aber allenfalls den ehemaligen Geheimdienstminister Ali Fallahian an, der sich zum Sündenbock gestempelt sah. Jetzt aber nannte Gandschi den Vorgesetzten Fallahians beim Namen und kontrastierte Äußerungen Rafsandschanis aus jüngster Zeit, in denen dieser beteuerte, nichts von den Machenschaften des Geheimdienstes gewußt zu haben, mit Zitaten aus früheren Jahren, die das Gegenteil zu belegen schienen. Da wurde Rafsandschani etwa daran erinnert, 1990 die Verhaftung von 23 prominenten Mitgliedern von Bazargans „Freiheitsbewegung" gerechtfertigt zu haben, indem er sie als Spione bezeichnete. Viele der Verhafteten waren damals im Gefängnis schwer mißhandelt worden. Aus einem anderen Zitat, das Gandschi anführte, ging hervor, daß Rafsandschani einzelne Festnahmen persönlich veranlaßt hatte. Der Autor versäumte auch nicht, auf die Verschleppung des Publizisten Faradsch Sarkuhi Ende 1996 und die Aktivitäten des Geheimdienstes im Ausland, darunter das Attentat im Berliner Restaurant „Mykonos" hinzuweisen. Gandschi warf dem ehemaligen Präsidenten nicht vor, sämtliche dieser Verbrechen angeordnet zu haben, hielt es aber für ausgeschlossen, daß dieser vollkommen ahnungslos gewesen sei.

Die Reaktion Rafsandschanis erfolgte prompt und offenbarte, wie sehr er sich getroffen fühlte. „Diejenigen, die alles in Frage stellen, unsere Entwicklungsprogramme, unseren Erfolg, unsere Siege, diejenigen, die nicht nur die acht Jahre der ‚Heiligen Verteidigung' (den Krieg gegen den Irak) in Frage stellen, sondern sie sogar verulken, diejenigen, die versuchen, unsere Menschen vom Islam und vom Koran zu trennen, die versuchen, die Trennung von Staat und Religion zu rechtfertigen und die Menschen zu demoralisieren, sind Verräter", rief Rafsandschani wenige Tage später von der Kanzel des Teheraner Freitagsgebets: „Dies ist ein großer, großer Verrat." Wer das Vertrauen der Menschen in die Politik vernichte, sei gefährlicher als Aids. „Wenn Ihr

Stimmen gewinnen wollt, wählt andere Mittel, und demütigt nicht Eure Nation". Der Haifisch, so lautete die Botschaft des ungewohnt kämpferisch auftretenden Rafsandschani, der hat Zähne. Aber die Zähne, so zeigten die darauffolgenden Wochen, bissen nicht mehr wie einst. Denn wenige Tage nach Rafsandschanis Brandrede veröffentlichte *Sobh-e emruz* die zweite Folge der „Roten Eminenz", und auch die vielen anderen reformorientierten Zeitungen zogen mit Kommentaren nach. Bald schon gewannen die Angriffe auf Rafsandschani eine Dynamik, die weder vorherzusehen gewesen noch zu bremsen war. „Wir hassen Haschemi!" skandierten achttausend Studenten auf einer Wahlveranstaltung von Chatamis „Partizipationspartei" und setzten den amtierenden Präsidenten unter Druck: „Liberalisierung mit Haschemi ist unmöglich!"

Der Mann, der auf den Reformzug aufzuspringen versuchte, um sich als Bremser zu betätigen, erlitt eine nie für möglich gehaltene Abfuhr: So peinlich fiel sein Abschneiden aus, daß der Wächterrat wochenlang die Bekanntgabe des endgültigen Wahlergebnisses blockierte, um das Innenministerium zu zwingen, Rafsandschani wenigstens auf einen Platz unter den ersten dreißig Kandidaten der Stadt Teheran zu hieven; dieser hätte ihm doch noch den Einzug ins Parlament beschert. Wie erwartet, beugte sich das Innenministerium schließlich dem Druck, doch nicht einmal Haschemi Rafsandschani besaß die Chuzpe, den zugeschobenen Parlamentssitz anzutreten. Mit großer Geste gab er seinen Verzicht bekannt.

Der Ausgang der Parlamentswahlen war mehr als nur ein Wahlsieg für die Anhänger Chatamis. Er signalisierte ein politisches Bewußtsein bei weiten Teilen der Bevölkerung, zugleich eine demokratische Reife, die jede Diktatur ängstigen muß. Trotz eines hochkomplizierten Wahlsystems, das den Bürgern, so sie ihre Stimme nicht auf gut Glück abgeben wollen, abverlangt, sich minutiös auf den Urnengang vorzubereiten, war es ihnen gelungen, unter den angetretenen Reformern exakt jene Kandidaten mit ihren Stimmen zu belohnen, die wegen dieser oder jener Äußerung oder einfach nur – wie die Geschwister des Präsidenten sowie der verhafteten Theologen Kadiwar und Nuri – aufgrund ihres Familiennamens für das Versprechen standen, das System zu ändern, nicht nur die Politik. So etwas hatte es seit den Tagen der Revolution nur ein Mal, bei der Präsidentschaftswahl von 1997 gegeben. Aber was vor knapp drei Jahren einem unerwarteten Ausbruch glich, hatte sich knapp drei Jahre später stabilisiert. Die Demokratie fing an, in Iran Wurzeln zu schlagen. Daß sie ohne einen gesellschaftlichen Grund nicht zu realisieren ist, hatte die Revolution gelehrt. Zwanzig Jahre nach der Revolution übte die Bevölkerung Einfluß aus, indem sie jenen Zeitungen hohe Auflagen bescherte, die kritisch mit den Herrschenden umgehen, jene Bücher kaufte, die die Geschichte der Islamischen Republik neu schrieben, jene Dichter und Dichterinnen liebte, die am meisten mit der Zensur zu kämpfen haben. Und sie betrieb selbst Politik, indem sie eben jenen Kandidaten zum Sieg verhalf, die noch im System, aber so weit an dessen Rande standen, daß sie von ihren politischen Gegnern verdächtigt wurden, die Grenze schon überschritten zu haben. Die Aufteilung der Gesellschaft in „Eigene" (*chodihâ*) und „Nicht-Eigene" (*gheir-e chodihâ*) war lange Zeit das ideologische Werkzeug gewesen, um die dissidenten Teile der Bevölkerung von der politischen Willensbildung auszuschließen. Auch bei den Parlamentswahlen 2000 hatte der Wächterrat nur einige der prominentesten Anhänger Chatamis, ansonsten aber gezielt jene Bewerber von den Wahllisten gestrichen, deren sozialer und gedanklicher Hintergund sie als „Nicht-Eigene" kenntlich macht, so sämtliche Vertreter der bürgerlich-islamischen „Freiheitsbewegung". Aber nun waren auch die „Nicht-Eigenen" zu den Wahlurnen geströmt und hatten für jene „Eigenen" gestimmt, die die Gesellschaft nicht länger aufteilen wollen. „Iran gehört allen Iranern" hieß deren Slogan, der vielsagender nicht hätte sein können.

Den fünftausend jungen Menschen, die im März 2000 die *Hosseiniye erschâd* füllen, sind Begriffe wie *chodi* und *gheir-e chodi*, ist die ganze Terminologie, mit der die Islamische Republik sich und die Welt in Freund und Feind teilt, längst abstrakt geworden. Hier sitzen Studentinnen im schwarzen Tschador neben riskant geschminkten Schönheiten aus dem reichen Teheraner Norden, schmächtige Theologiestudenten neben gelfrisierten Jünglingen, deren schmale Koteletten und dünne Kinnbärte eher auf Londons Nacht-, als Ghoms Gelehrtenleben verweisen. Mögen die jungen Leute in der *Hosseiniye erschâd* ihrer sozialen Herkunft nach noch unterscheidbar sein, so ist doch das Schema, wonach bestimmte politische Loyalitäten, religiöse Praktiken und Überzeugungen sowie allgemein die Wahrnehmung der Welt und der eigenen Individualität sich grob nach der Zugehörigkeit zu einer gesellschaftlichen Schicht oder Gruppe aufteilen ließen, längst aufgebrochen. Die Wirklichkeit Irans anhand eines Musters wie *chodi* und *gheir-e chodi* zu begreifen, ist im einundzwanzigsten Jahr der Islamischen Revolution so antiquiert, wie es noch immer politische Realität ist. Die Zuhörer sind mit diesen Sprechblasen im Ohr aufgewachsen und haben sie so gründlich satt, daß sie auf jede Gelegenheit warten, die Lügen, die ihnen im Namen des Islams und der Revolution aufgetischt werden, zu entlarven. Sie wollen keine wohldosierten Nuancen der Kritik mehr hören, sondern Klartext: zum Verhältnis von Staat und Religion, zu den staatlichen Morden, den politischen Gefangenen. Selbst jene, die sie als Vertreter ihrer Sache akzeptieren – und das sind außer Atrianfar alle anderen vier Podiumsgäste: die Journalisten Akbar Gandschi, Alireza Alawi-Tabar und Hamid Reza Dschalaípur sowie der neugewählte Parlamentsabgeordnete Ahmad Borghani –, selbst diesen Fortschrittlichsten unter den Reformern des *Zweiten Chordâd* schenken sie ihr Vertrauen nicht blind. Weshalb haben Sie dieses Interview abgedruckt?, hat jene Schlagzeile nicht verdächtig nach dem alten Jargon geklungen?, wie werden Sie es im neuen Parlament mit der Forderung nach Wahrheitskommissionen halten?, steht auf den Zetteln, die von den Veranstaltern eingesammelt und zum Podium getragen werden. Aber das alles geschieht auf schon unheimliche Weise diszipliniert; niemand verstößt hier gegen die Spielregeln und brüllt seinen Unmut frei heraus. Zumal nach den Parlamentswahlen im Februar 2000, glaubten viele Menschen, daß der Marsch durch die Institutionen, der Kampf um die Stimmzettel nicht vergebens ist, daß das Spiel nur gewonnen werden kann, wenn man die Spielregeln beachtet, mögen sie auch vom Gegner festgelegt worden sein. Die Geduld, die nach den Intellektuellenmorden und der Niederschlagung der Studentenproteste jedesmal bereits diskreditiert zu sein schien, erhielt noch einmal eine Chance.

Nach fast drei Stunden jedoch steht ein junges Mädchen, kaum älter als zwanzig Jahre, auf und fragt nach der Vergangenheit Hamid Reza Dschalaípurs, der als Chefkolumnist der Tageszeitung *Asr-e Âzâdegân* („Die Ära der Freien") zu den wichtigsten Köpfen der Reformbewegung gehört. Dschalaípur habe Anfang der achtziger Jahre die Hinrichtung von 59 kurdischen Freiheitskämpfern angeordnet, ruft das Mädchen mit schriller, zornerfüllter Stimme. Dschalaípur weicht nicht aus. Er erzählt, wie er als Mitglied einer siebzehnköpfigen Truppe von Studenten, die sich freiwillig für den Kampf gegen den Aufstand der Kurden gemeldet hatten, in jene kurdische Stadt eingezogen sei, er beschreibt die Aggression, die auf beiden Seiten geherrscht habe, und die Angst. Dann erklärt er, wie es in der Nacht zu den 59 Hinrichtungen gekommen sei. Er habe den Befehl nicht gegeben, aber auch nichts getan, um die Erschießungen zu verhindern. Schließlich sagt er, daß er sich über den Mut der Frau freue und stolz auf die Jugend seines Landes sei, die solche Fragen stelle. Auch die anderen Podiumsteilnehmer preisen das Mädchen, das noch immer am ganzen Leib zittert, und die Ordnerinnen, die es beruhigen und dazu bringen, sich wieder zu setzen, tun das auf fast zärtliche Weise. Die Blicke der Umstehenden sind voller Sympathie.

Tags darauf besuche ich in der Redaktion von *Sobh-e emruz* Alireza Alawi-Tabbar, der auf dem Podium neben Dschalaípur gesessen hatte. Er hätte dem Mädchen schon etwas zu sagen gehabt, meint Alawi-Tabbar, es aber nicht getan, weil es hätte mißverstanden werden können. Er hätte dem Mädchen gern erklärt, daß sie damals aus nachvollziehbaren Gründen gegen die „Demokratische Partei Kurdistans" in den Krieg gezogen seien, daß in der damaligen Situation, kurz nach der Revolution, ein Auseinanderbrechen des gesamten Staates mit seinen vielen Ethnien gedroht habe. Und er hätte dem Mädchen gern von der Grausamkeit der kurdischen Kämpfer berichtet, von seinen Freunden, die bei lebendigem Leib aufgespießt oder an Nägeln aufgehängt worden seien. Wenn über die Verbrechen der einen Seite gesprochen werde, könne man jene der anderen Seite nicht verschweigen, sagt er leise. Aber sei es denn nicht gut und notwendig, daß man endlich über alle Verbrechen, über den Terror, der die Errichtung der Islamischen Republik begleitet hat, zu sprechen begonnen habe, frage ich. Wo die Geschichte neu geschrieben würde, werde eines Tages auch die Gegenwart eine andere sein. Und er, Alawi-Tabbar, habe doch in der Diskussion selbst verlangt, daß „wir uns mit aller Kraft der Kritik der Geschichte widmen". Ja, antwortet Alawi-Tabbar, man müsse die Geschichte kritisieren, Schuldige benennen und von der politischen Bühne verbannen. Aber man müsse sich hüten, Rache zu üben und die Emotionen, die ohnehin beängstigend seien, noch zu schüren. So viel Gewalt habe das Land in den vergangenen zwei Jahrzehnten gesehen, so viele Menschen seien für diese oder die gegenteilige Sache gestorben, so viele Familien seien auseinandergerissen worden oder trauerten noch um ihre Märtyrer, daß die Wahrheitsfindung nicht der Bestrafung, sondern der Versöhnung dienen müsse und dazu, die Vergangenheit zu überwinden. Der zitternde Leib des Mädchens, das Zittern in der Stimme Alawi-Tabbars, sie zeigten nicht minder als das Wissen um die Militanz und Macht der beharrenden Kräfte an, daß Aufklärung in Iran der Entschärfung einer Bombe gleicht.

10

Der verleugnete Lehrer

Gott ist mit den Geduldigen: Ein Besuch bei den Montazeris in Ghom

Hossein Ali Montazeri im Jahr 1985, als er noch für die Nachfolge von Revolutionsführer Chomeini vorgesehen war. Seit er 1989 wegen seiner Kritik an den Menschenrechtsverletzungen abgesetzt wurde, ist er der Dorn im Auge der herrschenden Theologen, zu gefährlich, um in Ruhe gelassen zu werden, zu mächtig, als daß man ihm persönlich etwas antun könnte. So beließ es das Regime dabei, ihn zu Hause einzusperren, dafür aber viele seiner Gefolgsleute in den Kerker zu werfen oder hinzurichten. (Photo: Pascal Maître / Gamma)

Als der Sohn die Tür öffnet, blicke ich in jenes Gesicht, das früher täglich auf den Bildschirmen der Republik zu sehen, seit elf Jahren aber eine bloße Erinnerung war. Nur in der westlichen Presse tauchte es von Zeit zu Zeit auf, wenn der Großajatollah Hossein Ali Montazeri von seinem Haus in Ghom aus, in dem er unter Arrest steht, die Staatsführung kritisierte oder andere Ajatollahs dazu aufriefen, ihn – und nicht etwa Revolutionsführer Chameneí – als höchste theologische Autorität der Schiiten, als *Mardschaʿ-e taqlid* („Quelle der Nachahmung") anzuerkennen. In Iran dagegen durften seine Photos lange nicht gedruckt und seine Äußerungen nicht zitiert werden, war seine Präsenz die eines Phantoms, das über den zu Grabe getragenen Träumen der Islamischen Revolution schwebte.

Saíd Montazeri hat die Züge seines Vaters, die gleiche runde Gesichtsform mit ihren pausbäckigen Erhebungen, dieselben buschigen Augenbrauen und auch jene breite, etwas nach außen gekehrte Unterlippe. Dieses Gesicht hat nichts Aristokratisches wie die lang geschwungenen Züge Mohammad Mossadeghs, des 1953 vom CIA gestürzten Ministerpräsidenten, der auf den heimischen Diktator und die ferne Weltmacht noch herabblickte, als er in Häftlingskluft vor das Schautribunal gezerrt wurde; es hat nichts von der düsteren Prophetie des Ajatollah Chomeini, dessen tief liegende, unergründliche Augen selbst Gegner in den Bann zu schlagen vermochten. Den Montazeris steht ins Gesicht geschrieben, daß sie einfache Leute sind; ihre Bewegungen, ihr gänzlich unmanierierter Gestus, die fast naiv wirkende Freundlichkeit kennt man von Basarhändlern, von Handwerkern oder eben von Mullahs aus den einfachsten Verhältnissen, die man sich in Iran denken kann. Früher, als Montazeri noch zweiter Mann im Staate war, hat man über seine Schlichtheit im Volk oft gelächelt, man hat sie parodiert und Witze gemacht. Aber alle Scherze verstummten am 28. März 1989, als der Theologe wegen seiner Kritik an den Folterungen und Hinrichtungen in Iran als designierter Nachfolger Chomeinis abgesetzt wurde. In einem Brief teilte Chomeini ihm mit, daß das Amt des Revolutionsführers eine „große Verantwortung" darstelle und „mehr Qualität verlangt, als Sie jemals erreichen können". Montazeri solle sich vor „opportunistischen Kräften hüten" und von nun an das theologische Leben Ghoms „mit Wärme füllen".

Die Gefangenschaft, sagt Saíd Montazeri, nachdem er vor mir Tee, Obst und Süßigkeiten ausgebreitet und sich zu mir auf den Teppich im unmöblierten Wohnzimmer gesetzt hat, die Gefangenschaft empfinde sein Vater nicht nur als Prüfung, sondern auch als Gnade. Früher, als er noch lehren und veröffentlichen durfte, habe der Großajatollah nur Zeit für juristische und theologische Studien gehabt. Heute finde er die Muße, Bücher und Aufsätze auch aus anderen Gebieten zu lesen, aus der Literatur, den verschiedenen Geisteswissenschaften, Übersetzungen aller Art. Früher hätten ihm seine Söhne täglich die Zusammenfassung der wichtigsten Nachrichten und Presseartikel vorgetragen. Heute sei es der Vater, der den Söhnen referiere, was der Tag an Bemerkenswertem gebracht hat. Und früher, fügt der Sohn lächelnd hinzu, seien er und sein Bruder Ahmad zwei von tausend Schülern gewesen, die das Seminar des Großajatollahs besucht hätten; heute hätten sie ihren Lehrer ganz für sich.

In zwei Räumen spielt sich das Leben des 1923 in Nadschaf bei Isfahan geborenen Gelehrten heute ab, in seinem Schlafzimmer und der angrenzenden Bibliothek. Der Arretierte, der trotz seines Alters bei guter Gesundheit ist, darf Besuch nur von seiner Familie empfangen, hat aber die Möglichkeit, zu telephonieren und Faxe zu versenden. Sein Sohn sagt, daß er davon fast nie Gebrauch macht, schon um niemanden in Verlegenheit zu bringen oder falsche Verdächtigungen aufkommen zu lassen. Sollte es etwas Ernstes zu besprechen geben, fungierten er oder sein Bruder als Mittelsmänner. Sie seien es, die den Kontakt zu den Vertretern hielten, die der Gelehrte in allen Städten Irans habe und die wiederum die theologischen und juristischen Anfragen beantworteten, die Montazeri noch immer zahlreich erreichten. Mit den anderen hohen Theologen von Ghom tausche er dagegen allenfalls Grußbotschaften aus. In den Worten des Sohnes schwingt Verbitterung darüber mit, daß sich die Kollegen und ehemaligen Schüler Montazeris nur vereinzelt mit ihm solidarisieren. „Viele der Herrschaften ziehen sich zurück, wenn sie sehen, daß mit Herrn Montazeri, der der Lehrer von vielen Gelehrten war, die heute hohe Ämter bekleiden, und der zu den Gründern der Islamischen Republik gehört, so umgegangen wird, und versuchen, sich nicht in Angelegenheiten einzumischen, die die Verantwortlichen und Entscheidungsträger ärgern könnten", sagt der Sohn. Auf die Frage, ob diese Zurückhaltung seinen Vater verbittere, antwortet er, daß sie von niemandem erwarteten, sich wegen eines einzelnen Menschen „in Unannehmlichkeiten" zu begeben, es aber Wichtigeres gebe: „Wenn die Frage der theologischen Autorität (*mardschaíyyat*) so beantwortet wird wie heute in Iran, gerät der Islam selbst in Gefahr. Insofern existiert durchaus eine Erwartung, daß die Herrschaften sich mehr regen, als sie es tun."

Montazeri ist der bekannteste Dissident, den die Islamische Revolution hervorgebracht hat. Er hat sein Leben dem Widerstand gegen den Schah gewidmet und war später maßgeblich an der Ausarbeitung der Verfassung beteiligt, die die „Herrschaft des Obersten Rechtsgelehrten" festlegt. Schon weil er als Großajatollah (*Âyatollâh al-ozmâ)* in der Hierarchie des schiitischen Klerus höher als Revolutionsführer Chameneí steht, hat sein Wort Gewicht. Als ein Theologe, der denselben politischen Islam wie Chomeini gepredigt hat und gerade im Basar, innerhalb der Streitkräfte und generell unter jenen Bevölkerungsschichten zahllose Anhänger hat, die der schiitischen Tradition verpflichtet sind, ist er der Dorn im Auge des Theologenregimes, zu gefährlich, um in Ruhe gelassen zu werden, zu mächtig, als daß man ihm persönlich etwas antun könnte. So beließen es seine Widersacher dabei, ihn zu Hause einzusperren, dafür aber viele seiner Gefolgsleute in den Kerker zu werfen oder hinzurichten. Es wäre „die Herrschaften" wohl zu teuer zu stehen gekommen, hätten sie seinen Vater verhaften lassen, sagt Saíd Montazeri. Im Gegenteil deklariere der Staat sogar den Arrest als wohlwollende Maßnahme, als diene er der persönlichen Sicherheit des Gelehrten. „Heute versuchen noch immer viele einfache Menschen, die an das System glauben, sich einzureden, daß mein Vater irgendwie doch dazugehörte", sagt der Sohn. „Aber wenn sie ihn ins Gefängnis werfen würden, dann wäre die Distanz auch den letzten offenbar, und sie müßten sich entscheiden, ob sie auf dieser oder jener Seite stehen."

Anders als es bisweilen dargestellt werde, habe sein Vater nicht erst 1989 und aus heiterem Himmel die Verletzung der Menschenrechte in Iran angesprochen. Schon zuvor habe er, wie viele Briefe belegten, auf die empörende Situation in den Gefängnissen hingewiesen, die Willkür der Justiz beklagt und die Arroganz der neuen politischen Elite angeprangert. „Mein Vater hatte von Anfang an Ansichten, die manche nur schwer ertrugen", sagt Saíd Montazeri. Aber erst als die Kritik immer eindringlicher geworden und schließlich an die Öffentlichkeit gelangt sei, habe man die Geduld verloren und ihn „beiseite geschafft". Die Entfremdung Montazeris von seinen ehemaligen Weggefährten sei ein langer Prozeß gewesen, der sich aus der politischen Wirklichkeit der Islamischen Republik ergeben habe. Wenn er, der zu den Vätern der iranischen Verfassung gehört, eben diese Verfassung heute kritisiere, dann sei dies Problemen geschuldet, die er nicht vorausgesehen habe. Sein Vater betrachte die Verfassung nicht als „herabgesandte Offenbarung", die unveränderlich sei, und habe auch keine Scheu, seine eigenen Ansichten zu korrigieren, wenn sie sich als falsch oder illusionär erwiesen hätten, sagt der Sohn. „Wenn er darauf angesprochen wird, früher anders gedacht zu haben, zitiert er immer seinen Lehrer, Herrn Borudscherdi, der zu erklären pflegte, daß er jeden Tag ein anderer Mensch sei."

Auf die Frage, ob der Großajatollah immer noch glaube, im Islam alle Lösungen für die Probleme eines Staates zu finden, sagt der Sohn, daß sich viele der alten Vorstellungen als unrealistisch herausgestellt hätten, um anschließend auf Mehdi Bazargan, den 1995 verstorbenen Führer der oppositionellen „Iranischen Freiheitsbewegung" zu verweisen. Dieser habe vor der Revolution die These eines Islamischen Staates vertreten, sich aber in seinen letzten Äußerungen für eine klare Trennung von Staat und Religion ausgesprochen. Montazeri selbst geht nicht so weit, will aber die bislang absoluten Vollmachten des „Obersten Rechtsgelehrten" oder

Revolutionsführers so weit beschneiden, daß diesem nur noch eine Aufsichtsfunktion zukommt. Die Theologen sollten sich im Prinzip aus der Politik heraushalten und nur dann mahnend eingreifen, wenn die Politiker ihre Amtspflichten verletzen oder gegen die Prinzipien des Islams verstoßen. Im Gegensatz zur vorherrschenden Doktrin, die die Autorität des Revolutionsführers von Gott herleitet, betont Montazeri, daß die Herrschaft allein vom Volk ausgehe. Daher plädiert er dafür, die Wahl des Revolutionsführers nicht länger einem Gremium von Theologen zu überlassen, sondern ihn in direkten Wahlen zu bestimmen, ihn zur Rechenschaft zu verpflichten und seine Amtszeit zu begrenzen. Mit solchen Thesen steht Montazeri weder in der reformorientierten Öffentlichkeit noch innerhalb der Geistlichkeit allein; abgesehen von den quietistischen Ajatollahs und Großajatollas, die eine Verquickung von Staat und Religion von Anbeginn abgelehnt, sich aber selten in die Politik eingemischt haben, werden gerade unter den jüngeren Theologen Stimmen wie die Mohsen Kadiwars oder Hassan Yussefi Eschkewaris immer lauter, die für eine Abkehr von der *welâyat-e faqih* eintreten, Montazeris Kritik also an Radikalität übertreffen. Was dessen Einsprüche so brisant macht, sind zunächst seine nach Millionen zählende Anhängerschaft sowie sein Rang innerhalb der theologischen Hierarchie, der ihn zusammen mit einigen anderen, allerdings unpolitischen Großajatollahs als höchste religiöse Instanz innerhalb der schiitischen Welt ausweist. Keinem der politisch engagierten Theologen in Iran kommt eine vergleichbare Autorität in religiösen Fragen zu, weshalb es auch ein wenig in die Irre führt, von Ajatollah Chameneí als „religiösem“ oder „geistigem“ Führer Irans zu sprechen; der Revolutionsführer oder „Oberste Rechtsgelehrte“, wie er in Iran selbst genannt wird, versteht sich zwar als der Interpret und Vollstrecker des göttlichen Willens, doch beschränkt sich seine gesetzliche Vollmacht auf die politisch-gesellschaftliche Sphäre. In rein theologischen, kultischen, ethischen oder rechtlichen Fragen, die häufig in Form einer informellen *fatwâ* („Gutachten“) beantwortet werden, ist sein Wort dagegen keineswegs Gesetz.

Daß die Sphären in der Praxis kaum so eindeutig voneinander geschieden sind, ist der iranischen Verfassung als ein Problem eingeschrieben, fiel jedoch bis zum Tod Chomeinis, der als Großajatollah auch über eine herausragende theologische Qualifikation verfügte, kaum auf. Gleich, was der Staatsgründer sagte, wurde in der Öffentlichkeit als verbindlich annonciert. Doch seit dem Amtsantritt Chameneís als Revolutionsführer, der eigens über Nacht noch zum Ajatollah erklärt werden mußte, sorgt die nicht exakt definierte Macht des Revolutionsführers immer wieder für Verwirrung und heftige Dispute innerhalb der Gelehrtenwelt von Ghom. Als die beiden letzten „Quellen der Nachahmung", die Großajatollahs Mohammad Reza Golpayegani und Mohammad Araki 1993 und 1994 starben, bemühten sich die Anhänger Chameneís, diesen offiziell zur „Quelle der Nachahmung" ausrufen zu lassen. So argumentierte der damalige Parlamentspräsident Ali Akbar Nateq Nuri in seiner Rede auf der Trauerfeier für Araki, daß Religion und Politik in der Islamischen Republik nicht mehr getrennt seien und deswegen alles dafür spreche, den Revolutionsführer auch zur höchsten theologischen Autorität zu erklären. Doch das Vorhaben scheiterte kläglich am Widerstand selbst regimetreuer Ajatollahs in Ghom. Nicht nur die Qualifikation Chameneís wurde bezweifelt; schon der Plan, den *Mardscha'-e taqlid* vom Staat ausrufen zu lassen, seine Wahl also zu monopolisieren, anstatt es dem informellen Prozeß der Meinungsbildung innerhalb der schiitischen Gemeinde zu überlassen, welcher oder welche Gelehrten sich allmählich als höchste theologische Autorität herauskristallisieren, erschien vielen Frommen als frevlerische Neuerung. Der einzige Kandidat, der aufgrund seiner Gelehrsamkeit und der Zahl seiner Anhänger als Nachfolger Arakis gehandelt wurde, war Hossein Ali Montazeri, und tatsächlich plädierten hochrangige Gelehrte in Ghom Ende 1994 dafür, ihn als „Quelle der Nachahmung" anzuerkennen. Weil der Staat ihr Begehren niederzuschlagen wußte, Revolutionsführer Chameneí als *Mardscha'* hingegen nicht duchzusetzen war, ist das Amt seither verwaist und gelten jene Gelehrte als höchste religiöse Instanz, die die zweithöchste Stufe der schiitischen Theologenhierarchie erreicht haben: die Großajatollahs. In der schiitischen Geschichte ist das nicht ungewöhnlich. Es hat immer wieder Zeiten gegeben, in denen kein einzelner Theologe über eine so große Anhängerschaft und eine so weitgehende Akzeptanz unter seinen Kollegen verfügte, um als „Quelle der Nachahmung" ausgerufen – oder besser gesagt, da eine förmliche Berufung nicht vorgesehen ist: angerufen – zu werden. Umgekehrt haben andere Zeiten gleichzeitig mehrere „Quellen der Nachahmung" gekannt. Chomeini etwa galt als *Mardscha'-e taqlid*, doch war er zu Lebzeiten nicht der einzige. Offiziell war Chomeini das Staatsoberhaupt aller Iraner, aber niemand mußte ihn als seinen religiösen Führer anerkennen (weswegen übrigens die *fatwâ*, in der er Salman Rushdie für vogelfrei erklärte, keineswegs alle Schiiten band und sich Chatamis Regierung aus der Affäre zog, indem sie erklärte, Chomeini habe das Gutachten nicht als Repräsentant des Staates, sondern in seiner Eigenschaft als Theologe erstellt).

Das System der theologischen Beförderung, das sich in mehreren Jahrhunderten innerhalb der schiitischen Welt herausgebildet hat, ist alles andere als starr und weist sich durch eine basisdemokratisch anmutende Form der Qualifizierung aus. Sie beruht darauf, daß es zwischen Gott und dem einzelnen Gläubigen prinzipiell keine Vermittler und also auch keine geweihte oder auch nur institutionalisierte Kirche geben darf, der Gläubige andererseits aber, sofern er nicht selbst die theologische und vor allem auch sprachliche Qualifikation erworben hat, die auf arabisch verfaßten religiösen Quellen auszulegen, der Interpretation eines Gelehrten folgen, ihn „nachahmen" muß. Das bedeutet, daß der einzelne Schiit zwar nicht selbständig die religiösen Quellen auslegen, aber entscheiden darf, wessen Auslegung er folgt – und in der Praxis nicht selten mehrere Gelehrte (möglichst unauffällig) aufsucht, bis ihm jemand genau die *fatwâ* erstellt, die er von Anfang an haben wollte. Daß der Akt der Interpretation nur prinzipiell, nicht aber praktisch jedem Gläubigen offensteht, hat zur Bildung einer weitverzweigten, mächtigen und zum Teil eben doch kirchenähnlichen Gelehrtenwelt geführt. In einzigartiger Konsequenz bewahrt sie noch heute den spätklassischen Bildungsansatz und die mittelalterliche Form des scholastischen Unterrichtens und Disputierens, der sich auch die Gründerväter der großen abendländischen Universitäten verpflichtet fühlten.

Daß die schiitische Geistlichkeit sich ihren Einfluß und ihre Unabhängigkeit bis in die Gegenwart bewahrt hat, verdankt sie allerdings nicht nur ihrer theologischen Funktion, sondern auch ihrer wirtschaftlichen Potenz. Weil sie sich durch den sogenannten „Fünften" (*choms*) finanziert, den jeder Schiit zusätzlich zur Armensteuer *zakât* bezahlen soll, ist die schiitische Geistlichkeit selten in die Abhängigkeit des Staates geraten. Im Laufe der Zeit haben die meist eher weltabgewandten Theologen ein gewaltiges Reich aus gemeinnützigen Stiftungen, Wirtschaftsbetrieben und Beteiligungen geschaffen, die heute über viele, auch westliche Staaten verstreut sind. Führen sie oft, wenn auch nicht immer, ein bescheidenes, der Lehre, Seelsorge und Wohltätigkeit gewidmetes Leben, verfügen mindestens die bekannten Ajatollahs und Großajatollahs über immense finanzielle Mittel, die einzusetzen sie praktisch autonom sind. Schon unter der weltlichen Monarchie haben sie, besonders in lokalen Angelegenheiten, Macht ausgeübt. Daß viele Gelehrte Ende der siebziger Jahre ihre Anhänger für eine nationale Sache, die Islamische Revolution, mobilisierten, entschied deren Triumph. Vom Bürgertum bis dahin nur am Rande wahrgenommen und in ihrer Bedeutung fatal unterschätzt, hat die schiitische Geistlichkeit den Staat seither praktisch okkupiert. Dabei sind ihre Strukturen, ist vor allem die Art und Weise, wie sie sich untereinander trifft, verständigt oder streitet, noch heute von außen kaum zu durchschauen: die Geschmeidigkeit der Argumentation, der Reichtum an Nuancen, Anspielungen sowie ritualisierten Gesten der Höflichkeit, die exakt dosiert, häufig auch ins Ironische gewendet eingesetzt werden, vor allem aber die schier unglaubliche Fähigkeit zum Konsens, wenn es das gemeinsame Interesse bedarf. Nicht anders läßt sich verstehen, warum etwa der Revolutionsführer und der Präsident eine gemeinsame Ebene des Redens, des Sichverständigens, wahrscheinlich auch des Plauderns und des Scherzens haben, obwohl ihr Konflikt zweifellos echt und – denkt man an die Gefährdung, die für Chameneís Position vom Reformprojekt ausgeht, und die Verhaftungen und Anschläge, denen Chatamis engste Mitstreiter ausgesetzt sind – sogar existientiell ist. Das ist fast ein eigener Code, der seine Subtilität nicht zuletzt dem Gewicht verdankt, das die theologische Ausbildung der Schiiten auf die Rhetorik, die Grammatik und die Logik legt, die drei ersten Unterrichtsfächer. So mächtig die Ajatollahs sind, so wenig kennt man auch in Iran selbst ihre Welt.

Um die Qualifikation zu erwerben, die religiösen Quellen selbständig auszulegen, studiert ein Student der Theologie mindestens ein, zwei Jahrzehnte, bis seine Lehrer ihn zum *Modschtahed* erklären, zum „Interpreten". Nach weiteren Jahren des Studiums, aber auch schon der Lehre und der Erstellung eigener religiöser Gutachten, gelingt es dem *Modschtahed* womöglich, so viele Gläubige um sich zu scharen, die ihn als ihren persönlichen *Mardschaʾ* ansehen, daß man beginnt, ihn als *Hodschatoleslâm* („Beweis des Islams") anzureden. Legt er später eine theologische Schrift von Rang vor und vergrößert sich seine Gefolgschaft zudem stetig weiter, gehen seine Anhänger und Kollegen nach weiteren Jahren allmählich dazu über, ihn *Âyatollâh* („Zeichen Gottes") zu nennen. Gelingt es ihm, über ganze Regionen hinweg von Gläubigen zu ihrer theologischen Autorität erwählt zu werden, verehrt man ihn als *Âyatollâh al-ozmâ* und schließlich als *Mardschaʾ-e taqlid*. In welcher Form sich die einzelnen „Beförderungen" vollziehen, wieviel Anhänger ein Gelehrter um sich scharen muß, um als *Hodschatoleslam*, Ajatollah, Großajatollah oder *Mardschaʾ-e taqlid* zu gelten, steht nirgends geschrieben und legt niemand fest: Es ergibt sich einfach. Das organische System des Aufstiegs hat über Jahrhunderte hinweg zu einer bemerkenswerten Flexibilität und Pluralität der Lehrmeinungen geführt. Gleichzeitig hat es der Geistlichkeit zwar die Unabhängigkeit vom Staat, aber eine unmittelbare Abhängigkeit vom Volk beschert, schließlich betreut der Laie, der sich einen Theologen als Interpret erwählt, diesen in der Regel mit der Verwaltung seines „Fünften"; wer die meisten Anhänger hat, dem kommt also nicht nur die größte Autorität und Ehre, sondern auch das meiste Geld zu. Diese Form der Finanzierung hat seit jeher den Pragmatismus und Populismus, nicht aber die Reformfreudigkeit der Geistlichkeit befördert, stößt doch die Forderung, alte Überzeugungen und Sitten aufzugeben, selten auf die spontane Zustimmung einer Bevölkerungsmehrheit; sie hat außerdem dafür gesorgt, daß die Geistlichkeit bis zur Gründung der Islamischen Republik tief im Volk verwurzelt war und über ein beträchtliches Potential zur Mobilisierung verfügte. Deshalb hat dem demokratisch gewählten Ministerpräsidenten Mohammad Mossadegh in den fünfziger Jahren kaum etwas mehr geschadet als die mangelnde Unterstützung durch die Geistlichkeit, sollte sich für den Schah nichts als so verheerend erweisen wie der Widerstand Ghoms und fällt es heute Revolutionsführer Chameneí, obwohl er von der Verfassung mit höchsten Vollmachten ausgestattet ist, oft schwer, sich innerhalb seiner eigenen Theologenwelt durchzusetzen und sich Widersachern wie Montazeri zu erwehren.

Daß dieser letzte der drei genannten Konflikte innerhalb der schiitischen Geistlichkeit selbst liegt, ist in der Logik einer Islamischen, also von schiitischen Theologen geführten Republik angelegt: Diese Logik widerspricht dem Gefüge der Geistlichkeit selbst, das sich in der Unabhängigkeit vom Staat herausgebildet hat und diese, um funktionieren zu können, voraussetzt. Von dem Augenblick an, in dem sich die staatliche mit der theologischen Macht vermischt und festgefügte Hierarchien an sie herangetragen werden, kommt es fast notwendig zu Konflikten zwischen einerseits der staatlich und andererseits der allein theologisch sich legitimierenden Geistlichkeit, denn erstere beansprucht von Gesetzes wegen eine ultimative Autorität, die ihr die unabhängigen Theologen dem eigenen Selbstverständnis nach nicht zubilligen dürfen. Hinzu kommt: Indem die „Herrschaft des Rechtsgelehrten" die Geistlichkeit mit dem Staat identifizierte, hat sie dafür gesorgt, daß das Volk sich nicht länger mit ihr, der Geistlichkeit, identifiziert. Besser als jede Umfrage und soziologische Erhebung illustriert den Verlust an Ansehen und Achtung, den die Theologen durch die Islamische Republik erlitten haben, ein trauriges Bonmot des Hodschatoleslam Hassan Yussefi Eschkewari: Manchmal wundere er sich, wieso ihn die Menschen auf der Straße so grimmig anschauten und kein Taxi ihn mitnehme, erzählte er mir einmal; dann falle ihm ein, daß er heute seinen Turban aufgesetzt habe.

Aber genau in dieser und wegen dieser für die Geistlichkeit ungemütlichen Situation entwickelt sich in ihr eine kaum für möglich gehaltene Bereitschaft, traditionelle Positionen aufzugeben und sich in einem Maße theologisch zu reformieren, wie es heute innerhalb der gesamten islamischen Theologie einzigartig sein dürfte und in anderen Ländern fast ausschließlich bei weltlich ausgebildeten Intellektuellen anzutreffen ist. Es ist der gleiche populistische Impuls, der die schiitischen Gelehrten über Jahrhunderte hinweg von Neuerungen abgehalten hat, der sie heute antreibt, alte Lehrsätze neu zu formulieren oder sie gar zu revidieren; weil die Gesellschaft angesichts der politischen und ökonomischen Misere der Islamischen Republik neu über den Islam denkt, haben auch Teile der Geistlichkeit begonnen, den Islam neu zu denken. Wer die *welâyat-e faqih* von vornherein abgelehnt hat, muß sich über die Probleme, die sie verursacht, nicht den Kopf zerbrechen; er wird einfach ihre Abschaffung verlangen. Großajatollah Montazeri hingegen gehört zu den Urhebern dieser Doktrin, unter ihren geistigen Vätern ist er der letzte Lebende. Wenn ausgerechnet er heute dem „Obersten Rechtsgelehrten", vergleichbar dem Staatsoberhaupt einer konstitutionellen Monarchie, eine bloß beaufsichtigende und repräsentierende Funktion zubilligen will, trifft er die gegenwärtige Führung der Islamischen Republik ins Mark ihrer politischen, theologischen und biographischen Identität.

Natürlich freue sich sein Vater über die Entwicklung seit der Wahl Mohammad Chatamis zum Staatspräsidenten, sagt Saíd Montazeri. Der Großajatollah teile die Ziele der Reformbewegung, und viele ihrer Parolen tauchten in den Briefen auf, die Montazeri in den achtziger Jahren an Chomeini geschrieben habe. Die Politik des neuen Präsidenten bewerte Montazeri insgesamt positiv, ohne sie für fehlerlos zu halten. Nach Auskunft seines Sohnes glaubt er, daß „viele Probleme, denen die Regierung heute gegenübersteht, hätten vermieden werden können, wenn Chatami anders, entschiedener vorgegangen wäre". Als Beispiel führt der Sohn den Brief an, in dem Montazeri den neuen Präsidenten nach dessen Wahl zu umfassenden Reformen aufforderte und ihn unter anderem beschwor, sich keine Minister aufdrängen zu lassen. Hätte Chatami sich daran gehalten und etwa einen Geheimdienstminister seines Vertrauens durchgesetzt, wäre es nicht zu der „Schande" gekommen, die im Herbst 1998 geschehen sei, als der Geheimdienst fünf Intellektuelle ermordete. Auch nach dieser Serie von Morden habe Chatami nach Ansicht Montazeris nicht entschlossen genug versucht, die Hintergründe aufzuklären. „Gewiß hat jeder seinen Stil und würde mein Vater die Dinge anders ansprechen als Herr Chatami", sagt der Sohn. „Aber wenn man einmal nur die Angelegenheit des Geheimdienstes nimmt, dann hat der Präsident inzwischen wohl selbst eingesehen, daß er niemals Dori-Nadschafabadi als Minister hätte akzeptieren dürfen, und das war etwas, was ihm mein Vater seinerzeit geraten hatte. Auch an den Geheimdienstminister selbst hat mein Vater appelliert, keine Signiermaschine zu sein, die jeden Brief ungelesen unterzeichnet, und ein Jahr später stellt sich heraus, daß der Minister wirklich jeden Brief, den er vorgelegt bekam, ungelesen unterzeichnet hat, was den Tod einiger Menschen zur Folge hatte."

Seit in Iran eine unabhängige Tagespresse entstanden ist, werden Montazeris Stellungnahmen in Iran, die neuerdings auch im Internet verbreitet werden (www.montazeri.com oder www.montazeri.org), immer häufiger publik. Gerade in den letzten Jahren habe sein Vater viele neue Anhänger gefunden, die ihn zu ihrer theologischen Autorität (*mardscha'*) erklärten, sagt der Sohn. „Viel wichtiger als der Respekt für seine Person ist ihm aber, daß seine Ansichten, die dem Geist der Freiheitsliebe und der Aufklärung verpflichtet sind, auf ein immer größeres Echo stoßen." Tatsächlich ist der greise Theologe zur Symbolfigur der Reformbewegung geworden, und sein Name löst auf Veranstaltungen regelmäßig ein Raunen oder heftigen Applaus aus, obwohl es noch immer gefährlich ist, ihn öffentlich zu würdigen. Als die Nachrichtenagentur „Reuters" und die englische Tageszeitung „Guardian“ Anfang 2000 die Antworten veröffentlichten, die Montazeri auf ihre schriftliche Anfrage gegeben hatte, und iranische Zeitungen daraus zitierten, mußten sich deren Herausgeber deswegen allesamt vor Gericht verantworten. Ich selbst, vielleicht darf ich das erwähnen, wurde in der konservativen iranischen Presse niemals so gezielt attackiert wie nach den Artikeln, die ich in Deutschland über ihn geschrieben oder von ihm übersetzt habe.

Für viele Menschen in Iran verkörpert Montazeri die Ziele, für die sie einst gegen die Monarchie revoltiert haben, und sie sehen in ihm die natürliche Alternative zum gegenwärtigen Revolutionsführer. Jedoch strebe sein Vater schon aufgrund seines Alters kein Amt mehr an, betont der Sohn, sondern wolle nur mehr die Ereignisse kommentieren und Vorschläge unterbreiten. Aber hätte er nicht damals, 1989, als Chomeini schon krank war, mit seiner öffentlichen Kritik warten müssen, bis er tatsächlich das Amt des Revolutionsführers übernommen und die Macht besessen hätte, die Verhältnisse zu ändern? So denken viele in Iran und meinen darin den entscheidenden Fehler im Wirken Montazeris zu erkennen. „Mein Vater wollte damals klarmachen, daß er auf keinen Posten aus ist und keine Konsequenzen scheut“, antwortet der Sohn. „Ich selbst glaube allerdings, daß er unter den damaligen Umständen als Revolutionsführer gar nichts hätte bewirken können.“ Montazeri habe damals innerhalb der politischen Elite keine Gruppierung gehabt, die ihn unterstützte. Das Klima sei vollkommen anders als heute gewesen, und jene Herrschaften, die sich heute in Machtkämpfen ergingen, hätten seinerzeit noch fest zusammengehalten. „Wenn er ins Amt gekommen wäre, hätte er sich mit eben diesen Herren, die heute die Verantwortung tragen, arrangieren müssen“, sagt der Sohn, der seinen Vater als jemanden beschreibt, der das Taktieren nicht beherrsche. „Er war eine Einzelperson, die nützliche Ansichten hat, aber eine Einzelperson kann die Dinge nicht verändern. Es muß eine gesellschaftliche Bewegung geben, die sie trägt.“ Ich merke Saíd Montazeri an, daß ihn diese Frage nie losgelassen hat: Hätte mein Vater nicht warten müssen, bis er Revolutionsführer geworden wäre? Wahrscheinlich gibt es keine andere Antwort als die, die er gegeben hat. Um ein Gorbatschow zu sein, oder wenigstens ein Chatami, muß man sich nicht nur auf das Spiel einlassen, man muß die längste Zeit die Farbe des Gegners tragen. Man muß Fährten legen, Taktiken entwerfen und sich in der Kunst der Verstellung üben. Die Montazeris aber sind einfache Leute. Es steht ihnen ins Gesicht geschrieben.

Ob ich mit seinem Vater sprechen wolle, fragt der Sohn unvermittelt. „Ja, gern", stammele ich verwirrt, „aber wird denn seine Haustür nicht bewacht?" Schon, antwortet der Sohn, doch gebe es eine Freisprechanlage, die sein Haus mit dem seines Vaters verbinde. Einige Minuten später höre ich – wohl als erster auswärtiger Gast seit Jahren – die Stimme Montazeris, deren eigentümlicher Klang mir schon entfallen war, aber bereits mit dem ersten Satz die Erinnerung wachruft. Das Persisch des Großajatollahs entspricht seinen Gesichtszügen; es entbehrt aller Künstlichkeit und hat zudem die Sprachmelodie der Gegend um Isfahan, die mir durch meine eigene Herkunft vertraut ist und für Teheraner immer provinziell klingt. Die Verwirrung, diese Stimme wiederzuhören, die Herzlichkeit und Wärme der Worte: Das läßt mich nicht kalt, und ich falle, ohne es zu bemerken, aus meiner Rolle des Berichterstatters. So vergeht die Hälfte der Unterredung damit, daß der Großajatollah mir für mein Kommen, ich ihm für das Gespräch danke und wir uns gegenseitig Gesundheit sowie ein langes Leben wünschen. In den restlichen, vielleicht fünf oder sechs Minuten versichert er zunächst, guter Dinge zu sein und niemals verzagt zu haben; dann spricht er über die Kraft, die aus der Geduld herrühre, und zitiert aus dem Koran, daß Gott „mit den Geduldigen" sei. Die Früchte seiner Geduld und seines jahrelangen Beharrens, sie seien heute überall in Iran zu finden, sage ich. Wenn das so sei, dann freue ihn das, erwidert der Großajatollah und beginnt, über die zweite Sure zu dozieren, an deren Anfang zwei Verse über die Ungläubigen, aber dreizehn Verse über die Heuchler stünden; vor diesen gelte es, auf der Hut zu sein. Es ist klar, daß Montazeri damit nicht die oppositionellen Volksmudschahedin meint, die im offiziellen Sprachgebrauch Heuchler (*monâfeq*) genannt werden, sondern jene, die im

Namen des Islams heute in Iran regieren. Ich erzähle dem Großajatollah von der Achtung, die ihm seine Landsleute in Iran und im Exil entgegenbrächten, und wie viel ihnen sein Widerstand bedeute. Er habe zahllosen Iranern gezeigt, daß es einen anderen Islam gebe als den „der Herrschaften", die ihn eingesperrt hätten. Am Ende wünscht der Großajatollah von mir, aufrichtig die Sache des Islams und damit der Gerechtigkeit und Barmherzigkeit zu vertreten.

Nachdem ich den Hörer aufgelegt habe, bleibe ich noch eine Weile wie benommen stehen. Dann setze ich mich wieder zu Saíd Montazeri auf den Teppich, wir trinken Tee und schweigen ein paar Minuten. Welche Gefühle hat einer, so frage ich mich, der an vorderster Front für die Revolution gekämpft und dafür in den Gefängnissen der Monarchie über viele Jahre hinweg schwer gefoltert wurde, der den neuen Staat mitgestaltet hat, aber dann mitansehen mußte, wie sich alle Pläne in ihr Gegenteil verkehrten und die Revolution sich schließlich gegen ihn selbst wendete? Sein Vater spreche nicht viel über seine Gefühle, antwortet der Sohn auf meine Frage. Aber gewiß sei er über die Situation unglücklich, die für die Bevölkerung eingetreten sei, und auch über das Unheil, daß viele seiner Anhänger erlitten hätten. „Vieles hätte nicht sein müssen, denkt mein Vater, zum Beispiel die Hinrichtungen, die Zustände in den Gefängnissen, die vielen Probleme, die für die Menschen entstanden sind, das schlechte Verhalten der Verantwortlichen ihnen gegenüber, und daß soviele Iraner heute der Religion skeptisch gegenüberstehen – das quält ihn natürlich, und es tut ihm auch um die Revolution leid, die im Namen der Religion geschehen ist. Er will, daß diese Revolution irgendwie bewahrt wird und nicht alles umsonst gewesen ist."

Später führt mich der Sohn durch ihr Viertel in Ghom. Durch stille, staubige Gassen spazierend, kommen wir an den Häusern anderer bekannter Ajatollahs vorbei, und Saíd Montazeri sagt, daß manche von ihnen früher enge Freunde seines Vaters gewesen seien, heute aber nichts mehr von ihm wissen wollten. Auch das Haus des Vaters passieren wir raschen Schrittes: Vor dem Eingang ist ein verspiegeltes Glashäuschen errichtet worden, das Blicke nur von innen nach außen erlaubt. Die übrigen Türen seien zugeschweißt worden, erklärt der Sohn. Schließlich gelangen wir zum theologischen Lehrzentrum Montazeris, seiner *Hosseiniye*, die im November 1997 von einem Schlägertrupp verwüstet worden ist. Die Angreifer hätten vorgehabt, seinen Vater, der damals noch theologische Seminare abhalten durfte, umzubringen, sagt der Sohn. Es sei der Gnade Gottes zu verdanken, daß sich der Vater zu dem Zeitpunkt zu Hause aufgehalten habe, und es sei auch sein Starrsinn gewesen, der ihn vor dem Mob gerettet hätte, als ihn die Polizei aufforderte, das Haus zu verlassen. Der Großajatollah selbst beschuldigte damals den Leiter der iranischen Justiz, am fraglichen Tag nach Ghom gereist zu sein und den Überfall persönlich angeordnet zu haben. In seiner Reaktion fand Montazeri Worte von zuvor ungehörter Deutlichkeit, als er von „dieser mit dem Knüppel agierenden und auf Raub und Verworfenheit beruhenden Herrschaft des Rechtsgelehrten" sprach und hinzufügte: „Wenn man schon mit jemandem wie mir, der im Widerstand aktiv und Lehrer von zahlreichen Geistlichen und Verantwortlichen im Staat war, so verfährt, dann gnade Gott dem einfachen Bürger ohne Schuld und Schutz."

Der Eingang der *Hosseiniye*, die an einer größeren Straße liegt, ist mit einer Kette versperrt, doch läßt sich von außen in den Innenraum schauen, der aussieht, als sei dort eine Bombe explodiert. Selbst die Heizungskörper sind aus den Wänden gerissen worden, und wenn es früher einmal einen Fußboden gegeben hat, dann ist davon jedenfalls nur der Beton übriggeblieben. Die Wände sind mit Sprüchen vollgepinselt. „Tod den Gegnern der Herrschaft des Rechtsgelehrten", ist dort zu lesen, oder auch „Tod Montazeri". Die Schläger hätten alles zerstört und sogar die Koranausgaben seines Vaters zerrissen, sagt der Sohn, der glaubt, daß das Regime den Eingang der verwüsteten *Hosseiniye* mit Absicht nicht ganz verschließe. „Sie wollen genau diesen Anblick, damit die anderen Gelehrten wissen, was ihnen blüht, wenn sie aufbegehren." Wenn er in die *Hosseiniye* schaue, müsse er immer an Fernsehbilder vom Krieg denken. Aber dies sei nicht Bosnien oder der Süden Libanons, sagt der Sohn. Es sei Ghom, die heilige Stadt. Es sei die Islamische Republik Iran.

Ich habe die Montazeris im März 2000 besucht. Ein paar Wochen später verbot die Justiz auf einen Schlag fast alle kritischen Zeitungen des Landes und ließ zahlreiche Journalisten und Intellektuelle verhaften. Eine neuerliche Phase der Repression setzte ein. Ob Montazeris Urteil über die Reformpolitiker noch immer überwiegend positiv ausfallen würde, fragte ich mich. Eines Morgens fand ich in meinem Computer eine E-mail aus Ghom. Der Absender war „Ihr Bruder Saíd Montazeri". Er bedankte sich im Namen seines Vaters in warmen, ja rührenden Worten für meinen Besuch und den Artikel, den ich nach unserem Gespräch veröffentlicht und ihm gefaxt hatte. Im Anhang sandte er mir ein gescanntes Schreiben seines Vaters. Es war ein trauriger, aber nicht zorniger Brief. Daß er auf die aktuellen Ereignisse in Iran nicht direkt Bezug nahm, verstand ich; wenn sich der Großajatollah Montazeri kritisch über die aktuelle politische Lage äußerte, dann tat er das in seinen Stellungnahmen im Land selbst. Hier aber sprach er Leser in Deutschland an. Montazeri wollte Verständnis wecken für sein Land und seine Religion, damit man sie nicht mit den Herrschenden identifiziere. Sein Schmerz teilte sich in jeder Zeile mit.

Bitte teilen Sie den Menschen der Welt in meinem Namen mit, daß Iran eine gemarterte, unterdrückte Nation ist, die lange Jahre die Peitsche des Despotismus und der ungerechten Herrschaft ihrer Kaiser erduldet hat. Der Erlangung ihrer Freiheit und Unabhängigkeit hat sie einen hohen Tribut gezollt, und sie hat ihr bestes geistiges Kapital geopfert, den Kolonialmächten und jenen, die ihnen zur Hand gingen, Widerstand zu leisten, bis sie schließlich im Jahre 1979 die zweitausendfünfhundertjährige Herrschaft der Monarchie mit ihrer großen Revolution zu Fall gebracht hat. Die iranische Revolution wollte nichts anderes als die Freiheit und Unabhängigkeit der Bevölkerung sowie eine demokratische und islamische Regierung; ihre Absichten waren und sind gut. Unser Volk hat keine anderen schwachen Länder zu erobern und zu unterwerfen gesucht und sich selbst im Laufe seiner Geschichte immer wieder gegen Usurpatoren und Marodeure zur Wehr gesetzt. Und eben jetzt erträgt es schwere Lasten, um die Reformen, nach denen es verlangt, zu verwirklichen und den Staub, der sich auf die Revolution gesetzt hat, zu entfernen. Und dennoch ist zu beobachten, daß die Masse des Volks, die in der Folge des aufgezwungenen Krieges

gegen den Irak und zahlreicher anderer Schwierigkeiten wirtschaftlich ohnehin in nacktem Elend lebt, auch noch den ökonomischen und politischen Sanktionen und Boykottmaßnahmen einzelner mächtiger Staaten ausgesetzt ist, und zwar eben jener Staaten, die vor nicht allzu langer Zeit noch das Kapital und die Bodenschätze dieses Landes geplündert und den Feinden dieser unterdrückten Nation zur Seite gestanden haben.
Wir hegen gegen kein einziges Land in der Welt Feindschaft und wünschen uns den Dialog und die Versöhnung mit allen Nationen und Staaten, allerdings unter der Bedingung, daß die anderen Staaten nicht beabsichtigen, unser Ansehen zu zerstören und unseren Interessen zu schaden.
Und bitte sagen Sie den Menschen der Welt auch dies: Der Islam ist eine Religion, die auf Barmherzigkeit und Liebe gründet und die Vervollkommnung und das Glück der Menschen will. Das Leben seiner ersten Führer war geprägt von Vergebung, Freundlichkeit, Opferbereitschaft sowie dem Streben auf dem Weg zur Glückseligkeit der Menschen in dieser und in jener Welt. Jedoch ist aufgrund der negativen Propaganda einiger seiner Gegner, aber auch der unrichtigen Taten mancher Muslime vielen Menschen das wirkliche Antlitz des Islams nicht genau bekannt, und man macht sich ein Bild von ihm als einer grausamen Religion, die die Freiheit des Menschen einschränkt und seinem Glück entgegensteht. Ich wünsche mir von allen verständigen Menschen dieser Welt und insbesondere von den Forschern und Denkern, daß sie sich durch das Studium der reichen und unverfälschten Quellen des Islams und seiner Geschichte ein eigenes, gerechtes Urteil bilden. Die unrichtigen Taten mancher muslimischer Herrscher sowie jener, die heute behaupten, im Namen des Islams zu sprechen, dürfen nicht der Religion an sich zugeschrieben werden, ebensowenig wie man die unrichtigen Taten mancher anderer Führer, die sie im Namen ihrer Religionen begangen haben, diesen zuschreiben darf. Und ich bitte die Menschen auch, nicht voreilig zu urteilen, wenn sie beim Studium des Islams mit Zweifeln konfrontiert werden, und daß sie sich über ihre Zweifel mit Islamwissenschaftlern und Experten austauschen, bevor sie ihr endgültiges Urteil fällen.
In der Hoffnung auf den Tag, an dem überall auf der Welt Frieden, Freundschaft, Gerechtigkeit und Freiheit herrschen, und darauf, daß die Menschheit auf dem Weg zu ihrer Glückseligkeit und Vervollkommnung einen Schritt vorankommt;

Friede sei mit Ihnen und die Barmherzigkeit Gottes,

Hossein Ali Montazeri

11

... und ihre Feinde

Die Revolution richtet sich selbst

Studentinnen demonstrieren gegen das Verbot der Zeitung Chordâd. Im Frühjahr 2000 wurden an die dreißig Zeitungen und Zeitschriften verboten. Zahlreiche Intellektuelle, Journalisten und Geistliche wurden verhaftet. Viele von ihnen stammen aus den innersten Zirkeln der Islamischen Republik. Es sind die Kinder der Islamischen Revolution selbst, die heute von ihren Geschwistern als liberal, verwestlicht oder ketzerisch beschimpft werden. (Photo: Hasan Sarbakshian / AP)

Manche in Iran meinen, der gegenwärtige Kampf um die Freiheit habe bislang wenig Opfer gekostet. Sie weisen darauf hin, daß die Getöteten und Verhafteten noch zu zählen, daß sie keine anonyme Masse seien. Angesichts der Tragweite der Veränderungen, um die es gehe, müsse das schon überraschen. Die meisten anderen Revolutionen, so auch die iranische von 1979, seien blutiger verlaufen. Die das meinen, sind keine Zyniker. Sie relativieren nicht die Repression, sondern fürchten, daß alles noch viel schlimmer kommt und die Opfer eines Tages keine Namen mehr haben werden. Sie halten sich selbst für Realisten.

Einer, der so denkt, ist Maschaóllah Schamsolwaézin. Er ist Chefredakteur jener schon legendären Teheraner Zeitung, die den regelmäßigen Verboten getrotzt hat, indem sie jedesmal unter neuem Namen, aber mit identischem Layout erschienen ist: *Dschâmeé*, *Tus*, *Âftâb-e ruz*, *Achbâr-e eqtesâd* („Nachrichten aus der Wirtschaft"), *Neschât*. Zuletzt hieß die Zeitung, deren Geschichte als Parabel für den Reformprozeß zu lesen ist, *Asr-e Âzâdegân*, „Die Ära der Freien". Auf die Frage nach seinem Befinden pflegt Schamsolwaézin seine so runden wie bärtigen Wangen zum verschmitzten Lächeln hochzuschieben: Er lebe. In seinem Fall ist das mehr als eine Floskel. Er und die anderen führenden Journalisten der reformorientierten Presse Irans können in der Tat froh sein, daß sie noch leben. Sie haben in ihrer Berichterstattung so viel Unerhörtes ausgesprochen, daß man beim Lesen oft nicht wußte, ob man sich nun freuen oder sorgen sollte.

Als ich Maschaóllah Schamsolwaézin Ende Februar 2000 in Teheran zum letzten Mal traf, fragte ich ihn nach seinen Ängsten. Da wurde sein Gesicht so ernst, wie man es selten sieht. Mit dem Pfeifenbesteck nestelte er eine Weile im dänischen Tabak herum. Wie manch andere seiner Kollegen und Freunde habe er sich so sehr an die Furcht gewöhnt, daß sie ihm kaum noch auffalle, sagte er schließlich leise, um von den täglichen Vorsichtsmaßnahmen wie von einem Haushaltsplan zu berichten. Er bemühe sich, den Heimweg täglich zu wechseln und auch keine zeitliche Routine erkennen zu lassen; wenn die Situation brenzlig erscheine, wie während der Mordserie an Intellektuellen im Herbst 1998, übernachte er an wechselnden Orten. Das sei nichts Ungewöhnliches hier. Die Angst, so verstand ich Schamsolwaézin, sei wie ein Reisegenosse im Abteil, unangenehm vielleicht, aber unausweichlich. Wenige Tage nach dem Gespräch wurde der Herausgeber einer anderen großen Reformzeitung, Saíd Hadscharian, von einem Angehörigen der Revolutionswächter niedergeschossen. Wahrscheinlich nahmen Schamsolwaézin und andere Journalisten da wieder ihr nächtliches Nomadentum auf.

Schamsolwaézin, der heute glühend und glaubhaft die Demokratie als Kernbegriff seiner politischen Überzeugung und publizistischen Tätigkeit vertritt, hat als junger Mann die Chomeinische Vision eines Islamischen Staates verfochten. Saíd Hadscharian war in den achtziger Jahren stellvertretender Geheimdienstminister, wurde nach dessen Wahlsieg Berater von Präsident Chatami und gründete im Herbst 1998 die Tageszeitung *Sobh-e emruz*, die durch investigative Artikel über die politischen Morde Aufsehen erregte. Es wurde in Iran häufig spekuliert, daß viele der Informationen über den Geheimdienst von Hadscharian stammen. Der ehemalige Agentenchef ist einer der wichtigsten strategischen Köpfe der Reformbewegung. Zum Zeitpunkt des Attentats, das ihn lebenslänglich an den Rollstuhl gefesselt hat, lagen bei der iranischen Justiz mindestens acht verschiedene Klagen gegen ihn vor, die hauptsächlich von staatlichen Institutionen und Angehörigen des Sicherheitsapparates eingereicht worden waren. Saíd Hadscharian war jener Funktionär, der Anfang der achtziger Jahre im Geheimdienst das Auswahlgespräch mit Saíd Emami leitete. Er, Schamsolwaézin und unzählige andere Reformer, die in den letzten Jahren physisch attakkiert, angeklagt oder verhaftet wurden, waren einmal, was im herrschenden Diskurs des Landes „Eigene“ genannt wird. Sie sehen sich noch immer als Anhänger der Islamischen Revolution und praktizieren den Islam mit der gleichen Konsequenz, wie sie es immer getan haben. Nun aber werden sie von ihrem eigenen Staat, den sie mitaufgebaut haben und dem sie loyal ergeben sind, als Staatsfeinde verfolgt. Vor allem die Gerichte sind zum Schauplatz eines bizarren Spektakels geworden: die Revolution richtet sich selbst.

Sieht man von den nach wie vor regelmäßig verhafteten Bahaʿis, vom deutschen Geschäftsmann Helmut Hofer und den dreizehn der Spionage beschuldigten Juden ab, die die Konservativen als Geisel nahmen, um die Außenpolitik des Präsidenten zu sabotieren, sind es fast durchweg treue Anhänger, ja mitunter hohe Würdenträger der Islamischen Revolution, die seit dem *Zweiten Chordâd* wegen ihrer Überzeugungen verhaftet, angeklagt oder verurteilt werden. „Ich weiß nicht, was das für eine Bewegung ist", klagte der greise Ajatollah Dschalaleddin Taheri im Oktober 1999, „welche die besten Mitstreiter des Imam Chomeini und die selbstlosesten Kräfte der Revolution einen nach dem anderen angreift und sie durch falsche Anschuldigungen von der Bühne der gesellschaftlichen Aktivitäten entfernt." In einem der ersten Prozesse dieser Art wurde der ehemalige Bürgermeister Teherans, Gholamhossein Karbastschi, 1998 der Korruption und „schlechten Amtsführung" für schuldig befunden und zu einer zweijährigen Gefängnisstrafe verurteilt. Aber auch die meisten anderen Journalisten, Politiker und Geistlichen, die sich wegen ihrer politischen Ansichten vor Gericht verantworten müssen, stammen aus den innersten Zirkeln des revolutionären Regimes: der Publizist Gandschi zum Beispiel ebenso wie der Ajatollah Choíniha, der einst als Chefankläger Irans Angst und Schrecken verbreitet hatte, als Herausgeber der kritisch gewordenen Zeitung *Salâm* im Juli 1999 jedoch in sämtlichen der unzähligen Anklagepunkte für schuldig gesprochen wurde; da ist der Theologe Kadiwar, der die *welâyat-e faqih* in Frage gestellt hat und deswegen eine mehrjährige Haftstrafe verbüßte, da sind Schamsolwaézin und seine Mitarbeiter, die bereits im Herbst 1998 mehrere Wochen in Einzelhaft verbracht haben, oder die drei Studenten und ihr Professor, die für die Veröffentlichung eines angeblich häretischen Theaterstückes zu Haftstrafen verurteilt wurden – sie alle und noch viele andere sind keine säkularen Intellektuellen und Schriftsteller, wie sie in den Jahren zuvor vorzugsweise verhaftet oder ermordet worden waren. Es sind die Kinder der Islamischen Revolution selbst, die heute von ihren Geschwistern als liberal, verwestlicht oder ketzerisch beschimpft werden.

Der wichtigste und aufsehenerregendste unter den Prozessen, in denen die Islamische Republik sich wie ein Masochist, wie der Büßer im schiitischen Trauerritual selbst zu martern scheint, richtete sich gegen den Herausgeber der Zeitung *Chordâd*, Abdollah Nuri. Fünfzehn hohe Ämter hat der Kleriker im Range eines Hodschatoleslam seit der Revolution bekleidet. Er war Innenminister, bevor ihn das Parlament 1998 absetzte. Im Gegenzug ernannte ihn Chatami zu seinem Stellvertreter. Im Februar 1999 kandidierte Nuri für den Kommunalrat von Teheran und erhielt mit Abstand die meisten Stimmen. Kurz nach seiner Ankündigung, zu den Parlamentswahlen im darauffolgenden Februar anzutreten, klagte ihn das „Sondergericht für Geistliche" zahlreicher Vergehen an, die bis zur Diffamierung des Islams reichten. „Man kann Menschen nicht zwingen, eine Religion zu akzeptieren", rief er unmittelbar vor Beginn des Prozesses Tausenden begeisterter Studenten in der Universität von Teheran zu. „Wenn man sie zwingt, ist es keine Religion mehr." Einige Tage zuvor hatte Nuri vor einer großen Menschenmenge in Ghom der Vielfalt der religiösen Erkenntnis und der politischen Auffassungen das Wort geredet und Europa als Vorbild für die Islamische Republik bezeichnet. „Die Geistlichkeit im europäischen Mittelalter hat alles getan, um die Meinungsfreiheit einzuschränken, aber heute sind es die europäischen Demokratien, welche die islamischen Traditionen des Pluralismus und der Demokratie fortführen", dozierte Nuri ausgerechnet im theologischen Zentrum Irans, worauf Stoßtrupps der *Ansâr-e hezbollâh* die Veranstaltung gewaltsam auflösten. „Wie können Sie sich als Anhänger des Imam Chomeini bezeichnen und gleichzeitig den Imam als einen Häretiker präsentieren?" fragte ihn der Staatsanwalt zu Beginn der ersten Verhandlung am 30. Oktober 1999, doch der redegewandte und als hitzig bekannte Angeklagte ließ sich nicht beirren und nutzte das Verfahren zu einem in der iranischen Öffentlichkeit beispiellosen Rundumschlag gegen die herrschende Politik. So bestritt Nuri vor Gericht die göttlichen Vollmachten von Revolutionsführer Chameneí und verteidigte dessen gewichtigsten Kritiker Montazeri. Er sei stolz, dessen Briefe veröffentlicht zu haben, rief Nuri und beklagte: „Tag für Tag hört man Ausdrücke wie ‚Veräter', ‚Heuchler', ‚korrupt', ‚schmutzig', ‚geldgierig', ‚der naive Scheich', mit denen der Großajatollah Montazeri beschimpft wird." Nuri widmete sich aber noch zwei weiteren Verfemten und forderte, die ehemaligen Ministerpräsidenten Mohammad Mossadegh und Mehdi Bazargan, die von der Geschichtsschreibung der Islamischen Republik als Liberale und Schwächlinge dargestellt werden, zu rehabilitieren. Von der Anklagebank aus prangerte er zudem den politischen Terror in der Islamischen Republik an. Der Reihe nach führte Nuri alle Intellektuellen, Geistlichen und auch die Vertreter der religiösen Minderheiten auf, die in den neunziger Jahren von Mitarbeitern des Geheimdienstes ermordet worden seien. Nuri, dem in der vierundvierzigseitigen Anklageschrift vorgeworfen worden war, diplomatische Beziehungen zu den Vereinigten Staaten und zu Israel befürwortet zu haben, betonte, daß er eine Verständigung mit den Vereinigten Staaten nicht nur akzeptabel, sondern für dringend notwendig halte. Iran sei auf amerikanische Investitionen angewiesen, stellte Nuri fest und führte zahlreiche Daten an, um auf den Schaden hinzuweisen, den das Wirtschaftsembargo Washingtons verursache. Offiziell gilt es als wirkungslos, weil Iran seine Abhängigkeit vom Ausland weitgehend überwunden habe und die Waren, die es zur Zeit noch benötige, in anderen Ländern einkaufen könne. Auch das Verhältnis zu Israel sprach Nuri an. Er kritisierte die israelische Haltung gegenüber den Palästinensern, mahnte sein Land aber, sich nicht in den Friedensprozeß im Nahen Osten einzumischen. Iran kenne die Situation der Palästinenser nicht besser als Yassir Arafat, dessen Entscheidung für einen Dialog mit den Israelis zu respektieren sei.

Die reformorientierte Presse berichtete täglich in aller Ausführlichkeit auf den Titelseiten über den Prozeß gegen Nuri, und so fanden Aussagen, die als Artikel noch nicht hätten gedruckt werden dürfen, als Prozeßmitschrift den Weg an die jeden Morgen dichtumlagerten Kioske des Landes. „Das Verfahren gegen Abdollah Nuri, so bitter und bedauernswert es ist, hat diese gute Seite, daß es die Realität, wie sie von einem großen Teil der iranischen Gesellschaft gesehen wird, zum Vorschein bringt", formulierte *Sobh-e emruz* die unter den Kommentatoren vorherrschende Meinung. Doch mit jedem Prozeßtag drängte sich stärker die Frage auf, wie lange Nuri noch Gelegenheit haben würde, die Rollen zu vertauschen und von der Anklagebank aus den Staat und seine Repräsentanten zu beschuldigen. Am sechsten Tag des Prozesses, als Abdollah Nuri wieder einmal vier Stunden lang das Unterste der Islamischen Republik nach oben gekehrt und die Tabus der öffentlichen Rede in Serie gebrochen hatte, platzte dem Richter schließlich der Kragen. Mit dem Ausruf „Jetzt reicht's!" schnitt er Nuri das Wort ab und erklärte die Verhandlung, für die mehrere Wochen, wenn nicht Monate veranschlagt worden waren, kurzerhand für beendet. Der Angeklagte solle den Rest seiner Verteidigungsrede schriftlich einreichen. Die vierzehn Geschworenen mochten die Verteidigungsschrift gar nicht erst abwarten und sprachen Nuri in fünfzehn von zwanzig Anklagepunkten bereits schuldig. Als Reaktion berief die Koalition der reformorientierten Kräfte hinter Präsident Chatami den Angeklagten zum Spitzenkandidaten für die Parlamentswahlen im Februar 2000. Die Berufung Nuris wurde allerdings hinfällig, als der Richter der Ansicht der Geschworenen folgte und ihn zu fünf Jahren Haft verurteilte. Die Zeitung *Chordâd* wurde verboten.

Jeder, der die Auftritte Nuris in den Zeitungen, im Internet oder in den persischen Diensten der Auslandssender Tag für Tag verfolgte, ahnte: Solche Töne bleiben in der Islamischen Republik nicht ungestraft. Ein Teil der landesweiten Bannkraft des Verfahrens verdankte sich eben dem Wissen um die Folgen, die die aufreizenden Auftritte des Angeklagten unweigerlich haben würden. Daß Nuri mit seinen Reden eine schwere Strafe geradezu heraufbeschwor, ist nur zum Teil mit seinem individuellen Wagemut zu erklären; es ist auch in der religiös-politischen Kultur begründet, die einen reformorientierten Geistlichen wie Nuri nicht weniger geprägt hat als jene 24 Offiziere, die dem Präsidenten in ihrem Brief einen Putsch angedroht haben. Zwar ist die Religion im Bruderkampf zwischen den Kindern der iranischen Revolution oft nur ein Mantel, der die persönlichen und politischen Interessen der Beteiligten kaschiert, dennoch spielt sie, aber in anderer als der behaupteten Form, eine kaum zu unterschätzende Rolle. Sie beeinflußt die Mentalität der Protagonisten wie des Publikums und prägt den Code ihres Sprechens wie ihrer symbolischen Handlungen und Gesten. Die Religion, das ist in Iran vor allem die Schia, die sich mehr noch als durch Glaubensinhalte durch ihren Kosmos von Bildern, Mythen, Geschichten, Farben und Liedern vom sunnitischen Islam unterscheidet – und dadurch, daß sie diesen Kosmos im Gegensatz zur tendenziell puritanischen Sunna überhaupt entwickelt hat. Der Wahlsieg Mohammad Chatamis bei den Präsidentschaftswahlen im Mai 1997 etwa wäre kaum möglich gewesen, hätte er nicht gezielt an jene Emotionen appelliert, die spezifisch für eine schiitische Gesellschaft sind. Mit beeindruckender Professionalität stilisierte er sich zum Mann des Volkes, der mit nichts als seinem reinen Herzen gegen das Establishment aufbegehrt; und das Establishment spielte, einmal nervös geworden, nach Kräften mit, indem es den anfangs noch unbekannten Kandidaten durch abfällige Äußerungen, Boykotte der staatlichen Medien oder Auftritte von Schlägertrupps überhaupt erst populär werden ließ. Chatami legte ein erstaunliches Geschick an den Tag, jede Maßnahme der Gegner mit unschuldiger Zurückhaltung zu beantworten und gerade dadurch zusätzliche Punkte zu sammeln. Daß etwa das staatliche Fernsehen ihn noch Wochen nach seinem Wahlsieg praktisch ignorierte, veranlaßte ihn nicht etwa zu einer Klage über die ungleichen Machtverhältnisse; vielmehr entschuldigte er sich in seiner ersten Ansprache an das Volk dafür, daß es ihm bislang nicht möglich gewesen sei, direkt zu den Menschen zu sprechen. Allein diese Bemerkung könnte ihm bei den Iranern, in deren religiöser Tradition die Parteinahme für das wehrlose Opfer ein zentrales Motiv ist, mehr Unterstützung eingebracht haben, als jede programmatische Ankündigung es vermocht hätte. Im kollektiven Bewußtsein vor allem der einfachen und ländlichen Bevölkerungsschichten wurde Chatami, der zudem durch den schwarzen Turban als Nachfahre des Propheten ausgewiesen ist, in die Reihe der schiitischen Imame und ihrer säkularen

Nachfolger, den Freiheitskämpfern des neuzeitlichen Iran, gestellt. Stellvertretend für die Gemeinde der Gläubigen führen sie den aussichtslosen Kampf gegen die übermächtigen Usurpatoren oder einfach die örtlichen Bonzen. Daß der Don Quichotterie in Iran nichts Negatives anhängt, dafür steht auch das Wirken und vor allem das politische Ende des Ministerpräsidenten Mossadegh. Als das Militär auf Betreiben der Vereinigten Staaten gegen ihn putschte, hätte er die Möglichkeit gehabt, das Volk über Rundfunk auf die Straße zu rufen, wie er es schon oft getan hatte, und Zehntausende wären gekommen, um ihn zu verteidigen. Statt dessen hielt er sich zusammen mit zwei Ministern in einem Keller auf. Am Ende des zweiten Tages sagte einer der Minister: „So schlecht ist alles gelaufen, so schlecht." Und Mossadegh antwortete: „Und doch ist es so gut gelaufen – wirklich gut." Kurz darauf wurde er verhaftet.

Die *sympátheia*, das passionierte Fühlen und Leiden mit dem mittellosen Helden, der sich ungeachtet seiner objektiven Chancenlosigkeit gegen die Armeen der Unterdrücker auflehnt, ist in der kollektiven Psyche der Schiiten verwurzelt und als Instinkt selbst bei areligiösen Iranern zu beobachten. Das fundierende und alljährlich im Trauermonat Moharram mit spektakulären Prozessionen vergegenwärtigte Ereignis der schiitischen Heilsgeschichte ist eben ein Kampf ungleicher Gegner gewesen: Mit nur 72 Getreuen war der Imam Hossein am 10. Oktober 680 bei Kerbela im heutigen Irak in die von vornherein verlorene Schlacht gegen mehrere Tausend Soldaten des Kalifen gezogen. Die Bewohner der aufsässigen Stadt Kufa hatten Hossein, der bis dahin ein zurückgezogenes und den Büchern gewidmetes Leben in Medina geführt hatte, zu Hilfe gerufen, um nicht dem umayyadischen Kalifen Yazid huldigen zu müssen. Dessen Herrschaft war für die Partei Alis, die *Schiat Ali*, nichts anderes als Tyrannei und Verrat an der Botschaft des Propheten.

In keiner anderen Konfession nimmt die allgemeine, nicht auf den Religionsstifter fixierte Idee des Martyriums einen so zentralen, auch dogmatisch relevanten Platz ein wie in der Schia, deren zwölf Imame bis auf den letzten, den „Verborgenen", als ermordet gelten. Die gewaltige Kraft, die aus der Bereitschaft zum Martyrium erwächst, hat die waffenstarrende, von der gesamten westlichen Welt unterstützte Diktatur des Schahs mit den Mitteln des gewaltlosen Widerstands hinweggefegt; der schiitische Märtyrerkult hat aber auch die iranischen Kindersoldaten im ersten Golfkrieg in die irakischen Minenfelder rennen lassen, um den Panzern den Weg nach vorn und sich selbst den Weg ins Paradies zu ebnen. Daß die einstigen Revolutionäre noch in der Opposition zum herrschenden Regime ein religiöses und kulturelles Referenzsystem mit ihren Gegnern teilen, wird vielleicht nirgends deutlicher als in der Replik, die Maschaóllah Schamsolwaézin dem Chef der radikalislamistischen Wochenzeitung *Sobh* gegeben hat: Er sei bereit, sein Leben zu geben, damit Leute wie Schamsolwaézin in Iran am Publizieren gehindert würden, hatte Mehdi Nassiri gesagt; er sei bereit, sein Leben zu geben, damit selbst Leute wie Nassiri in Iran frei publizieren könnten, antwortete Schamsolwaézin. Auch junge, ganz und gar weltlich orientierte Aktivisten, die die Islamische Revolution nicht bewußt erlebt haben, entziehen sich nicht der Tradition des schiitischen Märtyrerkultes und seiner häufig martialischen Sprache: „Indem sie uns schlagen, verhaften, kidnappen und ermorden, wollen sie uns zum Schweigen verurteilen", erklärte etwa der Teheraner Studentenvertreter Gholamreza Mohadscheri Nedschad vor den Unruhen im Juli 1999 gegenüber dem iranischen Exilsender *The Voice of Iranians.* „Aber als Menschen, die frei geboren worden sind und an ein besseres Iran für die zukünftigen Generationen glauben, werden wir für unsere Vorstellungen einstehen, bis die Freiheit in Iran verwirklicht oder unser Leben von unseren Schlächtern ausgelöscht worden ist." Ihn und viele andere Menschen, die in Iran heute an vorderster Front für Reformen streiten, verbindet eine Bereitschaft zum Opfer, die aus der Perspektive des behaglich gewordenen, dem individuellen Glück huldigenden Westeuropäer mindestens ambivalent ist. Mit ihrem Eifer haben manche von ihnen ihr Land vor zwanzig Jahren in den Abgrund getrieben, aus dem sie es jetzt verzweifelt wieder herausführen wollen. Gleichzeitig sollte man nicht vergessen, daß auf der Gegenseite auch die

Regimeanhänger sich der gleichen Terminologie, Symbolik und Gestik bedienen und es viele als Ehre ansehen würden, für die Sache zu sterben. Iran ist kein Land von Tollkühnen, aber ein Land von Schiiten. In Zeiten des Umbruchs kann das fast dasselbe sein.

Die nationale Sympathie mit dem opferbereiten Helden ohne Macht und Mittel erklärt, warum der Präsident, obwohl er ein ums andere Mal vorgeführt und gedemütigt wird, an Ansehen lange Zeit kaum verloren hat. Wenige Völker hätten solche Geduld mit einem Präsidenten, der gemessen an seinen – zugegeben kühnen – Versprechen so wenig durchzusetzen vermag. In Iran hingegen kann gerade der Scheiternde oder beständig Geschlagene zum Helden avancieren, wird nur sein Bemühen für redlich und seine Opferbereitschaft für groß gehalten. Der von Konservativen dominierte Teil des Staatsapparates hat alles getan, um auf der Gegenseite noch weitere Märtyrer zu produzieren. Sonderbare Helden sind so entstanden: Politiker, die bis vor kurzem noch treue Anhänger der Theokratie, ja zum Teil mit führenden Ämtern in dessen Unterdrückungsapparat bekleidet waren, fanden sich vor Gericht als Staatsfeinde wieder, die eben jenen Unterdrückungsapparat anprangerten und die theokratische Doktrin anzweifelten. Manche von ihnen, wie Kulturminister Mohadscherani, der zwar nicht angeklagt, im Parlament aber einem Amtsenthebungsverfahren ausgesetzt war, sonnten sich in ihrer neuen Rolle, daß es peinliche Züge annahm; sie verfaßten Schriften, die ihr leidenschaftliches Einstehen für die Freiheit dokumentieren sollten, wegen der politisch düsteren Vergangenheit und der schillernden Gegenwart der Autoren aber einen bitteren Nachgeschmack hinterließen. Ein anderer, der ehemalige Teheraner Bürgermeister Karbastschi, mimte vor Gericht publikumswirksam den Löwen, um nach der Verurteilung um die Begnadigung zu feilschen und allen Ruhm zu verspielen.

Mit dem Hodschatoleslam Abdollah Nuri aber wurde einer zum politischen Märtyrer gestempelt, der aus anderem Holz geschnitzt war und zum Helden sich tatsächlich eignete. Als wollte er selbst den advocatus diaboli geben, wiederholte Nuri vor Gericht nicht nur explizit jene Äußerungen, für die man ihn angeklagt hatte, sondern weitete seine Kritik zu einer Generalabrechnung mit den herrschenden Zuständen aus. Schon vor Prozeßbeginn habe er beschlossen, ins Gefängnis zu gehen, bekräftigte der Angeklagte selbst immer wieder und gab auch zwischen den Verhandlungen zu erkennen, daß er anders als seine Freunde und Anwälte mit einem drakonischen Urteil rechnete. Und so zog er in jede Verhandlung wie in sein persönliches Kerbela. Das ist der Stoff, aus dem in Iran Politlegenden, Dichterfürsten, Revolutionsführer und vielleicht auch künftige Präsidenten gemacht sind. Obwohl er fürs erste im Gefängnis sitzt, könnte er derjenige unter den jetzigen Politikern Irans sein, dem die größte Zukunft beschieden ist. Schon sein bis dahin gänzlich unbekannter Bruder erhielt, nur weil er Nuri heißt, bei den Parlamentswahlen im Februar 1999 eines der besten Ergebnisse.

Der Pathos, mit dem in Iran die eigene Opferbereitschaft bekundet wird, ist in seiner Hohlheit bisweilen allzu durchschaubar. Allerdings gibt es auch zahlreiche Journalisten, Geistliche, Politiker, Frauenrechtlerinnen oder Schriftsteller, die mit ihrer wiederholt bekundeten Bereitschaft, das Risiko einer Verhaftung und Ermordung auf sich zu nehmen, zwar den Topos des Märtyrers aus der religiös-politischen Tradition aufgreifen, deren existentieller Ernst und subjektive Wahrhaftigkeit jedoch außer Frage stehen. Zu ihnen gehört Maschaóllah Schamsolwaézin, der fast zur selben Stunde wie Abdollah Nuri, am letzten Novemberwochenende des Jahres 1999, zu drei Jahren Haft verurteilt wurde. Auch bei ihm ist die Bereitschaft zum Opfer ausgeprägt, nur wendet er sie anders als Nuri nicht ins Theatralische. Für mich ist er immer ein Beispiel für jene politisch aktiven Menschen in Iran gewesen, die den Märtyrertopos eher wie selbstverständlich leben, als ihn in Szene zu setzen. Bar jeder Künstlichkeit akzeptieren sie die Verfolgung als natürliche Konsequenz ihres als notwendig empfundenen Handelns. Ende Februar 2000, da ich ihn zuletzt traf, hatte er die Aufforderung, die Haft anzutreten, längst erhalten, aber mit dem provokanten Hinweis ignoriert, das Gericht überhaupt nicht anzuerkennen.

Als er Anfang 1998 die erste unabhängige Tageszeitung Irans gründete, sei ihm bewußt gewesen, worauf er sich eingelassen hatte, erklärte Schamsolwaézin damals. Er habe auf den Erfolg des Reformprozesses gesetzt und gleichzeitig gewußt, daß er einen Irrtum kaum überleben würde. „Die Alternativen waren Freiheit oder Tod." Geschrieben wirkt der Satz ungleich pathetischer, als ihn Schamsolwaézin gesagt hat. Hätte jemand über den Kauf einer Aktie gesprochen, es hätte nicht nüchterner klingen können. Gleichsam ein Börsenmakler des Reformprojektes fügte Schamsolwaézin hinzu, daß er die Chancen und Gefahren nüchtern abgewogen und das Risiko für vertretbar gehalten habe. Die Mehrheit der Faktoren hätten schon Anfang 1998 für einen Erfolg der Reformen gesprochen, und damit auch für einen Erfolg seiner Redaktion, die seinerzeit auf Plakatwänden als „Die erste Zeitung der zivilen Gesellschaft" für sich warb und innerhalb von Tagen eine Auflage von 300 000 erreichte.

Nun, da ich dieses vorletzte Kapitel meines Buches schreibe, im Oktober 2000, ist Schamsolwaézin ins Teheraner Evin-Gefängnis zurückgekehrt. Auch sein Manager Latif Safari befindet sich dort, ebenso wie seine Autoren Emadeddin Baghi und Ebrahim Nabawi. Vielleicht treffen sie dort Publizisten wie Akbar Gandschi oder Masúd Behnud, dissidente Kleriker wie Abdollah Nuri oder Hassan Yussefi Eschkewari oder die vielen Studenten, die seit den Protesten im Juli 1999 noch immer in Haft sind. Gegen zahlreiche andere Journalisten, Professoren, Frauenrechtlerinnen, Geistliche und Intellektuelle wird ermittelt, oder es liegen bereits Anklagen vor dem Revolutionsgericht vor. Seit Ende April sind allein in Teheran an die dreißig Zeitungen verboten worden, im ganzen Land wurden kritische Regionalzeitungen geschlossen, die reformorientierte Öffentlichkeit ist auf einige Literatur- und Philosophiezeitschriften sowie ein, zwei neugegründete Tageszeitungen zusammengeschrumpft, die sich in ihrer Berichterstattung erkennbar zurückhalten. Weit über zweitausend Journalisten sind arbeitslos, nicht zu reden von den Verlagsangestellten, Drukkereibetrieben, Kiosken oder Zeitungsverkäufern, die unter der drastisch gesunkenen Auflage der iranischen Presse leiden. Sejjed Morteza Mardiha, leitender Redakteur von Schamsolwaézins Zeitung *Asr-e Âzâdegân*, beschreibt die Situation innerhalb seiner Redaktion:

Die Mehrheit unserer Mitarbeiter besteht aus jungen Leuten, von denen etwa die Hälfte Frauen sind. Jeder von ihnen hat eine Geschichte. Die Assistentin des Chefredakteurs, der die Sorge im Gesicht geschrieben steht, fragt mich immer wieder, ob die Gerüchte, wonach wir bereits in Kürze wieder eine Zeitung herausgeben, stimmen. „Ich halte es nicht länger aus, nicht schreiben zu können", sagte der Sportredakteur, der bei der Verhaftung unseres Chefredakteurs bitterlich weinte. „Ich gehe nach Hause; gebt mir Bescheid, sobald wir eine neue Zeitung gründen können." Unser Literaturkritiker, der kürzlich auf der Straße zusammengeschlagen wurde, meinte: „Ich komme nicht mehr in die Redaktion, denn ich habe gehört, daß das ständige Kommen und Gehen in den Redaktionsräumen als Verschwörung betrachtet und dann auch das Gebäude geschlossen werden könnte." Die Sekretärin, die auch dieses Manuskript abtippt, fragt mich, wozu ich denn noch Artikel schriebe. Unser junger Fotograf, der immer ein Lächeln auf den Lippen trägt, versucht, mit einigen Späßen den Druck von unseren Seelen zu nehmen. Auch wenn die weißen Blätter auf den Schreibtischen ein ständiges Unbehagen hervorrufen, auch wenn die wiederholten Verhaftungen und Verbote den Beruf des Journalisten zu einem Spiel mit dem Feuer gemacht haben, so gibt es doch nur einzelne unter uns, die mit dem Gedanken spielen, aufzugeben. Sie tragen dieselbe Hoffnung in sich, die es den Verlegern erlaubt, ihre Journalisten in einem Zustand des «aktiven Wartens» weiter zu beschäftigen und ihnen, soweit es ihnen finanziell irgend möglich ist, noch einige Monate den Lohn auszuzahlen. Um die Auflösung unserer Redaktion zu verhindern, treffen wir uns regelmäßig, um die Situation im Land zu besprechen und anhand der alten Ausgaben ausgiebig Blattkritik zu üben, um uns zu verbessern.

Die konzertierte Aktion gegen die gesamte reformorientierte Presse, die Anklagen gegen die 17 Reformvertreter, die an einer Iran-Konferenz der Heinrich-Böll-Stiftung in Berlin teilgenommen haben, die zahlreichen Verhaftungen sowie die hektische Verabschiedung eines neuen, restriktiven Pressegesetzes als letzte Amtshandlung des alten Parlamentes signalisieren, daß die Hüter der bestehenden Ordnung das Ende der Fahnenstange erreicht sehen. Wo dieses

Ende liegt, läßt sich ziemlich präzise sagen: Es ist der Versuch, die Islamische Republik zu säkularisieren. In den Wochen und Monaten zuvor hatte die Debatte, die Anfang der neunziger Jahre in den Universitäten, den Theologischen Seminaren und einzelnen philosophischen Fachzeitschriften wie *Kiyân* ihren Ausgang genommen hatte, endgültig die auflagenstarken Tageszeitungen erreicht und somit ein tägliches Publikum, das nach Millionen zu zählen war. Und nicht nur das: Mußte man den Bezug der religionsphilosophischen Erörterungen zur Gegenwart früher meist selbst herstellen, bekannten die Autoren im Frühjahr 2000 mit zunehmender Offenheit, daß es ihnen um ein grundsätzlich neues Verhältnis von Staat und Religion in Iran geht. Sie wollen den Glauben nicht aus der Politik verbannen, aber den Islam nicht mehr mit dem Staat identifizieren. Die Herrschaft dürfe sich auch in einer Islamischen Republik allein durch das Volk, nicht durch Gott legitimieren – und zwar das gesamte Volk, nicht bloß die Schiiten oder Muslime. Auf nichts reagieren die Hüter der bestehenden Ordnung so allergisch wie auf dieses Vorhaben, an dem sich am Ende der Erfolg oder Mißerfolg der Reformen entscheiden wird.

Zweimal hatte das Reformprojekt des *Zweiten Chordâd* bereits auf des Messers Schneide gestanden: nach den Morden an den Intellektuellen im Herbst 1998 sowie während der Studentenproteste im darauffolgenden Sommer. Beide Male war das Kalkül der Verantwortlichen, durch Repression und Gewalt die Reformkräfte entweder einzuschüchtern oder aber soviel Unruhe zu stiften, daß ein Staatsstreich angemessen erschien, nicht aufgegangen. Im dritten Anlauf sind die Konservativen überlegter vorgegangen und haben, anstatt auf den Terror des Geheimdienstes und des Militärs zurückzugreifen, ins Herz der Reformbewegung gezielt: auf die Presse und die kritischsten Journalisten des Landes. Damit haben sie zwar nicht die Konstituierung des neuen Parlamentes, in dem die Reformer über eine klare Mehrheit verfügen, verhindern oder gar den Reformprozeß stoppen können, aber doch erreicht, was ihnen langfristig am ehesten noch nützt: Es macht sich Resignation breit. Weil keines der beiden politischen Lager innerhalb des Staatsapparates die Kraft hat, das jeweils andere von der Bühne zu verdrängen, betreiben Reformer und Konservative ihre Politik weiterhin parallel und produzieren so die vielen widersprüchlichen Meldungen, mit denen Iran die interessierte Weltöffentlichkeit verwirrt. Aber nun merkt die Bevölkerung, daß der Machtkampf zwischen Reformern und Konservativen noch Jahre so weitergehen kann, ohne daß sich politisch etwas Grundsätzliches bewegt. Also wendet sie sich vom Spektakel ab, nicht sofort, nicht vollständig, aber doch kontinuierlich. Die politischen Reformen mögen – nicht zuletzt dank der Mehrheitsverhältnisse im neuen Parlament – im begrenzten Umfange weitergehen, doch wird der Wächterrat, den jedes neue Gesetz passieren muß, darauf achten, daß die grundlegenden Koordinaten des Staates sich nicht verschieben. Der Revolutionsführer hat längst signalisiert, daß er zu gewissen Konzessionen an Chatami bereit sei, und gleichwohl mehr als deutlich gemacht, wer die Grenzen der Reformierbarkeit festlegt, nämlich er selbst. Die Öffnung verliert, sollte der Machtkampf an der Staatsspitze nicht mit unvorhersehbaren Folgen eskalieren, am Ende gänzlich den Anschluß an die gesellschaftliche Entwicklung und steht zu den Erwartungen der Bevölkerung nicht mehr nur im Miß-, sondern in keinem Verhältnis.

Wer sich der Illusion hingegeben hat, daß Irans politisches System sich unter Präsident Chatami rasch und umfassend verändern würde, sieht sich getäuscht. Wer aber schon alle Hoffnungen auf einen Wandel in Iran aufgegeben hat, könnte sich noch täuschen. Der Wandel, der sich in Iran vollzieht, ist sozialer, geistiger und religiöser eher als politischer Art. Dadurch ist er langsamer, als die meisten es sich wünschen, aber auch so grundlegend, wie die gewaltbereiten Kinder der Revolution fürchten. Die Politik mag sobald aus dem Patt nicht herausfinden, in das sie Reformer und Konservative manövriert haben, aber in ihrem Schatten setzt sich die Entwicklung innerhalb der iranischen Gesellschaft mit unverminderter Dynamik fort, akzeptieren immer weniger Frauen das alte Rollenverständnis, orientiert sich die Jugend immer offener an anderen als den islamistischen Werten, entsteht eine neue wirtschaftliche und technologische Elite, faßt das aufklärerische Denken an den Theologischen Hochschulen immer mehr Fuß. Ein alter Mann, der die Geduld wahrhaft gelernt hat, sprach das Unweigerliche aus: „In einer Epoche wie der unseren", wandte Hossein Ali Montazeri sich nach den Zeitungsschließungen an die iranische Öffentlichkeit,

einer Epoche, in der die Menschen zu lesen gelernt haben, politisch bewußt und geistig weit entwickelt sind, in der sie im ständigen und uneingeschränkten Kontakt mit der äußeren Welt stehen und die Freiheit sehen, die in anderen Ländern existiert, ist es auf Dauer ausgeschlossen, ihnen ihre legitimen Rechte zu verweigern, ihre Münder zu verschließen, die nationale Presse zum Schweigen zu bringen und auf ihrer totalen und unbedingten Kapitulation zu beharren, vor allem auf der Kapitulation der Gelehrten sowie der Experten auf dem Gebiet der Politik, Soziologie und Ökonomie, und all dies auf das Betreiben eines einzelnen fehlbaren Menschen hin, der sich wie alle anderen Menschen irren kann, zumal wenn er im Namen des Islams und der Religion spricht. Eine solche Situation wird dazu führen, daß die Menschen aufbegehren und sich vom Islam und der Religion entfremden. Die heutige Welt akzeptiert nicht die absolute Herrschaft eines Individuums.

Die beharrenden Kräfte könnten den politischen Wandel so lang hinauszögern, daß die derzeit aktiven Reformpolitiker ihren Kredit bei der Bevölkerung verspielen. Bis dann eine neue Generation von politischen Führern in Erscheinung tritt, wäre es womöglich zu spät, um jemanden für die Verbrechen und Unterschlagungen der vergangenen zwanzig Jahre zur Rechenschaft zu ziehen. Aber dauerhaft umkehrbar ist der Reformprozeß schon aus demographischen Gründen nicht: Den konservativen Führern, von denen die meisten das sechzigste Lebensjahr schon überschritten haben, fehlt schlicht der Nachwuchs, als daß ihre Visionen sie lange überdauern könnten. Selbst ein gelungener Putsch gereichte ihnen dauerhaft zur Niederlage, weil er nur den Wandel der Politik, nicht aber den viel einschneidenderen Wandel in der Gesellschaft blockieren würde. Allerdings wird der Preis, den das Land für das konservative Wechselspiel aus Hinhalten und Zuschlagen bezahlt, von Mal zu Mal teurer; auf der einen

Seite nehmen, wie die immer wieder aufflammenden Unruhen in verschiedenen Städten des Landes zeigen, Frustration und Aggression in der Bevölkerung beängstigende Ausmaße an, auf der anderen Seite werden die Hüter der bestehenden Ordnung mit jedem vergeblichen Versuch, die Lage in den Griff zu bekommen, noch mehr in Panik geraten, die in der Politik der bedrohlichste Zustand ist. Die Wirtschaftskrise wird sich angesichts der politischen Stagnation oder gar von Unruhen verschlimmern – schon jetzt liegt die Arbeitslosigkeit bei fünfundzwanzig Prozent und leben nach offiziellen Angaben beinahe die Hälfte aller Iraner unterhalb der Armutsgrenze. Die Zahl der Schüler und Studenten beläuft sich auf rund zwanzig Millionen; niemand weiß, wie sie je genügend Arbeitsplätze finden sollen. Die ethnischen Minderheiten, die fast fünfzig Prozent der iranischen Bevölkerung stellen, werden, wenn sich die allgemeine Situation im Land verschlechtert und ihnen elementare Rechte verweigert werden, verstärkte Anstrengungen unternehmen, sich vom Zentralstaat zu lösen. Der Verfall der kollektiven Werte wird sich fortsetzen, Begriffe wie Besonnenheit, Milde oder Versöhnung eines Tages nur noch ein müdes Lächeln hervorrufen, der Zynismus weiter um sich greifen. Das Potential, aus dem Iran dank seiner Bodenschätze, seiner alten und tiefverwurzelten Kultur, vor allem aber dank des heutigen Bewußtseins seiner Bevölkerung schöpfen könnte, ist immens, doch lassen die genannten Faktoren es immer schwieriger werden, den Übergang friedlich zu gestalten. Die Alternative zu einem sanften Wandel aber ist nicht der dauerhafte Status quo, sondern Chaos und jenes Ausmaß an Gewalt, das Revolutionen, vor allem aber Bürgerkriegen eigen ist. In Iran ist die Alternative zur Freiheit, wie Maschaóllah Schamsolwaézin es gesagt hat, der Tod.

12

Der Tod des Dichters

Huschang Golschiri stirbt, als er nicht mehr um sein Leben fürchten muß

Mit einem Buch des toten Dichters häuft ein Trauernder Erde auf das frische Grab. Der Kurzroman Prinz Ehtedschab, 1969 erschienen, machte Golschiri berühmt. Der Schriftsteller hat die iranische Prosa mehr als jeder andere Autor seiner Generation geprägt – mit seinen eigenen Erzählungen, aber auch mit seinen privaten, immer überfüllten Seminaren für junge Autoren, mit denen er allen Lehr- und Veröffentlichungsverboten trotzte. Der Kampf um die Freiheit des Wortes war für Golschiri eine Lebensaufgabe. (Photo: Kazemi)

Als die Tür des Krankenhauses aufgeht, ruft die Menge *Lâ elâha ellallâh*, „Es gibt keinen Gott außer Gott". Dann ist plötzlich der Leichnam zu sehen, wie er über den Köpfen schwebt. Eingewickelt in weiße Tücher, über denen ein schwarzer, bestickter Umhang liegt, wirkt er auch der Größe nach wie eine ägyptische Mumie. Um vieles kleiner und schmächtiger ist das Bündel, als der lebendige Huschang Golschiri es war – wie muß der Tod ihn geschröpft haben. Jemand kreischt, andere schluchzen laut auf, wehklagen oder weinen. Die Männer, die den Leichnam in die Höhe gestemmt haben, setzen sich in Bewegung und führen den Schriftsteller auf seine letzte Reise in dieser Welt. Eine Gasse entsteht und schließt sich wieder hinter der Frau und den beiden Jugendlichen, die aneinandergeklammert dem Gatten und Vater folgen. Eine kräftige Stimme beginnt, das *Lâ elâha ellallâh* im Singsang vorzutragen, andere antworten ihr im Chor. Nicht traurig klingt das, eher bestürzt, Zuflucht suchend.

Mehrere tausend Menschen warten an diesem frühen Morgen des 7. Juni 2000 vor der Iranmehr-Klinik im Norden Teherans, um Abschied von Huschang Golschiri zu nehmen. Die weitaus meisten unter ihnen sind jung, Studenten vielleicht oder angehende Dichter. Zwischen ihnen schreiten würdevolle ältere Herren, die schon durch äußere Zeichen, durch ihre Krawatte oder die zu einem Pferdeschwanz zusammengebundenen langen Haare, zu erkennen geben, daß sie einem anderen als dem gegenwärtigen Iran angehören. Später wird der Vertreter des Schriftstellerverbandes in seiner Trauerrede sagen, daß Huschang Golschiri immer als erster die Fahne des iranischen Geistes emporgehoben habe, sooft sie von den Banausen an der Macht in den Schmutz gezogen worden sei. Als Schriftsteller wird er in seinen Werken lebendig bleiben und sein Ruhm, das junge Alter der meisten Trauergäste deutet es an, noch wachsen; aber als ein Intellektueller, der so eloquent und energisch wie kein anderer die Sache der persischen Literatur vertreten hat, der gerade auch im Ausland jenes andere, jenes geistige Iran repräsentierte, das an diesem Morgen wirklich ist, als ein Streiter für die Freiheit des Wortes fehlt Huschang Golschiri schon jetzt, da Autoren für ihre Äußerungen wieder hinter Gittern sitzen.

Es war merkwürdig und doch logisch: Je mehr der Schriftsteller die explizite gesellschaftliche Kritik aus seinen Texten verbannte, je mehr seine Prosa sich auf die reine Wahrnehmung der Dinge und inneren Zustände beschränkte, desto vehementer wurden seine politischen Stellungnahmen. Zeit seines literarischen Lebens hat Golschiri sich für die Menschenrechte und die Meinungsfreiheit eingesetzt. Weil er an die Notwendigkeit ziviler, vom Staat unabhängiger Institutionen glaubte, betrachtete er die Gründung eines unabhängigen Schriftstellerverbandes als eine Lebensaufgabe. Seit 1967 gibt es den Verband, der bis heute nicht registriert worden ist. Auch ohne eine offizielle Genehmigung zu haben, trafen sich die Schriftsteller damals regelmäßig in literarischen Zirkeln sowie zu Lesungen und Diskussionen. Aber schon bald begannen die ersten Verhaftungen. Gholamhossein Saédi, Huschang Golschiri, Mahmud Doulatabadi und Ali Aschraf Darwischian gehören zu denjenigen, die Ende der sechziger, Anfang der siebziger Jahre für ihre Forderung nach Meinungsfreiheit verhaftet worden sind. 1976 lockerte das Regime die Zügel, um den sich anbahnenden Aufstand zu verhindern. Die Schriftsteller nahmen ihre öffentlichen Aktivitäten von neuem auf. Im nächsten Jahr kam es zu den wohl denkwürdigsten Tagen in der Geschichte des Schriftstellerverbandes und gleichzeitig zu einer Sternstunde deutscher Kulturpolitik im Ausland. Zehn Herbstnächte lang fanden sich etwa sechzig iranische Dichter auf Initiative des Teheraner Goethe-Institutes zusammen, um ihre Texte zu lesen und Kritik an den politischen Zuständen zu üben, wie sie in solcher Schärfe lange Jahre nicht öffentlich ausgesprochen worden war. Nacht für Nacht strömten Tausende Iraner zu den Lesungen. Wer keinen Platz mehr im Garten des Deutsch-Iranischen Kulturvereins fand, kletterte auf die Mauer oder einen Baum in der Nachbarschaft oder hockte sich auf den Bürgersteig, wo auch schwerbewaffnete Soldaten standen. Es hat etwas Magisches mit diesen zehn Nächten. Es war kühl, und oft regnete es in Strömen. Aber die Menschen harrten unter Regenschirmen und Planen über Stunden hinweg aus, um neue Poesie und avantgardistische Prosa zu hören. Spricht man mit jemandem, der an diesen zehn Nächten teilgenommen hat, gleich ob als Vortragender oder als Besucher, wird man ein Leuchten in den Augen wahrnehmen, und man wird Adjektive hören, die man gewöhnlich aus Liebeserzählungen kennt. Es muß tatsächlich ein großer Moment gewesen sein, ein Moment des erfüllten Verlangens, als die Schriftsteller ungehindert ihr Publikum treffen konnten. Es gab nicht viele solche Momente in der Geschichte der neueren iranischen Literatur.

Die Revolution von 1979 brachte den Dichtern zunächst die erhoffte Freiheit. Einige beschlossen, Revolutionsführer Chomeini aufzusuchen, um die Ideen und Forderungen ihres Verbandes vorzutragen. Es war für alle Anwesenden eine enttäuschende Begegnung. Chomeini war mißmutig und verstand nicht, was die Dichter von ihm wollten; vielleicht wollte er es nicht verstehen. Spätestens, als die Schriftsteller sich nach einigen Minuten vor der Tür wiederfanden, wußten sie, daß dieser Führer eine andere Revolution im Sinne hatte als die Dichter. „Ihr müßt sie brechen, diese Federn!" soll er später gesagt haben. 1980, ein Jahr nach dem Sturz des Schahs, setzten die altbekannten Angriffe auf die Schriftsteller wieder ein, diesmal nicht mehr im Namen der Nation und des Monarchen, sondern im Namen der Religion und des Revolutionsführers. Der Dichter Saíd Soltanpur wurde verhaftet und hingerichtet. Andere mußten wie Golschiri ihre Lehrstühle aufgeben oder wurden mit einem Publikationsverbot belegt.

Es sollte über zehn Jahre dauern, bis der Verband seine regelmäßigen Sitzungen von neuem aufnahm. Eine halbe Generation von Dichtern war inzwischen ins Ausland emigriert oder gestorben, eine weitere Generation neu auf die literarische Bühne getreten. Im Frühjahr 1994 veröffentlichten die Schriftsteller erstmals wieder eine gemeinsame Protesterklärung. Sie betraf den verhafteten Literaten Saídi Sirdschani, der einige Monate später im Gefängnis starb, angeblich an Herzversagen. Im Oktober desselben Jahres gingen die Schriftsteller noch einen Schritt weiter und verfaßten den

„Text der 134", der weltweit Aufsehen erregte. Da überließ das Regime die Schriftsteller Herrn Saíd Emami, dem ominösen Herrn Haschemi und wie die Schergen alle heißen oder geheißen haben.

Die Geschichte des iranischen Schriftstellerverbandes läßt sich als eine Geschichte der Unterdrückung erzählen, als eine Geschichte der bedrohten Literaten, eine Geschichte der Getöteten, Verhafteten, Gefolterten, Verbotenen, Geflohenen. Man kann aber auch eine Geschichte des Widerstands erzählen, eine Geschichte der Geduld, des Trotzes, der Selbstbehauptung und der Kraft der Literatur. Diese Geschichte stellt die Protagonisten nicht als Opfer vor, sondern als Handelnde. Wenn nach dreiunddreißig Jahren noch immer – oder wieder – ein Gründungskomitee des Schriftstellerverbandes existiert, ist das nicht nur ein Hinweis auf die Widrigkeiten, denen Schriftsteller in Iran ausgesetzt sind, sondern ebenso auf ihre Beharrlichkeit. Daß Diktaturen es den Schriftstellern verwehren, sich zu einem unabhängigen Verband zusammenzuschließen, versteht sich von selbst. Daß die Schriftsteller jedoch über einen so langen Zeitraum hinweg an ihrem Vorhaben festhalten, daß sie unter den denkbar schwierigsten Bedingungen auf der einen und zentralen Forderung aller Schriftsteller dieser Welt bestehen – der Forderung, daß das Wort frei sein muß –, das ist keineswegs selbstverständlich. Davon ist zu künden, weil es zeigt, wozu Literatur fähig ist – nicht: wozu Menschen, nicht: wozu Widerstandskämpfer, Freiheitsliebende, Intellektuelle fähig sind –, wozu Literatur fähig ist, denn sie ist es, die am Anfang steht und am Ende stehen soll. Es ist die Literatur, die den Kampf der Dichter um die Meinungsfreiheit zu einem Existenzkampf macht, weil er ein Kampf um die Freiheit der Dichtung und damit um ihre Existenz als Dichter ist. Und es ist ihr literarisches Werk, das ihren Widerworten jene Autorität verleiht, die selbst von den Mächtigsten im Staat nicht ignoriert werden kann. Nur so ist der Aufwand erklärbar, den zwei Sicherheitsapparate – jener der Monarchie und jener der Islamischen Republik – betrieben haben, um einen doch recht kleinen Kern von hundert oder zweihundert Literaten zum Schweigen zu bringen. Nur so sind die Sonderabteilungen der verschiedenen Geheimdienste, die konzertierten Verhaftungen, die wütenden Gerichtsurteile, die generalstabsmäßigen Kampagnen in den staatlichen Medien zu verstehen, denen der Schriftstellerverband seit seinen Anfängen ausgesetzt war.

Keineswegs sind die Literaten die einzigen, die Opfer gebracht haben; kritische Theologen, religiöse Denker, Studentenvertreter, Angehörige von Oppositionsparteien wie der „Iranischen Freiheitsbewegung" wurden in den letzten Jahren kaum weniger brutal verfolgt, mag man deren Schicksale im Westen oft nur am Rande wahrgenommen haben. So ist es heute eher den Philosophen, den Geistlichen und religiösen Intellektuellen überlassen, die Ideologie der Islamischen Republik zu hinterfragen und jene Diskussionen über Säkularismus, Menschenrechte und Demokratie zu führen, vor denen sich die Gralshüter der islamistischen Ordnung am meisten fürchten. Es kann nicht die Aufgabe der Schriftsteller sein, Theorien zu entwickeln oder zu verwerfen. Aber die Schriftsteller sind es, die dem Verlangen der Bevölkerung nach Freiheit eine Stimme verleihen, die in der Welt gehört wird, weil sie jene Sprache sprechen, die Menschen aller Kulturen verstehen, die Sprache der Bilder, der Rhythmen, der präzisen Andeutungen, der Vieldeutigkeiten; die Sprache der Poesie. Es ist ihre Aufgabe, die Furcht der Menschen so genau zu beschreiben, daß sie erfahrbar wird, und ihrer Hoffnung einen so verheißungsvollen Ausdruck zu geben, daß alle Menschen an ihr teilhaben.

Golschiri hat geahnt, was ihn als öffentliche Person nach seinem Tod erwartet. Selbst unter seinen Gegnern und nicht zuletzt innerhalb der Geistlichkeit haben ihn viele für sein herausragendes Persisch geachtet; jetzt, da er nicht mehr lebt, ist sich das Land plötzlich einig, einen großen Schriftsteller verloren zu haben. Das Beileid des Kulturministers, den ein Treffen mit Golschiri einmal fast das Amt gekostet hätte, dürfte noch ehrlich gemeint gewesen sein; aber daß das iranische Staatsfernsehen, in dem Golschiri aufs Übelste beschimpft worden war, der Familie kondoliert und sogar seine Ehefrau – vergeblich – um ein Interview bittet, ist bloß zynisch. Unter den konservativen Zeitungen kann nur eine einzige, *Keyhân*, von ihren Schmähungen nicht lassen. Als „Schriftsteller, der Beziehungen zu ausländischen Botschaften hatte“, diffamiert sie ihn noch in der Todesmeldung. Hätte Golschiri den Artikel lesen können, er hätte mir die Zeitung entgegengehalten und gesagt: Da, schau her, diese Hundesöhne. Und dann hätte er bestimmt gelacht. Er war jemand, der immer einen Witz voraus war und die bösesten Scherze mit sich selbst treiben konnte. Saß er auf einem Podium, war es fast immer Golschiri, der für die ernsthaftesten und die witzigsten Töne sorgte. Das schrecklichste und lustigste Gespräch, das ich als Berichterstatter je geführt habe, hat er mir beschert, als er mir schilderte, wie sich reformorientierte Kräfte innerhalb des Staatsapparates nach den Morden an fünf Intellektuellen vor die bedrohten Schriftsteller gestellt hatten. Ein hoher Offizier klärte ihn über die Wanzen auf, die überall in seiner Wohnung verteilt waren, bestätigte seinen Verdacht, daß die Nachbarwohnung vom Geheimdienst benutzt wurde, und wies ihn an, niemals Beamten der Polizei, des Militärs oder des Geheimdienstes die Tür zu öffnen. Zwei Abordnungen der Staatssicherheit versteckten sich damals vor seiner Haustür: die einen, die ihn verfolgten, die anderen, die ihn vor den Verfolgern zu schützen versuchten. Starr vor Angst und Sorge, ließ ich mich von Golschiri doch ein ums andere Mal zum Lachen verführen, obwohl die Furcht und noch mehr die Trauer über die ermordeten Freunde ihm selbst ins Gesicht geschrieben stand.

Etwa fünfhundert Meter wandert die Prozession nach Süden, eine halbe Stunde lang verwandelt sich die breite Straße in einen mythischen Ort, wo mit dem Berufsverkehr auch die Zeit stillzustehen scheint. Die schwebende, blumengeschmückte Mumie, die arabischen Worte, die vom Sänger und seinem Chor in den Himmel geschleudert werden, das hilflose Schweigen der meisten sowie die Wehklage Einzelner, die großflächigen Photos, die über die Menge ragen und den Schriftsteller oder die Titelblätter seiner Bücher zeigen – es ist, als würde die Literatur ihren Anspruch, die Gegenwart zu transzendieren, ausgerechnet hier, inmitten der Hauptstadt einer Islamischen Republik, einlösen. Die Poesie und die Religion haben seit jeher die iranische Kultur als die beiden maßgeblichen, oft miteinander konkurrierenden Faktoren beeinflußt. Angesichts des Todes aber sind sie vereint, denn die fast religiöse Verehrung für die Dichter findet ihren Ausdruck in den ostentativen Trauerritualen der Schiiten. Sinnbild dieser seltenen Symbiose ist der junge Leser, der am Grabe Golschiris bitterlich weint. Mit der linken Hand hält er dessen Kurzroman *Prinz Ehtedschab* in die Höhe, mit der rechten schlägt er sich auf die Brust.

Mit *Prinz Ehtedschab* wurde Golschiri 1969 auf einen Schlag berühmt. Heute steht das Buch für den Beginn einer neuen Epoche in der iranischen Literatur, die seitdem immer entschlossener die linearen Erzählstrukturen aufbricht und in ihren stärksten Texten so brüchig, so assoziativ, so offen ist wie jegliche Avantgarde im Vergleich zu ihrer Gegenwart. Der einzige Grund, weshalb es schwerfällt, Golschiri als Avantgardisten zu bezeichnen, ist seine immense Popularität. Golschiris Erzählungen wirkten oft wie ein Splitter aus einem großen, zertrümmerten Fresko – ein einziger Splitter, den er aber so rückhaltlos untersuchte, so präzise beschrieb, daß es einem den Atem nahm. Diese Tendenz, immer genauer zu werden in der Wahrnehmung, sich auf fast religiöse Weise in ein Detail, eine Situation, einen Sprachgestus zu versenken, schien von Werk zu Werk zuzunehmen; sein letzter, dem Umfang nach einzig großer Roman, *Das Buch der Dschinne*, ist so kühn in der Anlage und so diffizil in der Ausgestaltung unterschiedlichster Sprachebenen, wie man es von wenigen Werken der Gegenwartsliteratur behaupten kann. Man vermochte sich nicht vorzustellen, was danach noch hätte kommen können. Dabei hätte er, wie er immer sagte, noch so viel zu schreiben gehabt, wenn ihm endlich die Politik, der Kampf um den Verband, etwas Ruhe gegönnt hätte.

Immerhin haben ihn die letzten Jahre seines Lebens mit dem Gefühl belohnt, daß es sich lohnt zu kämpfen. Nach der ersten öffentlichen Sitzung des Schriftstellerverbandes schrieb er:

Für uns iranische Schriftsteller war es wirklich ein großer Tag, dieser 4. Februar 1999. Als der provisorische Vorstand gewählt worden und die vorbereitende Sitzung für die Vollversammlung der Schriftsteller beendet war, holten wir tief Luft, obwohl wir fürchteten, daß jemand draußen auf uns warten würde. Ein oder zwei von uns hatten den Mut, früher zu gehen, um uns ein Zeichen zu geben, ob die Luft rein sei.
Die Luft war rein. Weder sind wir in ein Café gegangen, noch haben wir, wie es bei Ihnen Sitte ist, eine Flasche Champagner geöffnet. Wir sind nur nach Hause gefahren. Meine Frau und ich haben Tee aufgesetzt, ein, zwei Zigaretten geraucht und tief Luft geholt. Vor Kummer um die Freunde, die wir verloren haben, saßen wir nur da und schwiegen und warfen uns allenfalls hin und wieder verstohlen einen zufriedenen Blick zu.

Huschang Golschiri, der so viele Jahre in Iran kaum ein Buch hatte veröffentlichen dürfen, genoß die Anerkennung, die ihm in den letzten Jahren auch im Ausland zuteil wurde, so den Erich-Maria-Remarque-Friedenspreis von 1999, und ironisierte sie gleichzeitig mit seinem unvergleichlichen Humor. Immer wieder fand er nun auch wieder Zeit, zu schreiben. Die politischen Veränderungen beobachtete er zwar mit Zurückhaltung, aber um so hoffnungsfroher stimmte ihn der Umbruch in der Gesellschaft und vor allem innerhalb der Jugend. Das war mehr als nur die Freude über das ungetrübte Bewußtsein einer Generation, die der Indoktrination einer allzu plumpen Erziehungsmaschinerie ausgesetzt war. Es war zugleich das Vergnügen an der Literatur, die ihn von jungen Autoren und Autorinnen aus dem ganzen Land erreichte. Kollektive Erfahrungen wie die Revolution, der achtjährige Krieg oder die Unterdrückung, aber auch die Einseitigkeit und Eintönigkeit der staatlichen Medien hatten die Bereitschaft vieler Menschen, sich mit den Welten und Gegenwelten der Dichtung auseinanderzusetzen, auf beispiellose Weise beflügelt. Dabei hat die gesellschaftliche Wirklichkeit der Literatur genützt und geschadet: Sie brachte eine rigide Zensurpraxis und die Verfolgung jener Schriftsteller mit sich, die sich für die Freiheit des Wortes einsetzten, und bescherte dem poetischen Ausdruck gleichzeitig eine Notwendigkeit und Dringlichkeit, wie sie vielleicht nur in Diktaturen zu spüren ist. Insbesondere die jüngeren Autoren und gerade auch Autorinnen, jene also, die erst nach der Revolution in Erscheinung getreten sind, haben in den letzten Jahren Aufsehen erregt – durch ihre schiere Quantität, aber auch durch zahlreiche Werke von bezwingender Kraft und sprachlichem Reichtum. Von den Klischeebildern orientalischer Fabulierkunst und der Wüstenromantik ist diese neue Literatur denkbar weit entfernt. Es ist eine moderne, städtische, formal häufig äußerst komplexe Prosa, die in Iran heute entsteht und Huschang Golschiri entscheidende Impulse verdankt. Unter den bekannten jüngeren Autoren hatten ihn viele persönlich zum Lehrer, die meisten anderen haben sich an seinem Werk und seinen Kritiken orientiert. All die Jahre hindurch hat Golschiri an seinen wöchentlichen Seminaren für angehende Schriftsteller festgehalten. Früher hielt er sie in der Universität ab, dann, als er nicht mehr lehren durfte, lud er seine Schüler nach Hause ein. Ein Jahr vor seinem Tod erhielt er schließlich die Genehmigung, eine Zeitschrift zu gründen, und so trafen sich seine zwanzig, dreißig Schüler zuletzt jeden Donnerstag in der Redaktion, um den ganzen Tag über Texte zu lesen und zu diskutieren.

Fast fünfzig Kilometer außerhalb von Teheran, am Rande der Autobahn nach Qazwin, liegt der Friedhof, auf dem Golschiri beerdigt wird. Weil viel zu wenig Busse bereitstehen, um die Trauergäste vor dem Krankenhaus zu fassen, schafft es allenfalls ein Drittel von ihnen, an der Zeremonie teilzunehmen, die mit einem gemeinschaftlichen Gebet vor dem Leichnam beginnt. Ein Mullah leitet es an. Anschließend wird der Tote zu einem offenen Grab getragen und auf die Erde gelegt. Vor allem die jungen Leute drängen nach vorn, um betend einen letzten Blick zu werfen oder ein letztes Mal den Körper zu berühren. Einzelne werfen sich jammernd zu Boden, andere breiten die Hände klagend zum Himmel aus. Nacheinander kommen Golschiris Frau und die beiden Kinder zum Grab. Jemand wirft das Leichentuch beiseite und erlaubt einen Blick, *einen Atemzug lang*, auf das vertraute, aber schlafend scheinende und fürchterlich schmale Gesicht des Toten. Erst nachdem seine Familie formell die Erlaubnis erteilt hat, dürfen ihn, so verlangt es die Sitte, die Freunde ins Grab herablassen. Die Langsamkeit, mit der sich bis auf das Zurückschlagen des Leichentuches jede Bewegung vollzieht, steigert das Gefühl der inneren und äußeren Bedrängnis noch, womöglich ins Kathartische. Die ganze Zeit muß ich an den Anfang jenes Artikels denken, den Huschang Golschiri nach dem Mord an Mohammad Mochtari geschrieben hat:

> Unter den Schriftstellern gehöre ich zu den wenigen, die am Ende noch einmal das Gesicht Mochtaris gesehen haben. Entgegen der Sitte unseres Volkes, aber mit dem Einverständnis der Familie hat man das Totentuch beiseite geschlagen, und ich habe ihn ein letztes Mal gesehen. Die Menschen werden bei uns auf der Seite ins Grab gelegt, damit sie nach Mekka schauen, und so habe ich sein Gesicht im Profil gesehen, einen Atemzug lang. Die Haut war orangefarben, womöglich sogar rot. Seit dieser und noch in der gestrigen Nacht schrecke ich oft aus dem Schlaf, und im ersten Moment des Wachseins sehe ich sein Profil. Seinen Hals oder gar die Spur des Lederriemens auf seinem Hals habe ich nicht gesehen. Ich konnte es nicht ertragen. Auch im Schlaf sehe ich sie nicht.

Später, es ist schon Mittag geworden, versammelt sich die Trauergemeinde vor einem Mikrophon, das ein paar Meter entfernt auf dem schattenlosen Friedhof steht. Die Hitze macht selbst den Jungen zu schaffen, und manche der Älteren müssen sich auf die Erde setzen. Wie oft habe er seinem Freund gesagt, „Huschang, laß uns aufhören, lassen wir die Finger von diesem unseligen Verband, der uns auffrißt", bekennt Mahmud Doulatabadi, dessen Epen aus der iranischen Wüste in der persischen Gegenwartsliteratur den Gegenpol zu Golschiris verwinkelten Erzählungen aus einem Teheraner oder Isfahaner Jetzt bilden. Und jedesmal habe Golschiri seine Finger nach vorne gestreckt und gesagt: „Laß uns das zu Ende führen, damit wir es an die Jungen übergeben. Dann können wir immer noch zu unserer Arbeit zurückkehren." Und jedesmal habe er, Doulatabadi, wieder Feuer gefangen.

Monirou Rawanipur, die aus dem Süden Irans stammende, bekannteste Autorin jener Generation, die auf Doulatabadi und Golschiri folgt, gelingen nur drei oder vier Sätze, bevor sie von einem Heulkrampf geschüttelt wird. Sie will ihre erste Begegnung mit Golschiri schildern und erzählt, wie sie als unbekannte Autorin tausend Kilometer gefahren ist, um ihm ihre Erzählungen vorzulegen. Als sie ankam, fand sie ihn inmitten von Kartons beim Auszug vor. Weil er mit der Miete im Rückstand war, hatte ihn der Vermieter vor die Tür gesetzt. Golschiri wußte nicht, wo er von nun an wohnen sollte. Außerdem hatte er Zahnschmerzen, ohne sich einen Zahnarzt leisten zu können. „Er setzte sich auf eine Kiste und sagte nur: ‚Lies vor.'" Mehr kann Monirou Rawanipur nicht sagen und hat doch alles gesagt.

Nach den Ansprachen wird die Trauergemeinde aufgefordert, noch ein Gebet am Grabe Mohammad Mochtaris und Mohammad Dschafar Puyandehs zu sprechen, den beiden Autoren, die wegen ihrer Mitgliedschaft im Schriftstellerverband Ende 1998 umgebracht wurden. Mit seinen Verbrechen hat der iranische Geheimdienst der Literatur eine nationale Wallfahrtsstätte beschert. Golschiris inzwischen mit Erde gefülltes, mit Blumen und seinen Büchern geschmücktes Grab liegt unmittelbar neben den Gräbern Mochtaris und Puyandehs, und er dürfte nicht der letzte Schriftsteller gewesen sein, dessen Reise auf diesem Friedhof am Rande der Autobahn nach Qazwin endet. Aber er ist der erste von dreien, der nicht ermordet wurde. Er starb, gerade als er nicht mehr um sein Leben fürchten mußte.

Epilog

Der Fluß, der Leben spendet

Isfahan, Ende Oktober 2004

Studenten unterbrechen am 6. Dezember 2004 eine Rede von Präsident Chatami an der Universität Teheran. „Chatami, Chatami was ist aus den versprochenen Freiheiten geworden?" rufen sie, und immer wieder: „Chatami, schäme dich!" Der sichtlich erschütterte Präsident räumt das Scheitern seiner Reformpolitik ein. Er habe im Machtkampf mit den Konservativen nachgeben müssen, um Unruhen zu vermeiden und das Staatssystem zu erhalten: „Wenn ich nachgegeben habe, so habe ich dem System nachgegeben, an das ich glaubte." Die Studentenbewegung, die einst zu den aktivsten Unterstützern des Präsidenten gehörte, fordert inzwischen dessen Rücktritt und ein Referendum über die Islamische Republik. (Photo: ap)

Wenn ich in Isfahan bin, gehe ich oft noch spät am Abend ins Teehaus unter der Brücke der dreiunddreißig Bögen. Die Wehklagen der klassischen Sänger, die aus billigen Lautsprechern alle Herzen zerreißen wollen, werden milde gestimmt vom Isfahaner Dialekt, dessen kecke Melodie in der Luft liegt. Das Schönste an dem Dialekt sind die Endsilben: Wie der Rauch der Wasserpfeifen steigen sie in die Höhe, bilden Lautformationen und verhallen. Im Hintergrund spielen die Wasserpfeifen ein Konzert mit dem Wasser des Zâyanderuds, des „lebensspendenden Flusses", das sich zwischen den Brückenpfeilern weiß kräuselt, um rauschend in das breite Flußbett zurückzukehren und nach ein paar Metern wieder still zu werden wie in einem See. Nein, in ganz Iran, vielleicht im gesamten Orient könnte es keinen besseren Ort geben, einen Tag ausklingen zu lassen, als am Fluß, der Leben spendet.

Anders als in den meisten arabischen Teehäusern sieht man unter der Brücke der dreiunddreißig Bögen auch Frauen, junge Frauen, niemals allein zwar, oft mit ihren Freundinnen. Das war früher nicht so; die Frauen selbst haben sich ihre Plätze erobert in den letzten Jahren, und sollte einer von den alten Stammgästen es wagen, sich zu beschweren, würden sie ihm ein Liedchen pfeifen. Nur leider ist Zapfenstreich schon um Mitternacht, so daß ich nicht immer schon innerlich so ruhig geworden bin wie das Wasser des Zâyanderuds, wenn ich nach Hause trotte. Die Islamische Republik mag es nicht, daß sich ihre Bürger abends zu spät noch draußen vergnügen. Vielleicht weil sie fürchtet, die Bürger könnten das Frühgebet verschlafen, das immer weniger von ihnen verrichten, vielleicht weil sie das Vergnügen als solches fürchtet. Warum sonst hat sie es in ihren ersten Jahren gänzlich abgeschafft? Mögen die Bürger also dankbar sein, daß sie ihre Wasserpfeife inzwischen bis Mitternacht rauchen und dabei sogar so etwas Weltliches wie Musik hören dürfen. Musik!

Als ich 1993 zum ersten Mal nach zwölf Jahren am Flughafen Teheran landete, war Iran ein anderes Land. Ich selbst vergesse manchmal, wie ich damals Schriftsteller und Oppositionelle meist nur konspirativ treffen konnte, wie wir am Telefon nichts außer dem Alltäglichen besprachen und die

Furcht vor Folter, Verhaftung und den Mordanschlägen des Geheimdienstes Alltag eines jeden aufgeklärten politischen Lebens war. Ich erinnere mich, wie ich einmal abends am Kuh-e Soffe, dem Berg, der sich am Südrand Isfahans erhebt, spazieren ging: Hinter einem Felsen, abseits des Weges, hörte ich Stimmen wie aus einem Funkgerät. So unauffällig wie möglich schlenderte ich näher, da bemerkte ich, daß dort ein Mann ein Radio ans Ohr hielt und den persischsprachigen Dienst der BBC hörte. Das war damals etwas Bemerkenswertes, ich hatte das noch nie gesehen: Jemand wagte es, unter freiem Himmel BBC zu hören, wenn auch nur im Dunkeln und außerhalb der Stadt. Heute kommt die Welt durchs Internet und auf Satellitenschüsseln fast unzensiert in jeden Haushalt, und kaum ein Taxifahrer macht sich Sorgen, wenn er während der Arbeit einen Auslandssender hört. Aber auch die lokalen Radiostationen berieseln ihre Hörer mit iranischer Popmusik, wo man vor zehn Jahren am Flughafen wegen einer westlichen Musik-CD verhaftet werden konnte. Wie aufwendig es damals war, Musik über die Grenzen der Nation zu tragen! Nach Iran mitnehmen durfte man sie gar nicht, aber selbst für die Kassetten, die ich im Land legal gekauft hatte, mußte ich erst eine Genehmigung beim Kulturministerium einholen, um sie auszuführen. Heute kontrollieren die Zöllner kaum noch einen Koffer. Noch im Jahr 2000 gab es in ganz Teheran kein Internetcafé. Zwei Jahre später waren es schon achttausend. Gewiß, das Regime verhaftet noch immer seine gefährlichsten Kritiker, aber es wagt nicht mehr (oder zur Zeit nicht), sie hinzurichten oder zu ermorden. Die zwei Todesurteile der vergangenen Jahre, gegen die islamischen Gelehrten Hescham Aghadschari und Hassan Yussefi Eschkewari, mußte die Justiz nach heftigen Protesten im Land zurücknehmen.

Nicht nur ist das Leben im Privaten ungleich freier als vor dem Zweiten Chordad, dem 23. Mai 1997, als die Iraner Mohammed Chatami zum Präsidenten wählten; die Menschen haben auch ihre Furcht verloren. Kaum noch jemand kämpft für politische Veränderungen, aber die Bürger müssen sich schon deshalb nicht mehr vor den Vertretern des Staates ducken, weil der Polizist, der Beamte, der Soldat in der Regel das gleiche denkt wie sie selbst, so umfassend ist der Konsens, mit dem die herrschenden Zustände abgelehnt werden. Gerade gestern erst berichtete eine Lehrerin aus meiner Verwandtschaft, die in einem streng religiösen Gymnasium für Mädchen unterrichtet, wo selbst die Jüngsten nur mit dem schwarzen Tschador tief verschleiert aus dem Haus gehen, daß sogar dort, in den denkbar revolutionärsten Verhältnissen, die Revolution ihre Kinder längst verloren hat. Die Eltern, ja, die mögen noch loyal sein, das könne sie nicht beurteilen, einzelne Kollegen ebenso – aber kaum eines der Mädchen.

Fast jeder stellt heute die Frage, die Mehdi Bazargan, der erste Ministerpräsident der Islamischen Republik, im Gespräch einst verwundert aufwarf: wieso das Regime sich so lange halten kann. Vermutlich liegt es gar nicht daran, daß es so stark wäre. Vermutlich ist der Widerstand bisher einfach zu schwach gewesen. Präsident Chatami und seine Mitstreiter wurden mit klaren Mehrheiten gewählt, waren aber zu behutsam und mit zu wenig institutioneller Macht ausgestattet, um sich mit ihren Gesetzesinitiativen gegen die Konservativen durchzusetzen. Dabei hatte sich in der überraschenden Wahl des weithin unbekannten Chatami, der seine Zulassung als Präsidentschaftskandidat vor allem seiner Chancenlosigkeit verdankte, der Druck einer Gesellschaft entladen, der in achtzehn Jahren Revolution, Krieg, Wirtschaftskrise, Isolation und Repression jede Hoffnung auf ein besseres Leben ausgetrieben worden zu sein schien. Es war nicht nur der fulminante Sieg des stets lächelnden Theologen, der das Herrschaftssystem der Islamischen Republik bis ins Mark erschütterte. Das eigentliche Ereignis war, daß erstmals seit den Anfängen der Revolution von 1979 eine Mehrheit der Bevölkerung, ja unglaubliche 88 Prozent der Wähler an die Urnen gegangen sind. Die Iraner hatten die Möglichkeit wiederentdeckt, Politik gestalten zu können.

Die ersten Risse im Verhältnis zwischen Chatami und speziell seiner jugendlichen Anhängerschaft zeigten sich während der landesweiten Studentenproteste vom Juli 1999, als der Präsident sich nicht auf die Seite der Demonstranten stellte. Doch brachten die folgenden Monate den Iranern so viele überraschende Fortschritte, daß Chatami an Vertrauen zunächst zurückgewann, obwohl es vor allem der schiere Entfaltungsdrang einer politisch hochbewußten und nun endlich die ersten Atemzüge Freiheit genießenden Gesellschaft war, der das politische und gesellschaftliche Leben umpflügte. Kunst und Literatur blühten auf, jede Woche kam eine neue Zeitung heraus, die mit den Tabus der Islamischen Republik brach, die Menschen strömten zu den Diskussionsveranstaltungen im ganzen Land. Die Forderung nach einer Wahrheitskommission machte die Runde, nach Trennung von Staat und Religion, nach einer Aufarbeitung der jüngsten iranischen Geschichte und ihrer Verbrechen. Die Parlamentswahlen Anfang des Jahres 2000 gerieten zum Desaster für die herrschende Elite und insbesondere den ehemaligen Präsidenten Ali Akbar Haschemi Rafsandschani, der es nicht einmal unter die ersten dreißig Kandidaten der Stadt Teheran schaffte.

Vier Monate später, im April 2000, endete der Teheraner Frühling. Auf einen Schlag schloß die iranische Justiz alle wichtigen Reformzeitungen, verbot fast alle öffentlichen Versammlungen und verhaftete zahlreiche Intellektuelle. Die Hüter der bestehenden Ordnung hatten die Reißleine gezogen. Zwar konnten sie die Reformer nicht sofort aus dem politischen System verdrängen, doch erreichten sie, was ihnen langfristig am ehesten nützt: Es machte sich Resignation breit. Eindrücklich gezeigt hat sich das bereits bei den zweiten Kommunalwahlen 2002: Weil nur die Konservativen ihre Anhänger mobilisieren konnten, sank die Wahlbeteiligung insbesondere in den großen Städten wie Teheran oder Isfahan dramatisch, teilweise auf zehn Prozent – mit dem Ergebnis, daß heute beinah alle Stadtparlamente Irans, eine der wenigen institutionellen Errungenschaften des Reformprozesses, von Reformgegnern beherrscht werden.

Viel zu spät hat Chatami im Dezember 2002 noch einmal versucht, das Ruder herumzureißen, indem er endlich die zwei entscheidenden Gesetzesvorhaben seiner Amtszeit in das Parlament einbrachte: Sie sollten den gewählten Institutionen mehr Macht gegenüber der religiös legitimierten Führung bringen und zugleich dem Wächterrat das Recht beschneiden, durch die Vorauswahl der Kandidaten den

Wahlausgang zu bestimmen. Beide Vorhaben zusammen hätten den circulus vitiosus der iranischen Verfassung aufbrechen können. Dank einer weltweit einmaligen Paragraphenakrobatik gewährt sie dem Volk zwar das Recht auf freie Wahlen, doch verhindert sie mit ihren Kontrollinstanzen und klerikalen Rückversicherungen, ihren Wächter-, Schlichtungs- und Expertenräten zugleich, daß sich etwas an den Grundlagen und den wesentlichen personellen Konstellationen ändern könnte, weil am Ende doch der Revolutionsführer das Sagen hat. Exakt an diesem Widerspruch hätte jede Politik, die das iranische System auf friedlichem Wege reformieren will, von vornherein ansetzen müssen: Sie müßte also für die gewählten Institutionen so viel Macht einfordern, daß sie mit ihrem Wahlauftrag überhaupt etwas anfangen können. Das hat Chatami fünfeinhalb Jahre nach seinem Amtsantritt versucht, und das Parlament ist ihm mit überwältigender Mehrheit gefolgt. Daß der Wächterrat die Gesetzesvorhaben blockierte, war zu erwarten – aber unerwartet kam für seine Anhänger, wie ergeben sich Chatami in seine Niederlage fügte. Praktisch handlungsunfähig, ist er auf die Rolle des Sonntagsredners zurückgeworfen worden, so daß sich die Iraner und dabei auch Politiker und Intellektuelle aus dem Umfeld des Präsidenten immer deutlicher von ihrem einstigen Hoffnungsträger abwenden. Als es im Sommer 2003 wieder zu großen Demonstrationen kam, hielten die Studenten nicht mehr Bilder Chatamis in die Höhe, sondern forderten lautstark dessen Rücktritt. Die Reformer im Parlament, die viele bahnbrechende Gesetze verabschiedet hatten, von denen kaum eines vom konservativen Wächterrat ratifiziert wurde, sind erst im Vorfeld der vergangenen Parlamentswahlen Anfang 2004 auf die Idee gekommen, den Widerstand auf die Straße zu tragen und offen auch die Systemfrage zu stellen. Da jedoch hatten sie das Vertrauen der Bevölkerung schon verspielt, so daß sich kaum Widerstand gegen den Ausschluß der Reformer von den Wahlen regte.

Ihre Glaubwürdigkeit bewahrt haben die radikalen Reformer wie Akbar Gandschi, Abdollah Nuri oder der greise Großajatollah Montazeri in Ghom, nur bewegen sie sich längst außerhalb des politischen Systems, wenn sie sich überhaupt bewegen dürfen: Dutzende, wenn nicht hunderte oppositionelle Theologen, Politiker und Studenten sitzen im Gefängnis. Die Häftlinge genießen Sympathien, Unterstützung jedoch – etwa in Form von Demonstrationen oder Mahnwachen – wird ihnen kaum noch zuteil. Es scheint schon wieder selbstverständlich geworden zu sein, daß es politische Gefangene gibt in Iran. Zu kurz war der Frühling in Teheran, um sich an ihn zu gewöhnen. Vor allem die liberalen Oppositionsparteien wie die „Iranische Freiheitsbewegung" Mehdi Bazargans und die national-religiösen Kräfte, die all die Jahre der Islamischen Republik im Land ausgeharrt und ihre Forderungen unmittelbar nach dem Zweiten Chordad selbstbewußt formuliert haben, sehen sich solch starker Verfolgung ausgesetzt – Verhaftungen, Prozessen, Beschlagnahmungen –, daß sie kaum mehr handlungsfähig sind. Und die Exil-Opposition im Ausland bleibt zerstritten, isoliert von der Bevölkerung im Heimatland. Allein der Sohn des gestürzten Schahs, der in Amerika lebende Reza Pahlewi, kann sich freuen, von Iranern immer öfter als mögliche Alternative zu den Geistlichen genannt zu werden, mindestens als Symbolfigur für einen Übergang. Pahlewi, der seine Landsleute über die persischsprachigen Satellitensender erreicht, spricht trotz der Erziehung im Ausland ein eloquentes Persisch; er gibt sich als überzeugter Demokrat und übt dabei auch Kritik an der Herrschaft seines Vaters. Über Organisationen innerhalb des Landes, auf die er sich stützen könnte, verfügt freilich auch er nicht.

Ohne Zweifel würde sich eine große Mehrheit der Iraner, wenn sie zu wählen hätten, für eine umfassende Demokratisierung und die Entflechtung von Staat und Geistlichkeit entscheiden. Das haben die vergangenen Wahlen angedeutet und eine Reihe von Meinungsumfragen belegt. Aber ein Risiko einzugehen, vielleicht den Arbeits- oder Studienplatz zu gefährden, gar eine Gefängnisstrafe in Kauf zu nehmen, um sich aktiv für eine andere Politik einzusetzen, dazu sind nur wenige bereit. Politisch sind die Iraner so zermürbt, daß ausgesprochen viele, wenn nicht die meisten Menschen, mit denen ich spreche, mittlerweile sogar den Druck der Vereinigen Staaten begrüßen. Kaum ein Iraner hegt Sympathien für George W. Bush, und noch weniger haben vergessen, daß es die Amerikaner waren, die 1953 die demokratische Regierung Mohammed Mossadeghs stürzten und Iran die Gewaltherrschaft Mohammed Reza Pahlewis bescherten. Es ist die schiere Verzweiflung, die viele Iraner heute in die Arme ihres offiziellen Erbfeindes treibt. Zwar träumen nach dem Desaster im Irak selbst die naivsten Iraner nicht mehr von einer militiärischen Invasion. Aber die Hoffnung, daß ein Eingreifen von außen Iran retten könnte, hat sich seit den letzten Parlamenswahlen eher noch verstärkt. Für eine Gesellschaft, die in immer neuen Schüben und unter hohen Opfern versucht hat, die Geschicke ihres Landes selbst zu bestimmen – angefangen mit dem Tabakaufstand von 1890 über die konstitutionelle Revolution von 1905/06, die Unabhängigkeitsbewegung von Mohammed Mossadegh und die Revolution von 1979 bis zu dem von allen großen iranischen Exilgruppen anfangs vehement bekämpften Reformprozeß unter Mohammed Chatami –, ist die sich ausbreitende Sehnsucht nach einem Stück Freiheit unter Amerikas Fittichen wie eine Kapitulation, ein Urteil über nun ein Viertel Jahrhundert Islamische Republik, das vernichtender nicht ausfallen könnte.

Am Ende eines Reformprozesses, in dem sie sich emotional noch einmal gegen den Status quo aufgebäumt haben, sind die Iraner noch erschöpfter, als sie es nach der Revolution und dem achtjährigen Krieg schon waren. Zum Säkularisierungsprozeß, der Iran erfaßt hat, zur Verweltlichung und Entzauberung gehört auch, daß es keine höheren Ziele gibt, für die es sich lohnt, sich aufzuopfern. Eher flüchtet man: ins Privatleben, in Hobbies – und hier insbesondere in den Sport – oder gleich ins Ausland. Kein Land der Welt hat einen so hohen *brain drain*, verliert also jährlich so viele Akademiker, wie Iran. Eine offizielle Statistik aus dem Jahr 2002 zeigt, daß täglich 150 qualifizierte Arbeitskräfte dauerhaft das Land verlassen; seitdem dürfte die Zahl weiter stark angestiegen sein. Eine ganz andere Fluchtwelt sind die Drogen: Das staatliche Institut gegen Drogensucht ging 2002 von zwei Millionen Abhängigen im Land aus und schätzt angesichts der Steigerungsrate, daß die Zahl in den nächsten fünfzehn Jahren auf neun Millionen anwachsen wird. Zum Vergleich: Großbritannien mit einer ähnlich großen Bevölkerung hat etwa 200.000 Drogensüchtige.

Die Reformer um Präsident Chatami haben versucht, die Kluft zwischen dem politischen System, wie es sich in den staatlichen Institutionen oder im Fernsehen darstellte, und der gesellschaftlichen Wirklichkeit zu schließen. Anfangs schien ihnen das zu gelingen: Sobald sich das System als wandelbar zu erkennen gab, interessierten sich die Menschen plötzlich brennend für Politik und damit auch für jenes offizielle Iran. Nicht nur schnellte die Wahlbeteiligung in die Höhe: Daß man täglich drei, vier verschiedene Zeitungen kaufte oder im Familienkreis beim Abendessen heftig über die jüngste Kabinettsumbildung debattierte, gehörte nach dem Zweiten Chordad zum Alltag.

Mit dem Scheitern der Reformer haben sich die gesellschaftlichen und geistigen Veränderungen, von denen dieses Buch erzählt, wohl endgültig von der offiziellen Wirklichkeit einer Islamischen Republik abgekoppelt. Das Regime hat kaum noch den Ehrgeiz, die Bevölkerung zu erziehen, sofern sich deren Abkehr von der Islamischen Republik nicht politisch artikuliert. Umgekehrt sucht sich die Bevölkerung einen Ersatz für die fehlenden politischen Gestaltungsmöglichkeiten in der Gestaltung des Privatlebens. Die Transformation der iranischen Gesellschaft ist durch das Ende des politischen Reformprozesses daher eher noch beschleunigt worden.

Wie tief und unaufhaltsam der Wandel in Iran ist, illustriert am witzigsten ein wundervoller Kinofilm über einen Ganoven, der im Gewand eines Mullahs aus dem Gefängnis flieht. Draußen in der Freiheit findet er sich unfreiwillig auf einer Kanzel wieder und denkt sich spontan einen Islam aus, der die Menschen zur Liebe aufruft, statt sie mit Gesetzen zu quälen, einen Islam der Toleranz und individuellen Glaubenserfahrung – und die Gläubigen sind begeistert. Fortan füllt sich die Moschee, der falsche Prediger wird zum Star, bis er am Ende auffliegt und wieder im Gefängnis landet. Bemerkenswert ist nicht nur, daß der Film in der Islamischen Republik produziert und gezeigt werden konnte, sondern vor allem, daß eine ganze Bevölkerung über ihre Theologen lachen kann. Vor der Revolution hätte eine so genau gezeichnete Satire auf die Geistlichkeit in der einfachen Bevölkerung wahrscheinlich einen Massenprotest ausgelöst. Heute bricht sie alle Besucherrekorde, wird von Kritikern und sogar Theologen gelobt, gewinnt Preise staatlicher Institutionen. Daß der Film schließlich doch noch verboten wurde (nachdem ihn das ganze Land schon gesehen hatte), ändert nichts an dem Bewußtseinswandel, für den er steht, an der Relativierbarkeit selbst jener Autoritäten und Dogmen, die früheren Generationen heilig waren. Auch das ist die Revolution der Kinder.

Praktisch die gesamte Gegenwartsliteratur und ein Großteil der Kinokultur des Landes ist subversiv in dem Sinne, daß sie Werte propagieren und Handlungsweisen zeigen, die im Widerspruch zur herrschenden Ideologie stehen. Nicht weil die Autoren und Produzenten sämtlich ein politisches Anliegen hätten, gehören die Ungleichbehandlung der Frauen, Drogensucht, Korruption, die Lügen der Politik oder die soziale Not zu den beliebtesten Themen heutiger iranischer Filme oder Romane – ein kritisches Bewußtsein verkauft sich einfach besser. Selbst das staatliche Fernsehen kann es sich mit Blick auf die Werbeeinnahmen nicht mehr leisten, nur die Bärtigen und Verschleierten zu zeigen, die sich für die Sache des Islams aufzehren; immer mehr Vertreter der säkularen Kultur – Komiker, Fußballexperten, Literaturwissenschaftler – finden den Weg ins offizielle Programm. Die Menschen fügen sich resigniert in die Tatsache, politisch keinen Einfluß ausüben zu können; die Herrscher scheinen sich damit abzufinden, die Untertanen nicht auf den rechten Weg geleitet zu haben. Solange die Untertanen die Macht der Herrscher nicht bedrohen und umgekehrt die Islamische Republik davon abläßt, in das Privatleben der Menschen einzudringen, herrscht ein kalter Frieden.

Der Weg vom Teehaus zu unserer Wohnung in Isfahan führt durch den Park entlang des Zâyanderuds. Als ich gestern nacht, wieder einmal zu früh, nach Hause ging, traf ich ein Ehepaar mit ihrer jugendlichen Tochter. Die drei rannten um die Wette, trieben Gymnastik, dehnten die Muskeln. Einerseits war das ein rührendes Bild: eine Familie, die nachts im Park gemeinsam Sport treibt, laut keuchend, leise lachend. Anderseits konnte ich nicht anders, als Wut darüber zu empfinden, daß ein Vater bis Mitternacht warten muß, bevor er sich traut, Frau und Tochter zum Joggen in den Park zu führen; Wut darüber, daß Frau und Tochter den Vater zum Joggen überhaupt brauchen und nicht einfach allein in den Park gehen können, um zu laufen, wann und wie lange sie möchten; Wut über die Kopftücher und unförmigen Mäntel, die Frauen in der Öffentlichkeit nicht einmal ablegen dürfen, wenn sie um die Wette rennen.

Ich sah noch drei, vier andere Familien und Grüppchen, die die letzten warmen Nächte des Jahres nutzten, um Sport zu treiben, und schließlich noch eine junge Frau, die zusammen mit ihrem Bruder, Verlobten oder Mann Fahrrad fuhr. Vor ein paar Jahren wäre es noch undenkbar gewesen, eine Frau in der Öffentlichkeit auf einem Fahrrad zu sehen. Soll man sich darüber freuen, daß sie es inzwischen nachts im Park wagt, wenngleich nur in Begleitung ihres Bruders, Verlobten oder Mannes? So benebelt war ich von den Wasserpfeifen noch nicht, daß ich es der Islamischen Republik zugute halten würde, wenn sie hier und da zu erlauben beginnt, was in jedem zivilisierten Land selbstverständlich ist und auch in Iran einmal war. Iran ist nicht Afghanistan oder Saudi-Arabien. Die archaischen Sittengesetze treffen mindestens in den Städten eine Bevölkerung, die gebildet ist, selbstbewußt, weltgewandt, größtenteils säkular im Denken und, so noch vorhanden, in ihrer Religiosität, eine Bevölkerung, die dank Internet und Satellitenfernsehen, CDs und DVDs, Büchern, Moden und Reisen teilhat an der Welt. Ihre Religion schien die Buchstabenfrömmigkeit in ihrer Philosophie, Dichtung und Mystik schon vor tausend Jahren überwunden zu haben. Nun sinkt die Religion herab auf jene Rechtgläubigkeit, die nach Zentimetern rechnet, den Zentimetern, die das Haar unter dem Kopftuch hervorlugt oder das Knie unter dem Mantel.

Ich bin nur ein paar Tage in der Stadt, besuche meine Familie, treffe alte Freunde. Über Politik redet man nicht mehr viel. Der Kampf um Reformen, der alle elektrisiert hatte, scheint endgültig verloren, seit der Wächterrat Anfang 2004 fast alle liberalen Kandidaten von der Wahlliste gestrichen und die Konservativen das Parlament zurückerobert haben. Kaum jemand interessiert sich noch dafür, wer bei den Präsidentschaftswahlen im nächsten Jahr antritt, ob ein lauer Reformer zugelassen wird oder die Konservativen einen Hardliner aufstellen. Niemand glaubt noch daran, daß sich das politische System der Islamischen Republik durch Wahlen und Reformen grundlegend verändern ließe. Der Reformprozeß ist politisch tot. Aber erst indem er starb, setzte sich bis in die letzten Winkel des Landes, bis in die Verwaltungen, die Theologischen Hochschulen, ja, die Eliteuniversitäten der Islamischen Republik das Bewußtsein fest, in einer Diktatur zu leben, mag man sie unterstützen oder nicht. Beinah jeder Anschein von Volksherrschaft ist verloren. Genau genommen bedürfte es überhaupt keiner Reformzeitungen mehr in Iran, da jeder alles weiß und kein Schandfleck der iranischen Politik noch verborgen geblieben ist. Die geistigen Debatten sind ausgefochten.

Auf meiner vorangegangenen Reise im Frühjahr 2004 hatte ich in Teheran Mohammed Modschtahed Schabestari zum Mittagessen getroffen, neben Abdolkarim Sorusch der wichtigste Denker der religiösen Reform in Iran. Schabestari, der in den siebziger Jahren als Vorgänger von Mohammad Chatami Imam der Hamburger Moschee war und daher gut Deutsch spricht, ist bedächtig in seinem Auftreten und Schreiben: So genau er die politischen Implikationen seiner Arbeit kennt, ist er kein *public intellectual* wie Sorusch, sondern seinem ganzen Habitus und seinem Denken nach ein Schriftgelehrter, der sich auf die Forschung und Exegese beschränkt. Vielleicht genießt er auch deshalb hohes Ansehen nicht bloß bei den Seminaristen von Ghom, sondern ebenso bei ihren Lehrern, den Großajatallohs, die in der Mehrzahl in passiver Distanz zum Regime stehen, nicht aber das traditionelle Glaubensverständnis in Frage stellen wie die „religiösen Aufklärer“. Selbst wer Schabestari widerspricht, kann ihn nicht als theologisches Leichtgewicht abtun. Kaum ein anderer Gelehrter dringt so tief in die Quellen des Islams und der Schia ein, um ihre dunklen Aspekte und Tabus offenzulegen. Ich fragte Schabestari, in welche Richtung sich das religiöse Reformdenken bewegen würde, da es in weiten Teilen zum Allgemeingut geworden sei. Das sei wirklich merkwürdig, antwortet Schabestari: Vor ein paar Jahren noch hätten reformerische Thesen in Iran und vor allem innerhalb der Geistlichkeit für Aufruhr gesorgt. Jetzt gälten die „Religiösen Aufklärer" beinah schon als rückständig, würden sie kritisiert oder gar für irrelevant erklärt von jüngeren, strikt laizistischen Autoren. Ein bitterer Triumph ihrer Schule sei das, ein Sieg als Niederlage. Geistig hätten sie sich durchgesetzt, aber politisch seien ihre Gedanken ohne sichtbare Konsequenzen geblieben. Ja, Demokratie, Menschenrechte, eine säkulare Gesetzgebung ließen sich vereinbaren mit dem Islam und der schiitischen Tradition – aber offenbar nicht mit der Islamischen Republik. Was nütze es also, die Religion zu reformieren, wenn der Staat nicht reformierbar erscheint, fragten ihn viele seiner Studenten. Vielleicht stehe er vor einer Wegscheide, sagte Schabestari: Entweder werde er politischer Aktivist und streite für die Umsetzung seiner Forschung, oder er höre auf, über eine gesellschaftliche Wirkung seiner Arbeit nachzudenken und ziehe sich zurück in die rein theologische Debatte.

Wer heute besserwisserisch verkündet, es sei von vornherein naiv gewesen, auf den Reformprozeß in Iran zu hoffen, übersieht, daß es eben jener Prozeß war, der ein derart klar ausgeprägtes demokratisches Bewußtsein in der iranischen Bevölkerung und bei Teilen der Geistlichkeit hervorgebracht hat. Fünfundzwanzig Jahre nach der Revolution ist ein anderes Leben wieder eine reale Option geworden. Das ist zugleich der Erfolg wie der Totenschein für die Bewegung des Zweiten Chordad. Nun geht es den meisten Iranern um mehr, nicht mehr nur um begrenzte Reformen in einem theokratisch verfaßten System. Nun geht um ein anderes, ein demokratisches System, mag es dann das Attribut „islamisch" im Namen tragen oder nicht. Nicht mehr Reform, sondern Referendum lautet heute die Forderung so gut wie aller Oppositioneller in Iran, ein Referendum über die Islamische Republik und ihre Verfassung.

Sieben Jahre nach dem Zweiten Chordad ist die Islamische Republik noch ihrer letzten moralischen oder auch nur schiitisch-religiösen Selbstrechtfertigung entkleidet und auf ihr nacktes Gerüst reduziert worden: den puren Überlebenswillen einer politischen und ökonomischen Führungsclique, die nur noch von einigen Millionen Menschen, die sich von ihrer Herrschaft nähren, wenn nicht unterstützt, dann doch wenigstens akzeptiert wird – bei einer Bevölkerung von über siebzig Millionen. Ein Großteil der Staatseinnahmen dient zu nichts anderem als dem Erhalt der eigenen Macht. Weil sie sich zunehmend eingekesselt fühlen von amerikanischen Truppen, investieren die Machthaber trotz um sich greifender Armut in immer neue Waffenprogramme und geben Milliarden aus, um sich die Option der Atomwaffe offenzuhalten. Durch Verträge, die für Iran höchst ungünstig ausfallen, erkaufen sie sich die Unterstützung von Staaten wie Rußland oder Syrien. Auch in die Nachbarländer Afghanistan und Irak fließt iranisches Geld in Strömen, nur um diejenigen Gruppen stark zu machen, die die Islamische Republik nicht schwächen würden. Im Inneren wurden verschiedene Geheimdienste hochgerüstet, die sich gegenseitig überwachen. Einen Aufruhr oder gar einen Putsch im Keim zu ersticken, dafür stehen die Freiwilligenmilizen und Schlägertrupps bereit. Wer sich zum Regime bekennt, muß um seinen beruflichen oder akademischen Werdegang kaum fürchten; Studienplätze, Auslandsstipendien, die Anstellung in den Behörden und Staatsfirmen werden zuerst nach Gesinnung, danach erst nach Leistung vergeben. Die Wirtschaftspolitik, das Management der staatlichen Großunternehmen und vor allem der religiösen Stiftungen, die einen Großteil der iranischen Wirtschaft ausmachen, ist nicht nach größtmöglicher Effizienz ausgerichtet, sondern dient häufig genug zuerst der Versorgung und Bereicherung der eigenen Klientel. Durch ein weit verzweigtes soziales Netzwerk versorgt der Staat seine unmittelbaren Anhänger, die Mitglieder der Moscheeverbände, die Familien der Märtyrer, die Studenten der Elitehochschulen, die staatsnahe Geistlichkeit. Es ist kein Zufall, daß die Führer der Revolution heute als die Konservativen bezeichnet werden, auch in Iran selbst, *mohâfezekâr*. Die Revolution hat sich eingerichtet. Ihre Schlagworte zielen nicht mehr auf Veränderung, sondern auf Erhalt.

Gestern vormittag bin ich auf den *meydân-e nesf-e dschahân* gegangen, den „Platz der halben Welt". Ich wollte schauen, wer der Revolution noch geblieben ist, die letzten Linientreuen beobachten. Auf dem Platz habe ich sie nicht gefunden. Wo früher der fünfhundert Meter lange, hundertfünfzig Meter breite Platz gut gefüllt war, kommen heute gerade noch so viele Isfahanis zum Freitagsgebet, daß sie bequem im Innenhof der Moschee Platz finden. Man sollte sich nicht täuschen: Selbst heute wäre das Regime imstande, in einer Millionenstadt wie Isfahan innerhalb von Tagen eine Massenkundgebung von einigen zehntausend oder sogar hunderttausend Menschen zustandezubringen. Aber die Menschen kämen nicht mehr von selbst, sie müßten herbeigeschafft, in den Kasernen dienstverpflichtet oder in den Behörden und Moscheen zur Kundgebung gedrängt werden. Es wäre ein Aufwand, der sich nicht lohnt, weil sich die Islamische Republik ohnehin kaum mehr als republikanisch tarnt. So genügt es, die Beteiligung bei den Wahlen nach oben zu manipulieren und an einem gewöhnlichen Freitag in Isfahan ein paar hundert Menschen für das Fernsehen in so müdem Singsang „Tod Amerika!" rufen zu lassen, daß ich den Eindruck habe, die Schallplatte laufe zu langsam.

Das mag noch ein paar Jahre so gehen; wenn die Konservativen geschickt wären, könnten sie die Schizophrenie, in der Iran sich eingerichtet hat, vielleicht sogar noch länger aufrecht erhalten. Wer genügend Geld hat, lebt – außer auf der Straße – kaum noch anders, als er in Europa oder den Vereinigten Staaten leben würden. Es gibt alles, was der globale Konsument braucht, auch das abendliche Bier und dazu das Fernsehen der fast zwanzig Exilsender mit ihren unausstehlichen Unterhaltungsshows und unzensierten Nachrichten. Es gibt Internetcafés, alle internationalen Markenartikel und in den Städten eine ausgedehnte Subkultur aus Techno, Rap und Alternative Rock. Wo die Reichen unter sich sind, wie auf den Skipisten nördlich von Teheran, stört sich niemand daran, daß die Frauen zu ihrem ultramodernen Outfit kein Kopftuch tragen. Auch in Dscholfa, Isfahans christlichem Viertel, in das immer mehr Muslime ziehen, um ein wenig freier zu leben, bedecken die Frauen oft nicht mehr die Haare, wenn sie für eine kurze Besorgung über die Straße gehen.

Heute mittag erst war ich in Dscholfa, wo ich bei dem Armenier Schekartschian, dem berühmtesten Süßwarenladen der Stadt, Präsente gekauft habe. Es ist Ramadan, Fastenmonat also. Obwohl es verboten ist, öffentlich zu essen, griffen fast alle Kunden zu dem Baghlawa, das zum Probieren ausgelegt war. Auch früher haben sich viele Iraner durch das Fastengebot nicht vom Mittagessen abhalten lassen, aber sie aßen zuhause oder im Büro mit den Kollegen, die sie kennen. Jetzt aber stellt der armenische Konditor im islamischen Fastenmonat einen Teller Baghlawa auf die Ladentheke, und seine muslimischen Kunden blicken sich nicht einmal mehr verstohlen um, wenn sie sich bedienen. Der Sandwichladen ein paar Häuser weiter ist geöffnet, und der einzige Unterschied zu anderen Monaten besteht darin, daß die Kunden nicht an den Tischen essen, sondern sich die Sandwiches in Tüten einpacken lassen – in schwarzen Tüten, wenn es gewünscht wird.

Das Regime weiß, daß es die kleinen Ventile der Individualität nicht wieder schließen kann, ohne den Leidensdruck und damit die Gefahr eines Aufstandes gefährlich zu erhöhen. Als sie Anfang des Jahres das Parlament zurückeroberten, signalisierten die konservativen Führer daher, die neuen gesellschaftlichen Freiheiten nicht wieder zurücknehmen zu wollen. Während die radikalen Reformer inzwischen bei dem Ruf nach *regime change* angelangt sind, klingen vor allem die jüngeren Konservativen wie die Reformer vor sieben Jahren. Nicht mehr wie früher von China, nein, von einem islamischen Japan schwärmen sie. Sogar das Lachen haben die Konservativen vom amtierenden Präsidenten Mohammad Chatami gelernt. Die Plakate, die gestern vor der Freitagsmoschee billig verkauft wurden, zeigten Revolutionsführer Chomeini und seinen Nachfolger Chamenei nicht mehr in grimmiger Entschlossenheit, sondern bevorzugt sanft grinsend, als hätten sie nicht die Islamische Republik, sondern einen Ashram gegründet.

Aber die Islamische Republik ist nichts weniger als ein Ashram. Der Pragmatismus der herrschenden Elite mag immer wieder neu verblüffen, aber sie verdankt die Sicherung ihrer Macht einem Fußvolk aus Freiwillenmilizen und Schlägertrupps, Lokalpolitikern und Märtyrerfamilien, Revolutionswächtern und Richtern, das nach zweieinhalb Jahrzehnten strenggläubiger, gewaltverherrlichender Propaganda ideologisch viel zu aufgeladen ist, um ohne Umschweife zur Realpolitik überzugehen. So schwärmen seit einigen Monaten die Sittenwächter wieder aus, verhaften unverheiratete Pärchen und montieren Satellitenschüsseln von den Dächern ab – obwohl der neugewählte konservative Parlamentspräsident gerade erst das Gegenteil angekündigt hat. Konzerte finden in Isfahan nur noch selten statt, die Zensur hat sich wieder verschärft, die religiöse Minderheit der Bahaís sieht sich einer neuen Verfolgungswelle ausgesetzt. Von einem dreizehnjährigen Mädchen ist in den Zeitungen zu lesen, das in einer Provinzstadt zum Tod durch Steinigung verurteilt worden ist, weil es mit einem Mann geschlafen hat. Das ist an sich schon kaum zu fassen, aber noch unglaublicher in einem Land, in dem 63 Prozent der Studienanfänger weiblich sind, Prostitution zum Alltag und das Chatten auf erotischen websites zu den liebsten und alltäglichsten Freizeitbeschäftigungen der Jugendlichen gehört. Der Islam war doch nicht so, wunderten sich meine älteren Verwandten, die alle noch im Ramadan fasten, als wir vor ein paar Tagen mittags über das Urteil sprachen – wieso tun die das, was machen die mit dem Islam? Das ist nun einmal euer Islam, sagen manche von den Jüngeren, von denen keiner mehr fastet – wieso tut er das, was macht der Islam?

Auf meiner vorherigen Reise im Frühjahr 2004 habe ich auch den Großajatollah Montazeri besucht, von dem das zehnte Kapitel in diesem Buch handelt. Inzwischen ist er einundachtzig Jahre alt und wegen seiner angegriffenen Gesundheit aus dem Hausarrest entlassen. Montazeri nimmt kein Blatt vor den Mund, wenn er über seine ehemaligen Schüler spricht, die Staatstheologen in Teheran, die ihn ein Jahrzehnt lang gefangen gehalten haben. Aber er beklagte sich auch deutlich über seine Kollegen in Ghom, die Ajatollahs und Großajatollahs, die sich vor dem Regime duckten, obwohl sie doch wüßten, welches Unheil es über die Menschen und den Islam gebracht habe. Er selbst stehe allein und sei zu alt, um mehr tun zu können, als von Zeit zu Zeit die Stimme zu erheben. Wie sonst solle er den Kampf auch führen? Die Freiheit, die er offiziell genieße, bestehe darin, zu telefonieren, Besucher zu empfangen, den Arzt aufzusuchen; sich aktiv politisch zu betätigen, sei ihm und allen Oppositionellen in Iran verwehrt.

Als ich Montazeris Haus verließ, war ich beglückt, den Großajatollah, den ich im Jahr 2000 nur über die Hausprechanlage hatte sprechen können, zwar körperlich schwach, geistig aber quicklebendig angetroffen zu haben, voller Witz und Schlagfertigkeit, dazu noch ohne jeden persönlichen Dünkel, ohne eine Spur von Eitelkeit, die ihm als ranghöchstem Theologen Irans und langjährigem politischen Häftling doch zukäme. Zugleich hatte mich der Pessimismus erschüttert, mit dem Montazeri über sein Land sprach, obwohl er nun selbst freigelassen worden war. Keine Zwangsherrschaft könne sich auf Dauer halten, sagte Montazeri, nicht mehr in dieser Welt. Die Frage aber sei doch, in welchem Zustand das Land sei, wenn es endlich selbst über seine Geschicke bestimme, ob es den Iranern noch gelinge, den Übergang friedlich und aus eigener Kraft zu gestalten. Es war exakt die gleiche Frage, die Mehdi Bazargan am Ende seines Lebens gestellt hatte. Seither ist ein Jahrzehnt vergangen.

Nach meinem Besuch bei Montazeri war ich ein paar Häuser weiter zu einem weiteren Großajatollah gegangen, Yussof Sanéi. Er war einer der wenigen unter den hohen Theologen Ghoms, die gegen den Hausarrest Montazeri öffentlich protestiert hatten. Ich wollte wissen, warum so wenige andere Großajatollahs in Ghom Einspruch einlegten gegen die Gewalt im Namen ihrer Religion, gegen die Unterdrückung in Iran oder die Terrorakte muslimischer Extremisten in der Welt. Weil die Geistlichkeit – und nicht bloß die iranische Geistlichkeit – eins geworden sei mit der Macht, antwortet Sanéi: „Sie können nicht mehr mit anderer Zunge sprechen als die herrschende Macht." Natürlich seien die meisten Theologen besorgt über die Zustände, aber nur wenige wagten es, die Stimme zu erheben, aus Angst vor Verfolgung, aus Bequemlichkeit oder weil sie als Geistliche vom Regime der Theologen profitierten. „Die Geistlichkeit hat ihre Heiligkeit verloren, weil sie Teil der Machtelite geworden ist", sagte Sanéi: „Ich habe erkannt, wie sehr Macht korrumpiert. Das Einssein von Religion und Macht ist daher ein großer Schaden. Immer ist Macht verbunden mit Lüge, Diebstahl, Unterdrückung und Verrat. Eine religiöse Führung hingegen ist heilig. Aber gerade deswegen kann sie nicht sagen, ich will die Menschen zum Gebet anleiten, sie zum Guten weisen – und auch regieren. Denn Regieren erfordert es, Spielchen zu spielen, die Gegner übers Ohr zu hauen, die Menschen hinters Licht zu führen. Die Welt des Regierens ist eine Welt des Unterdrückens." Ich konnte kaum glauben, was ich hörte: Ausgerechnet Sanéi, der in den achtziger Jahren als glühender Mitstreiter Chomeinis und radikaler Islamist hervorgetreten war, hatte damit die klassische Position der schiitischen Orthodoxie formuliert – daß die Geistlichkeit sich fernhalten müsse von der Macht, um sich nicht zu beschmutzen. So weit würde sein Nachbar Montazeri, der das Regime viel offener attakkiert, aber weiter an einer politischen Lesart des Islams festhält, nicht gehen. Er könne verstehen, fuhr Sanéi fort, daß die jungen Leute sich vom Islam abwenden würden, wenn sie jeden Tag die Unterdrückung, die Heuchelei, die Korruption islamischer Würdenträger erleben müßten. Er könne verstehen, daß die Menschen im Westen ihren Respekt vor dem Islam verlören, wenn sich die Staatstheologen in Iran oder anderswo mit der Gewalt gemein machten. Ich fragte ihn nach den Selbstmordanschlägen in Israel, die das staatliche Fernsehen nicht als Terrorismus bezeichnet, sondern als Widerstandsakte. „Für Gott ist das alles nicht", antwortete Sanéi: „Die einen töten und die anderen töten, Gewalt erzeugt Gegengewalt, und die Palästinenser verlieren und verlieren und verlieren. Wem soll das helfen? Den Israelis nicht und den Palästinensern noch weniger." Kaum etwas könne die Korrumpierung der schiitischen Geistlichkeit deutlicher vor Augen führen: Gedächten die Schiiten nicht jedes Jahr eines heimtückischen Mordanschlags, des Anschlages auf ihren Führer, den Führer der Muslime, Imam Ali? Ein gläubiger Schiit, zu dessen wichtigsten Ritualen doch die Trauer über einen Terrorakt gehöre, könne unmöglich den Terrorismus bejahen. Doch die herrschenden Theologen schafften es nicht einmal, sich eindeutig von der Gewalt gegen Zivilisten zu distanzieren; schlimmer noch, der Terrorismus werde stillschweigend sogar gutgeheißen, als seien Israelis keine Zivilisten. Und er selbst? Warum werde die Stimme von Geistlichen, die den Terror verurteilten, so wenig gehört in der Welt: „Welches Medium habe ich denn in Iran, um mich zu distanzieren? Welches Fernsehen würde mich senden? Wenn ich mich im Ausland äußere, sieht es nicht besser aus. Dann kann ich zwar meine Stellungnahme abgeben. Aber zurück in Iran habe ich mit schwerwiegenden Konsequenzen zu rechnen. Mit Gefängnis. Das heißt nicht, daß ich keine eindeutige Haltung hätte. Terror und Mord sind ausdrücklich verboten im Islam."

Wahrscheinlich wird das dreizehnjährige Mädchen, das zur Steinigung verurteilt worden ist, mit dem Leben davon kommen. Die Zeiten, in denen die Islamische Republik es wagte, Mädchen zu steinigen, scheinen vorbei zu sein. Gerade erst hat die Justiz, eine Hochburg der Reformgegner, ein Gesetz eingebracht, das die Hinrichtung Minderjähriger verbietet. Aber die jüngeren Konservativen, die heute das Land verwalten, Recht sprechen oder im Parlament sitzen, sehen sich ähnlichen Zwängen ausgesetzt wie vor ihnen die Reformer. Sie wären gern pragmatisch, menschlich gar, nur ihr System ist es nicht, weder an der Basis noch in der religiösen Führung. Aus der Islamischen Republik Iran ist kein China zu machen, geschweige denn ein Japan. Nicht China, nicht Japan – Nordkorea sei das Modell, dem sich das System annähere, warnten daher jüngst etliche prominente Reformer in einem öffentlichen Brief. Tatsächlich dürfte den Konservativen jedoch nicht einmal das gelingen, nicht mit dem Volk, über das sie herrschen.

Wenn sie ihre Widersacher spätestens mit der nächsten Präsidentschaftswahl endgültig aus dem politischen System gedrängt haben sollten, dürften die Konservativen an ihren eigenen Widersprüchen scheitern, sich aufspalten in einen moderaten und einen radikalen Flügel, wie sich die Islamische Republik zuvor schon mehrfach aufgespalten hat: zunächst in Islamisten und Säkulare, nach Chomeinis Triumph in linke und rechte Islamisten, zum Schluß in Konservative und Reformer. Und mit jeder neuen Spaltung wird die ideologische und personelle Basis derer, die innerhalb des Systems übrigbleiben, kleiner. Die Reformen waren ein Versuch, das Regime von innen zu verändern, um es zu retten. Der Versuch ist gescheitert, damit aber langfristig auch das Regime. Zwar hat es dem Zweiten Chordad standgehalten, aber zugleich ist es geschwächt, nach außen wie innen isoliert. Sogar in den ureigenen Zentren, den Armenvierteln von Teheran oder Isfahan, den theologischen Hochschulen von Ghom, kann es seine Vorherrschaft nur noch durch Repressionen aufrechterhalten. Es gibt keinerlei Anzeichen, daß die gewaltigen Probleme, vor denen das Land steht, die außenpolitischen Herausforderungen im neuen Nahen Osten, die sozialen Spannungen im Inneren, die gesellschaftlichen Umbrüche im Rahmen des bestehenden politischen Systems auch nur ansatzweise zu bewältigen wären. Ökonomisch, politisch und kulturell gerät Iran immer weiter ins Hintertreffen, vergleicht man es mit dem Nachbarland Türkei, das sich auf die Europäische Union zubewegt, oder auch nur mit Irak und Afghanistan, wo sich die Demokratie immerhin abzuzeichnen beginnt. Damit wird auch die Unzufriedenheit, die Wut weiter wachsen, die dem Regime entgegenschlägt. Der Protest wird sich neu formieren, er wird neue Akteure und andere Themen finden als die des Zweiten Chordad. Am wahrscheinlichsten wird er sich an der sozialen Lage entzünden. Ohne einschneidende wirtschaftliche Reformen, die den Abzug iranischen Kapitals und Geistes ins Ausland aufhalten, ohne Rechtssicherheit und neue Gesetze, die die Schattenwirtschaft der Stiftungen beenden und ausländische Investoren anlocken, werden sich Arbeitslosigkeit und soziale Not unaufhaltsam ausweiten. Schon jetzt gehört ausgerechnet das revolutionäre, islamische Iran weltweit zu den Ländern mit den größten Einkommensunterschieden. Die wohlhabenden 10 Prozent der Bevölkerung verfügen über 70 Prozent des gesamten Nationaleinkommens, während sich 70 Prozent der Bevölkerung ein Zehntel davon teilen. 15 Prozent der Bevölkerung leben nach

Angaben der staatlichen Nachrichtenagentur IRNA unter dem offiziellen Existenzminimum. Das sind zehn Millionen Menschen. Unterhalb der sogenannten Armutsgrenze leben 40 Prozent der Bevölkerung, rund dreißig Millionen Iraner. Das Pro-Kopf-Einkommen ist seit der Revolution um mindestens ein Drittel geschrumpft. Vor den Reichen muß sich das Regime nicht fürchten, können die sich doch die meisten Freiheiten erkaufen. Fürchten muß sich das Regime vor denen, die kaum noch ihr täglich Brot kaufen können, jenen Entrechteten, für die Ajatollah Chomeini einst gesprochen hat – den Kindern der Revolution im doppelten Sinne: als diejenige soziale Gruppe, die 1979 Ajatollah Chomeini an die Macht gebracht hat, und als die Generation derer, die nach der Revolution aufgewachsen sind. Der Umbruch in der gegenwärtigen iranischen Gesellschaft mag politisch blockiert sein, vollzieht sich unaufhaltsam aber auf beinah allen anderen Feldern, in der Gesellschaft ebenso wie in der Wirtschaft oder der Religion.

Ich bin aus der Stadt hinausgegangen und schaue auf den Fluß, der Leben spendet. An einer Stelle ragt eine Reihe von Steinen vom einen zum anderen Ufer aus dem Wasser, das hier um so schneller fließt. Einige Steine sind schon davongespült worden. Die übrigen halten sich noch.

Nachweis der Zitate

Seite 27:
Huschang Golschiri, *Die zweite Revolution. Warum Iran eine neue Chance hat*, übers. von Katajun Amirpur & Navid Kermani, *Frankfurter Allgemeine Zeitung,* 30. 5. 1997.

Seite 28f.:
Text der 134, abgedr. in: *die tageszeitung*, 28. 10. 1994.

Seite 34:
Faradsch Sarkuhi, *Ich wurde zu ihrem Spielzeug, die tageszeitung,* 30. 1. 1997.

Seite 36f.:
Nasser Irani, *Was haben wir mit der Meinungsfreiheit gemacht?*, hier zit. nach: Navid Kermani, *Die letzte Karte: Irans Intellektuelle fordern den Staat heraus, Frankfurter Allgemeine Zeitung*, 30. 1. 1997 (als Übersetzung von Katajun Amirpur vollständig erschienen in: *Lettre International,* 36 [1997]).

Seite 38–42:
Die Zweige abschneiden, um die Wurzel auszutrocknen, Interview mit Mehdi Bazargan, von Navid Kermani, *Frankfurter Rundschau*, 12. 1. 1995 (vollständig erschienen in: *Inamo*, 2 [1995]).

Seite 54–57:
Sejjed Mohammad Chatami, *Auch die Tradition ist nicht ewig. Eine Gesellschaft, die nicht nachdenkt, ist verloren*, übers. von Katajun Amirpur & Navid Kermani, *Frankfurter Allgemeine Zeitung*, 1. 8. 2000.

Seite 55:
Sejjed Mohammad Chatami, *Keine Religion ist im Besitz der absoluten Wahrheit. Das Haupt des Menschen ragt in den Himmel, aber seine Füße stehen auf der Erde*, übers. von Katajun Amirpur & Navid Kermani, *Frankfurter Allgemeine Zeitung,* 26. 9. 2000.

Seite 97f.:
Abbas Maarufi, *Schlafwandeln in Teheran. Warum Iran Kultur braucht*, übers. von Katajun Amirpur, *Frankfurter Allgemeine Zeitung*, 6. 2. 1996.

Seite 112f.:
Dariusch Foruhar, zit. nach www.iran-daneshjoo.org (Archive: Message #609; die Authentizität des Zitats wurde von Parastou Foruhar bestätigt).

Seite 120f.:
Ebrahim Nabawi, *Fragen eines lesenden Iraners*, übers. von Navid Kermani, *Frankfurter Allgemeine Zeitung,* 10. 7. 1999.

Seite 142–148:
Huschang Golschiri, *Haltet den Dieb, schreit der Dieb. Was in den vergangenen acht Tagen in Teheran wirklich geschehen ist*, übers. von Navid Kermani, *Frankfurter Allgemeine Zeitung,* 17. 7. 1999.

Seite 162–170:
Morgen wird es auf schreckliche Weise zu spät sein. Ein Brief von 24 iranischen Militärs an Staatspräsident Mohammad Chatami, übers. von Susanne Baghestani, *Frankfurter Allgemeine Zeitung, 22. 7. 1999.*

Seite 216f.:
Hossein Ali Montazeri, *Dissident im Gottesstaat. Brief des Ajatollah Montazeri an die Weltöffentlichkeit*, übers. von Navid Kermani, *Frankfurter Allgemeine Zeitung, 20. Mai 2000.*

Seite 232:
Sejjed Morteza Mardiha, *Das Lächeln der iranischen Mona Lisa. Wie wir gegen das Regime Zeitung für Zeitung gegründet haben,* übers. von Tim Epkenhans, *Frankfurter Allgemeine Zeitung,* 9. 5. 2000.

Seite 235:
Hossein Ali Montazeri, *Interview with Grand Ayatollah Hoseinali Montazeri*, von Ahmad Ra'fat, schriftliches Interview, am 14. 9. 2000 veröffentlicht in: *Iran Press Service* (Im Internet: www.iran-press-service.com und www.montazeri.org).

Seite 245:
Huschang Golschiri, *Abschied vom Untergrund. Ein großer Tag für Irans Autoren*, übers. von Katajun Amirpur, *Frankfurter Allgemeine Zeitung,* 9. 3. 1999.

Seite 247:
Huschang Golschiri, *Die Angst beherrscht jeden einzelnen Augenblick. Gedanken am offenen Grab*, übers. von Katajun Amirpur & Navid Kermani, *Frankfurter Allgemeine Zeitung,* 30. 12. 1998.

Die Darstellung von Mossadeghs Persönlichkeit orientiert sich an Katouzians *Musaddegh*, vor allem aber an Mottahedehs einfühlsamem Porträt in *Der Mantel des Propheten*.

Literaturhinweise

Abdo, Geneveive: *Answering only to God. Faith and Freedom in 21st-century-Iran*, New York 2003.

Die langjährige Reporterin des Guardian schreibt über ihre Erfahrungen in Iran – eine spannende Reportage.

Abrahamian, Ervand: *Iran between two Revolutions*, Princeton 1982.

Eine ausgezeichnete Analyse der Zeit zwischen der Konstitutionellen Revolution von 1905/6 und der Islamischen Revolution von 1978/9.

Abrahamian, Ervand: *Radical Islam: The Iranian Mojahedin*, London 1989.

Monographie über die Volksmudschahedin, die im Westen bekannteste iranische Oppositionsgruppe.

Abrahamian, Ervand: *Khomeinism: Essays on the Islamic Republic*, Berkeley et al. 1993.

Diese Essays zur Ideologie der Islamischen Republik sind etwas uneinheitlich, aber zum größeren Teil lesenswert.

Adelkhah, Fariba: *Être moderne en Iran*, Paris 1998; als aktualisierte englische Übersetzung: *Being Modern in Iran*, London 1999.

Beschäftigt sich – auf der Grundlage ausgedehnter Forschungsaufenthalte in Iran – mit Aspekten der Modernisierung innerhalb der iranischen Gesellschaft, etwa mit der Bürokratisierung, Individualisierung, Rationalisierung, Kommerzialisierung und neuen Leitbildern.

Amirpur, Katajun: *Reformen an theologischen Hochschulen? Tendenzen der heutigen Diskussion im Iran*, Köln 2001.

Eigentlich sollten sie Kaderschmieden der iranischen Theokratie sein. Tatsächlich finden in den theologischen Hochschulen jedoch grundlegende und oft kritische Diskussionen über Menschenrechte, die Emanzipation der Frau und das Verhältnis von Staat und Religion statt.

Amirpur, Katajun: *Die Entpolitisierung des Islam: 'Abdolkarim Sorushs Denken und Wirkung in der Islamischen Republik Iran*, Würzburg 2003.

Analysiert Soruschs Denken, vor allem aber auch seinen geistigen Kontext sowie seine enorme Wirkung. Mein Buch hat besonders stark von dieser Monographie profitiert.

Amirpur, Katajun: *Gott ist mit den Furchtlosen: Schirin Ebadi – die Friedensnobelpreisträgerin und der Kampf um die Zukunft Irans*, Freiburg i. Br. 2003.

Ein Buch über die Friedensnobelpreisträgerin und ihren Platz in der iranischen Reformbewegung.

Ansari, Ali M.: *Modern Iran since 1921: The Pahlavis and after*, London 2003.
Die Geschichte Irans im 20. Jahrhundert.
Arjomand, Said Amir: *The Turban for the Crown. The Islamic Revolution in Iran*, New York 1988.
Kenntnisreiches Buch zur Revolution von 1979.
Ayoub, Mahmoud: *Redemptive Suffering in Islam. A Study of the Devotional Aspects of Ashura in Twelver Shi'ism*, Den Haag 1978.
Die grundlegende Analyse zum schiitischen Glaubenshorizont.
Bill, James A.: *The Eagle and the Lion: The Tragedy of American - Iranian Relations*, New Haven 1988.
Mit der Geiselnahme in der US-Botschaft in Teheran eskalierte der Konflikt zwischen den Vereinigten Staaten und Iran. Das Buch stellt die Hintergründe dar.
Boroujerdi, Mehrzad: *Iranian Intellectuals and The West: The Tormented Triumph of Nativism*, Syracruse, New York 1993.
Studie über die Haltung bedeutender iranischer Intellektueller – unter anderem Sorusch – zum Westen. Geht dankenswerterweise nicht nur auf die religiösen Denker ein.
Brumberg, Daniel: *Reinventing Khomeini: The Struggle for Reform in Iran*, Chicago 2001.
Analysiert den gegenwärtigen Machtkampf innerhalb der iranischen Staatsführung mit Blick auf die Ambivalenz, die dem politischen System der Islamischen Republik und den Lehren Ajatollah Chomeinis inhärent ist.
Brunner, Rainer & Ende, Werner (eds.): *The Twelver Shia in Modern Times: Religious Culture and Political History*, Leiden 2000.
Sammelband zu unterschiedlichen Aspekten der modernen Schia.
Buchta, Wilfried: *Die iranische Schia und die islamische Einheit 1979–1996*, Hamburg 1997.
Faktenreiche Darstellung, die weniger durch die Brisanz des eigentlichen Titelthemas als durch die zahlreichen en passant unterbreiteten Informationen besticht.
Chehabi, Houchang Esfandiar: *Iranian Politics and Religious Modernism: The Liberation Movement of Iran under the Shah and Khomeini*, London 1990.
Beste Monographie über die „Freiheitsbewegung“, die Partei Mehdi Bazargans.
Chimelli, Rudolph: *Die Revolution mehrt ihre Kinder. Iranische Notizen*, Wien 2000.
Wohl kein anderer deutscher Journalist hat die Geschicke Irans über einen so langen Zeitraum verfolgt, mit großer Zuneigung

zu dem Land, aber ohne je die Augen vor dem Unrecht zu verschließen. Der Band vereinigt seine besten Iran-Reportagen aus der *Süddeutschen Zeitung*.

Dabashi, Hamid: *Theology of Discontent, The Ideological Foundation of the Islamic Revolution in Iran*, New York 1993.

Dieses besonders zu empfehlende Buch stellt einige der freiwilligen und unfreiwilligen Protagonisten und damit die Gedankenwelt der Islamischen Revolution vor. Das Spektrum reicht von Dschalal-Al-e Ahmad über Ali Schariati bis hin zu Morteza Motahhari und Ruhollah Chomeini.

Digard, Jean Pierre & Bernard Hourcade & Yann Richard: *L'Iran au XX e siècle*, Paris 1996.

Der beste Überblick über die Geschichte Irans im 20. Jahrhundert.

Fischer, Michael: *Iran: From Religious Dispute to Revolution*, Cambridge 1980.

Hervorragende Studie über die Ursprünge der Revolution. Besonderes Augenmerk liegt auf der Funktion der theologischen Hochschulen und der Diskussionen innerhalb der Geistlichkeit.

Ghamari-Tabrizi, Behrooz: *Islam and Dissent. The Religious Politics of Abdolkarim Sorush*, London, erscheint voraussichtlich Ende 2000.

Monographie über einen Protagonisten der Reformbewegung 2. Chordad. Enthält außerdem einige Übersetzungen seiner Aufsätze.

Gieling, Saskia: *Religion and War in Revolutionary Iran*, London 1999.

Analyse der Kriegs- und Religionsrhetorik, derer sich der iranische Staat während des iranisch-irakischen Golfkrieges bedient hat.

Gronke, Monika: *Geschichte Irans. Von der Islamisierung bis zur Gegenwart*, München 2003.

Kurze, aber prägnante und kenntnisreiche Darstellung der iranischen Geschichte vom siebten Jahrhundert bis in die Gegenwart.

Halm, Heinz: *Die Schiiten*, München 2005.

Einführung in die Grundlagen des schiitischen Islams in seiner iranischen Prägung: Rituale, Dogmen und schiitische Staatskonzeptionen.

Hiro, Dilip: *Neighbours not Friends: Iraq and Iran after the Gulf Wars*, London 2001.

Umfassende Studie zum iranisch-irakischen Verhältnis.

Hourcade, Bernard: *Iran. Nouvelles identités d'une république*, Paris 2002.

Die iranische Gesellschaft hat sich - trotz der theokratischen Herrschaft – in ihrem Denken tiefgreifend säkularisiert. Hourcade, einer der besten französischen Irankenner, beschreibt, wie in einem indoktrinierenden Staat neue Identitäten entstanden.

Howard, Roger: *Iran in Crisis? The Future of the Revolutionary Regime and the US Response*, New York 2004.

Geht aktuell auf die Situation Irans nach dem Scheitern der Reformer und dem Einmarsch der Vereinigten Staaten in den Irak ein.

Irani, Manuchehr: *Der König der Schwarzgewandeten*, übers. von Zana Nimadi, Frankfurt a. M. 1998.

Meisterhafte Erzählung über die Gefängnisse der Islamischen Revolution.

Kapuscinski, Ryszard: *Schah-in-schah. Zwischen staatlicher Macht und religiöser Herrschaft*, Frankfurt a. M. 1988.

Äußerst präziser und vor allem plastischer Augenzeugenbericht über die Islamische Revolution, der die Stimmung jener Tage trefflich einfängt.

Katouzian, Homa: *Musaddiq and the Struggle for Power in Iran*, London, New York 1990.

Monographie über den Mann, der das iranische Erdöl verstaatlichte und bis heute im Denken und Handeln iranischer Reformpolitiker eine große Rolle spielt.

Keddie, Nikki R.: *Religion and Rebellion in Iran: The Tobacco Protest of 1891–92*, London 1966.

Spannende Darstellung des Ereignisses, das als die erste größere Einmischung der Geistlichen in die iranische Politik der Moderne gesehen wird.

Keddie, Nikki R.: *Roots of Revolution: An Interpretive History of Modern Iran*, Binghamton 1981.

Eine grundlegende Darstellung der Ursachen der Islamischen Revolution – bis heute ein Standardwerk von einer der weltweit bekanntesten Iran-Kennerinnen.

Kurzman, Charles: *The Unthinkable Revolution in Iran*, Cambridge, Mass. 2004.

Das Buch versucht zu erklären, wie es zu der Islamischen Revolution kommen, wie also ein greiser Theologe das vermeintlich stabilste System im Nahen Osten stürzen konnte.

Lenczowki, George (ed.): *Iran under the Pahlavis*, Stanford 1978.

Zusammenstellung guter Essays über die Regierungszeit des zweiten Pahlavi-Kaisers, einer Epoche, die in der Forschung bisher vernachlässigt wurde.

Löschner, Harald: *Die dogmatischen Grundlagen des schiitischen Rechts*, Köln 1971.

Immer noch aktuelle Analyse der Ideen Chomeinis.

Martin, Vanessa A.: *Islam and Modernism, The Iranian Revolution of 1906* London 1989.

Gute Darstellung der Revolution von 1905/6.

Martin, Vanessa A.: *Creating an Islamic State. Khomeini and the Making of a New Iran*, London 2000.

Die ausgewiesene Iranistin untersucht Chomeinis Staatsdoktrin und wie der Revolutionsführer die Macht an sich riß.

Mir-Hosseini, Ziba: *Islam and Gender. The Religious Debate in Contemporary Iran*, Princeton 1999.

Analyse der gegenwärtigen Diskussion über Frauen und Frauenrechte in Iran. Reformer und Traditionalisten werden gleichermaßen betrachtet.

Moin, Baqer: *Khomeini. Life of the Ayatollah*, London 1999.

Beste Biographie des Gründers der Islamischen Republik.

Moslem, Mehdi: *Factional Politics in Post-Khomeini Iran*, Syracuse 2002.

Stellt die Spaltungen innerhalb der herrschenden Elite dar und stellt die verschiedenen Fraktionen vor.

Mottahedeh, Roy: *Der Mantel des Propheten*, München 1987.

Hervorragende Einführung in die neuere iranische Geschichte und vor allem in das Leben der Geistlichkeit. Informativ und dennoch spannend zu lesen.

Nafisi, Azar, *Reading Lolita in Tehran: A Memoir in Books*, New York 2003.

Der autobiographische Bericht der Literaturwissenschaftlerin über ihre Jahre als Professorin in Teheran war in den Vereinigten Staaten ein großer Erfolg und wurde auch von der seriösen Literaturkritik gefeiert. Viele iranische Leser, darunter Intellektuelle, Frauenrechtlerinnen und ehemalige Kolleginnen fanden sich allerdings in dem Bild, das Azar Nafisi vom iranischen Alltag zeichnete, nicht wieder.

Nirumand, Bahman: *Persien. Modell eines Entwicklungslandes*, Hamburg 1967.

Kritischer Bericht über die politische Situation unter Schah Mohammad Reza Pahlawi.

Nirumand, Bahman: *Iran – hinter den Gittern verdorren die Blumen.* Hamburg 1985.

Ein Gegner des Schah-Regimes kehrt erwartungsvoll in das revolutionäre Iran zurück. Doch die Hochstimmung währt nicht lange.

Richard, Yann: *Der verborgene Imam, Geschichte des Schiismus in Iran*, Berlin 1983.

Einführung in die Geschichte der Schia.

Roemer, Hans Robert: *Persien auf dem Weg in die Neuzeit*, Darmstadt 1989.

Behandelt die Entstehung des modernen Iran, also die Einführung der Schia und ihre Verbreitung, die ersten schiitischen Könige und ihr Wirken etc.

Roy, Olivier: *L'échec de l'Islam politique*, Paris 1992.

Wie verhält sich der politische Islam angesichts realer Probleme des Regierens? Das Buch geht dabei ausführlich auf die Islamische Republik Iran ein. Ins Englische übersetzt.

Sanasarian, Eliz: *Religious Minorities in Iran*, Cambridge 2000.

Ausgewogene Studie über die Situation religiöser Minderheiten in Iran.

Schirazi, Asghar: *The Constitution of Iran. Politics and the State in the Islamic Republic*, London 1997.

Beste Darstellung und Erklärung der iranischen Verfassung, ihrer Entstehung, Spezifika und Kritiker.

Schweitzer, Gerhard: *Iran*, Stuttgart 2000.

Allgemeine Einführung in die Geschichte und Kultur Irans.

Soroush, Abdolkarim: *Reason, Freedom, and Democracy in Islam*, hrsg., übers. und eingel. von Mahmoud Sadri & Ahmad Sadri, New York 2000.

Erste englischsprachige Buchveröffentlichung des prominentesten iranischen Reformdenkers von Heute.

Stodte, Claudia: *Iran*, Bremen 2000.

Bester deutschsprachiger Reiseführer, allerdings mit Lücken im praktischen Reise-Teil (daher am besten mit dem Reiseführer von *Lonely Planet* kombinieren).

Tellenbach, Silvia: *Untersuchungen zur Verfassung der Islamischen Republik Iran vom 15. November 1979*, Berlin 1985.

Eine empfehlenswerte Untersuchung zur iranischen Verfassung.

Weiss, Walter M. & Westermann, Kurt-Michael: *Iran*, Wien 2000.

Opulenter Bildband.

Zeittafel

632		Iran wird Teil des islamischen Reichs.
1501		Ismail erobert das Land, begründet die Safawiden-Dynastie und führt die Schia als Staatsreligion ein. Hauptstadt ist Isfahan.
1779		Aga Mohammed Khan Kadschar begründet die Kadscharen-Dynastie, die bis 1925 über Iran herrscht. Neue Hauptstadt wird Teheran.
1890		Tabakaufstand: Erfolgreicher Protest gegen den Ausverkauf des iranischen Tabaks an die britische *Imperial Tobacco Company*. Naser ed-Din Schah muß den Verkauf widerrufen.
1901		Mozaffareddin Schah vergibt eine Ölkonzession an den Briten William Knox D'Arcy.
1905/06		Konstitutionelle Revolution: Intellektuelle und ein Teil der Geistlichkeit verlangen die Einsetzung einer Verfassung und gewinnen die Unterstützung des Volkes.
1906	5. Aug.	Sieg der Konstitutionalisten, daraufhin Wahl der ersten Nationalversammlung.
1907		Rußland und Großbritannien teilen Iran in zwei Interessenzonen und eine neutrale Zone auf.
1919		Mit der Unterzeichnung des Anglo-Persian-Agreement wird Iran faktisch zu einem britischem Protektorat.
1921	21. Febr.	Reza Pahlawi und seine Kosakentruppen besetzen Teheran und putschen gegen die Zivilregierung.
1925	12. Dez.	Krönung Reza Pahlawis zum Schah.
1936		Verbot des Tschadors.
1941	25. Aug.	Briten und Russen zwingen Reza Schah, zugunsten seines Sohnes Mohammad Reza abzudanken.

1945	Nov.	Proklamation der unabhängigen Republik Aserbaidschan.
1946	22. Jan.	Proklamation der unabhängigen kurdischen Republik Mahabad (hat bis Dezember Bestand).
1946	12. Dez.	Die iranische Armee gewinnt die Kontrolle über Aserbaidschan wieder.
1951	29. April	Mohammad Mossadegh wird zum Ministerspräsidenten gewählt. Zwei Tage später beschließt das Parlament die Nationalisierung des iranischen Erdöls, das bis dahin von den Briten kontrolliert wurde.
1953	15. Aug.	Der Schah verläßt das Land.
1953	19. Aug.	Das Militär putscht auf Betreiben des CIA gegen Mossadegh. Der Schah kehrt wenig später zurück.
1963		Bodenreform („Weiße Revolution"); Ajatollah Chomeini greift den Schah scharf an und wird verhaftet; daraufhin zweitägige Unruhen im ganzen Land.
1964		Protest Chomeinis gegen den privilegierten Status der in Iran lebenden amerikanischen Militärs; Chomeini wird zunächst in die Türkei ausgewiesen, siedelt später in den Irak und 1978 nach Frankreich über.
1967	2. Juni	Der Schah besucht Berlin. Der Besuch wird von heftigen Protesten iranischer und deutscher Studenten begleitet. Sogenannte Prügelperser, der Geheimdienst des Schahs, knüppeln die Demonstranten nieder. In einer Nebenstraße erschießt die Polizei Benno Ohnesorg.
1971	8. Febr.	Mit einem Anschlag in Siakal beginnt der Guerillakrieg der Fedajin Khalq und Volksmudschahedin gegen den Schah.
1971	7. Okt.	Der Schah veranstaltet eine monströse Feier, um das 2500jährige Bestehen der iranischen Monarchie zu feiern.

1975	2. März	Der Schah löst alle noch verbliebenen Parteien auf und führt die Einheitspartei Rastakiz ein.
1976	21. März	Änderung des Kalenders. Man befindet sich nun anstatt im Jahre 1355 islamisch-persischer Zeitrechnung im Jahre 2535.
1978	8. Jan.	Nach einem Schmähartikel über Ayatollah Chomeini kommt es zu heftigen Unruhen. Der Tag gilt als der Beginn der Islamischen Revolution. Das ganze Jahr über finden Massendemonstrationen statt. Ein Generalstreik lähmt die Wirtschaft.
1979	16. Jan.	Der Schah verläßt Iran in Richtung Ägypten.
1979	1. Febr.	Triumphale Rückkehr Chomeinis nach Iran.
1979	10. Febr.	Mehdi Bazargan wird Premierminister.
1979	1. April	Die „Islamische Republik Iran" wird ausgerufen.
1979	4. Nov.	Besetzung der amerikanischen Botschaft durch Studenten; aus Protest tritt Bazargan zurück.
1979	2. Dez.	Mit einem Referendum über die Verfassung wird die „Herrschaft des Obersten Rechtsgelehrten" (*welâyat-e faqih*) zur Staatsdoktrin Irans.
1980	25. Jan.	Abolhassan Bani-Sadr wird zum Präsidenten gewählt.
1980	22. Sept.	Die irakische Armee marschiert in Iran ein.
1981	20. Jan.	Freilassung der amerikanischen Geiseln.
1981	21. Juni	Chomeini setzt Bani-Sadr ab; dieser flüchtet nach Frankreich; neuer Präsident wird der Hardliner Mohammad Ali Radschaí.
1981	28. Juni	Bombendetonation in der Partei der Islamischen Republik, 72 Tote, Beginn einer massiven Repressionswelle gegen die Volksmudschahedin.

1981	2. Okt.	Nachdem Mohammad Ali Radschaí einem Attentat zum Opfer gefallen ist, wird Ali Chameneí Staatspräsident.
1982	24. Mai	Befreiung von Chorramschahr, damit Zurückeroberung fast aller von den Irakern besetzten Gebiete.
1988	3. Juli	Ein iranisches Zivilflugzeug wird von amerikanischem Militärs abgeschossen, 290 Tote.
1988	18. Juli	Chomeini akzeptiert den Waffenstillstand.
1988	Sept./Okt.	Neuerliche Hinrichtungswelle; mindestens 3000 Opfer.
1989	14. Febr.	Fatwa gegen Salman Rushdie.
1989	28. März	Hossein Ali Montazeri, der designierte Nachfolger Chomeinis, wird nach seiner Kritik an den Menschenrechtsverletzungen abgesetzt.
1989	4. Juni	Chomeini stirbt; als Nachfolger wird Ali Chameneí ausgerufen.
1989	28. Juli	Rafsandschani wird zum Staatspräsidenten gewählt.
1991	April	Neue Wirtschaftspolitik: Das Parlament erklärt Privatisierungen für verfassungskonform.
1992	12. Dez.	Die EU entscheidet sich, mit Iran einen „kritischen Dialog“ zu führen.
1993	16. Mai	Die USA definieren ihre Politik des „dual containment“ gegenüber Iran und Irak.
1993	11. Juni	Rafsandschani wird als Präsident wiedergewählt.
1994	15. Okt.	„Text der 134“: 134 iranische Schriftsteller protestieren öffentlich gegen die Zensur.
1995	30. April	Bill Clinton verhängt ein Totalembargo über Iran.

1997	10. April	Das Berliner Landgericht erklärt die iranische Staatsführung für schuldig, ein Attentat auf kurdische Oppositionelle im Restaurant „Mykonos“ angeordnet zu haben.
1997	23. Mai	Sejjed Mohammad Chatami wird zum Staatspräsidenten gewählt.
1998	Nov./Dez.	Fünf Intellektuelle werden kurz nacheinander umgebracht; starker Widerstand formiert sich.
1999	5. Jan.	Der Geheimdienst gibt zu, daß seine eigenen Agenten die Morde begangen haben; wenig später tritt der Geheimdienstminister zurück.
1999	Febr.	Erste Kommunalwahlen in der Geschichte Irans, klarer Sieg der Reformer.
1999	Juli	Studentenunruhen in zahlreichen iranischen Städten.
2000	18. Feb.	Parlamentswahlen, klarer Sieg der Reformer.
2000	ab April	Schließung der gesamten reformorientierten Presse; Verhaftung zahlreicher Intellektueller und kritischer Geistlicher.
2001	8. Juni	Sejjed Mohammad Chatami wird mit großer Mehrheit als Staatspräsident wiedergewählt.
2002	30. Jan.	In einer Rede vor dem amerikanischen Kongreß erklärt George W. Bush Iran zusammen mit Irak und Nordkorea zu einer „Achse des Bösen“.
2003	Okt.	Das Nobelpreiskomitee in Stockholm gibt bekannt, daß die iranische Menschenrechtlerin Schirin Ebadi mit dem Friedensnobelpreis ausgezeichnet wird.
2004	20. Febr.	Bei den Parlamentschaftswahlen siegen die Konservativen. Zuvor hat der Wächterrat den meisten reformorientierten Kandidaten die Zulassung verweigert, darunter zahlreichen amtierenden Parlamentariern.

2004	15. Nov.	Nach zähen Verhandlungen mit der Europäischen Union erklärt sich Iran bereit, die Anreicherung von Uran am 22. November auszusetzen. Im Gegenzug sollen Verhandlungen über bessere politische und wirtschaftliche Beziehungen aufgenommen werden.

Personenregister